SINoALICE®

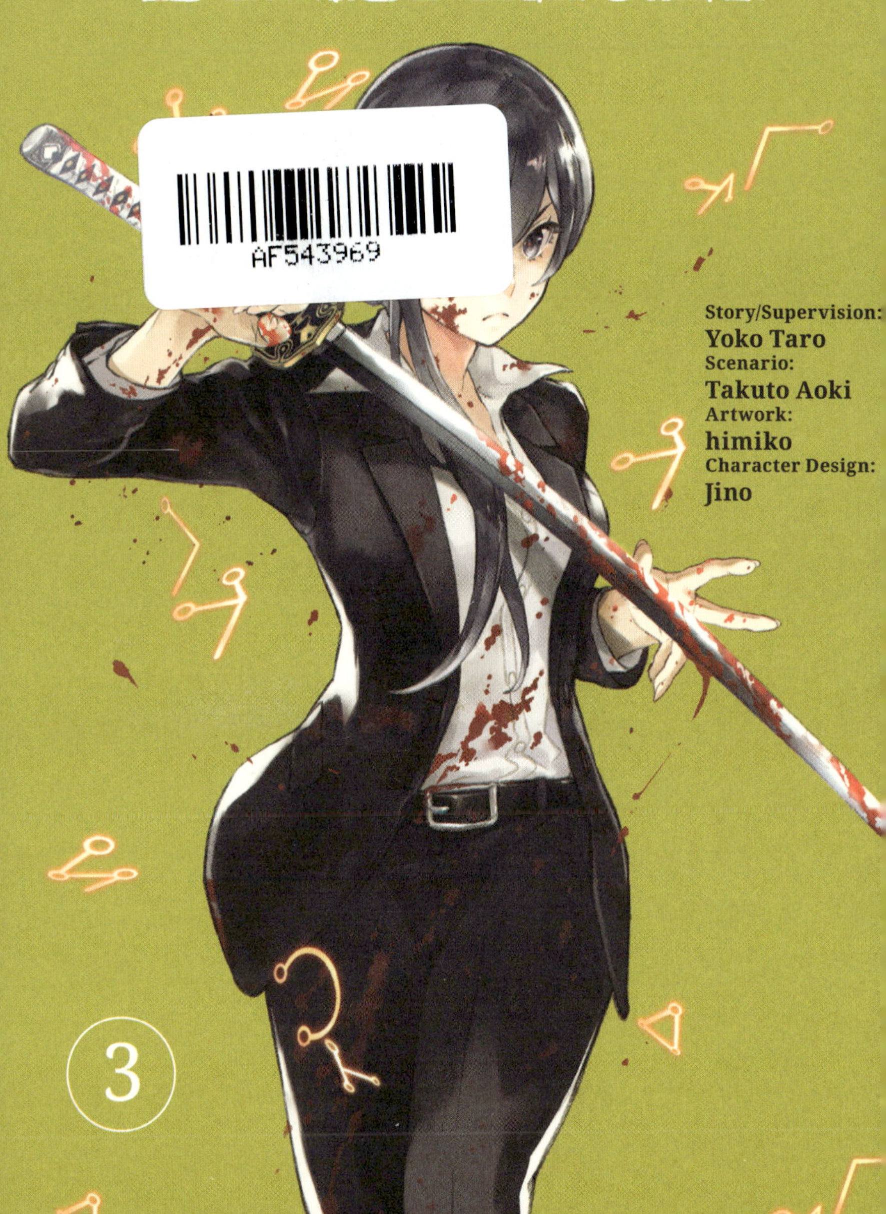

3

Story/Supervision:
Yoko Taro
Scenario:
Takuto Aoki
Artwork:
himiko
Character Design:
Jino

Inhalt

SINoALICE

3

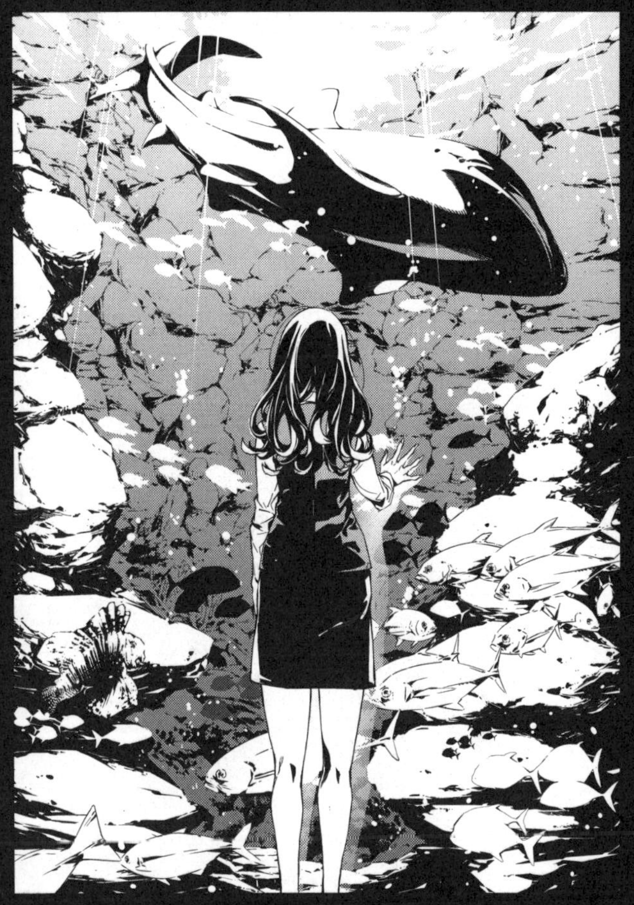

SINoALICE®

Kapitel 8: »Traum von Trauer (Teil 1)«

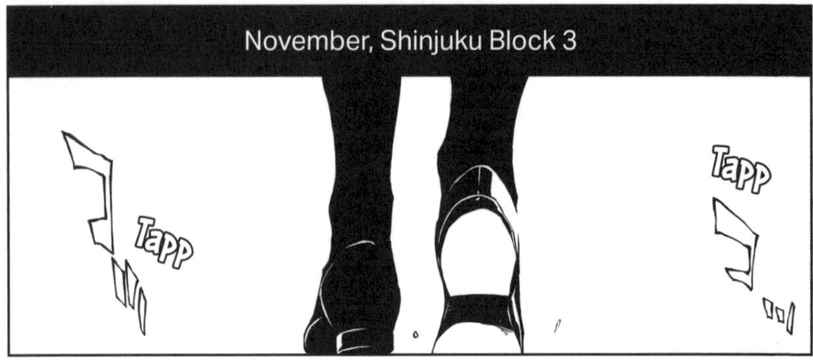

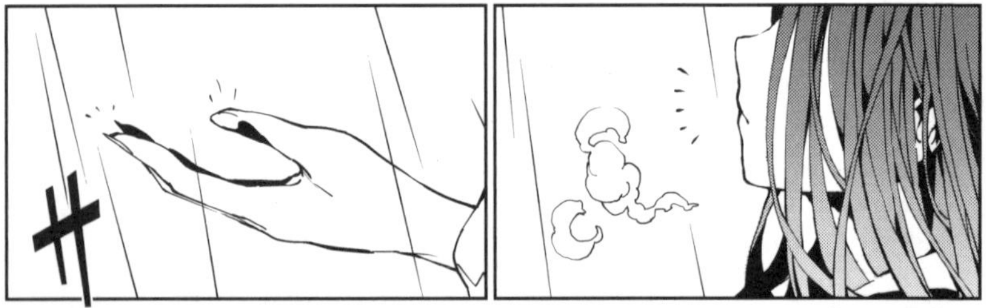

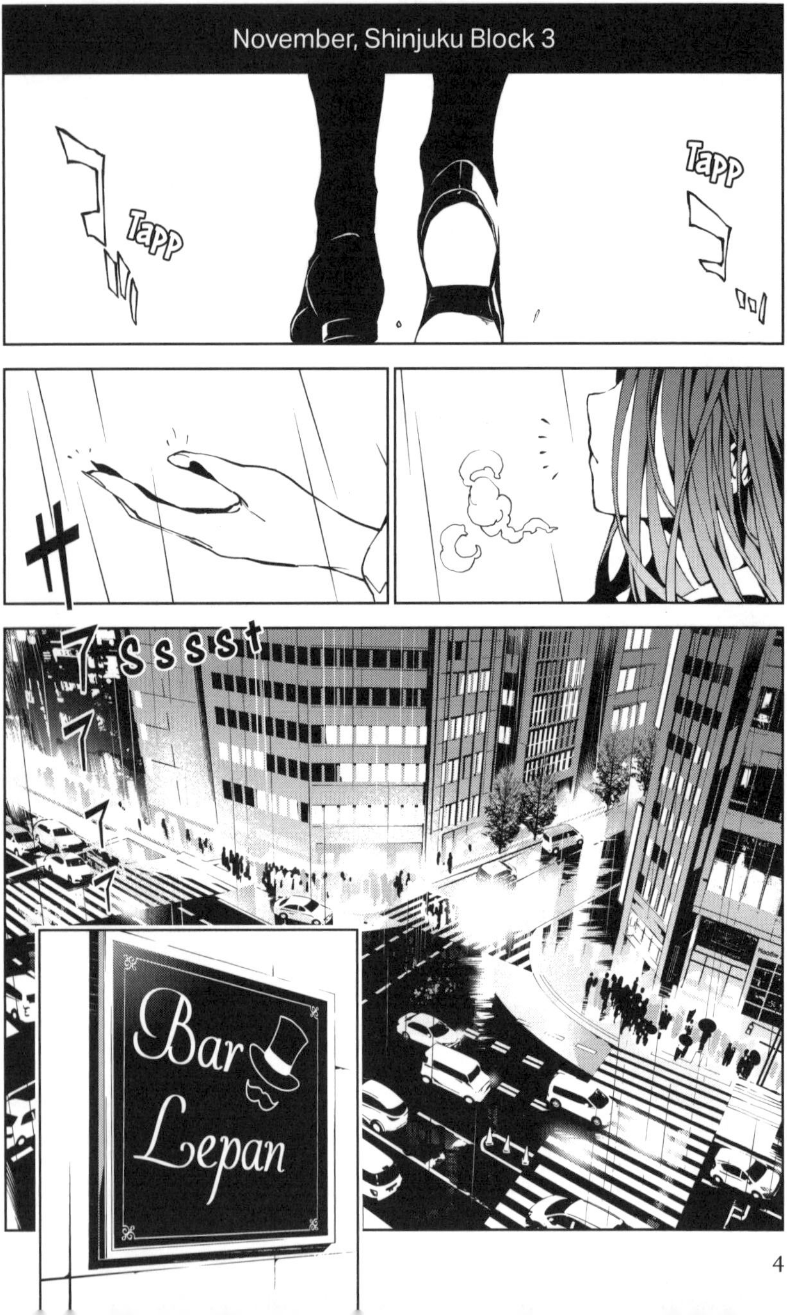

Ssssst

Bar Lepan

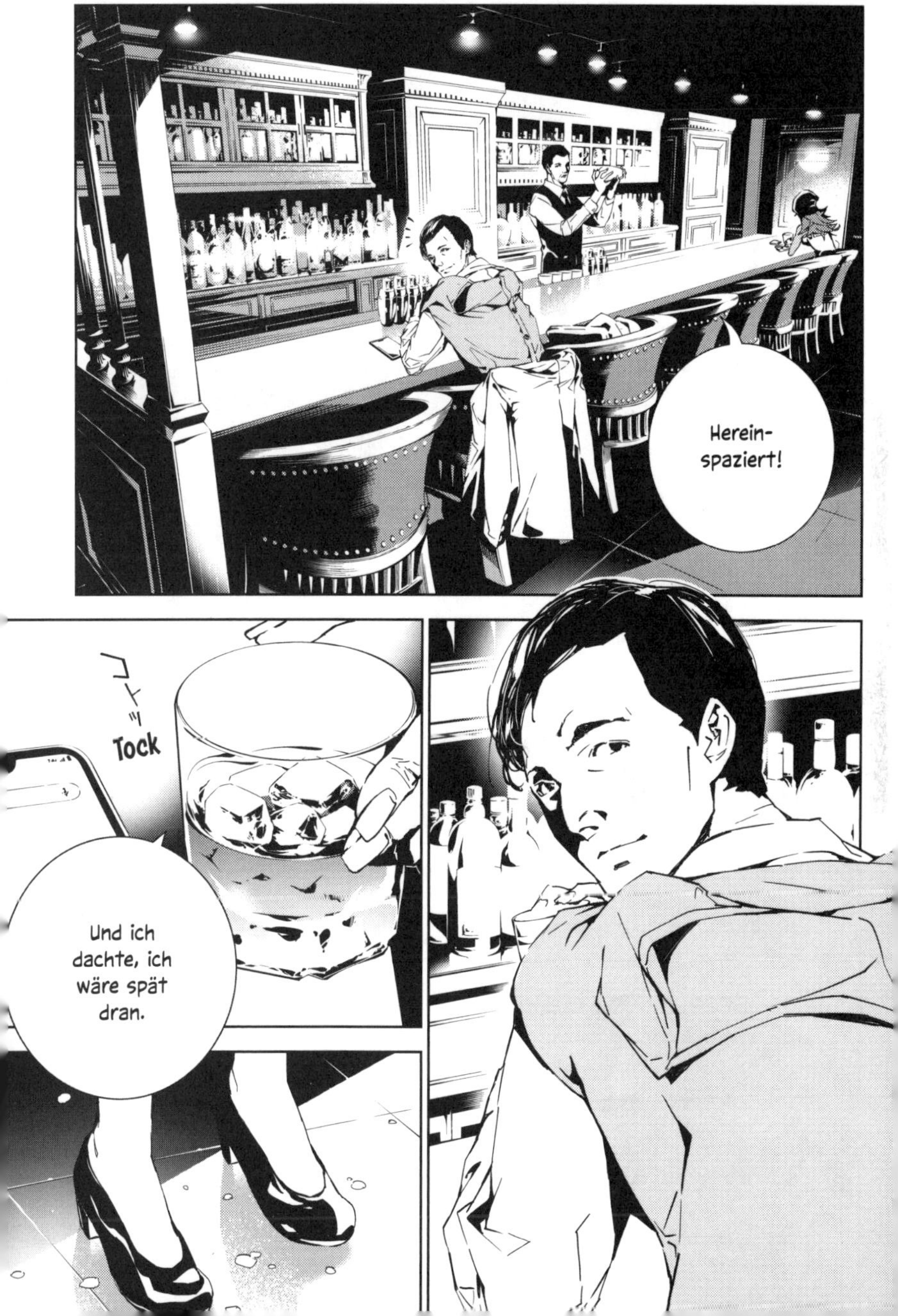

Herein-
spaziert!
コトッ
Tock
Und ich
dachte, ich
wäre spät
dran.

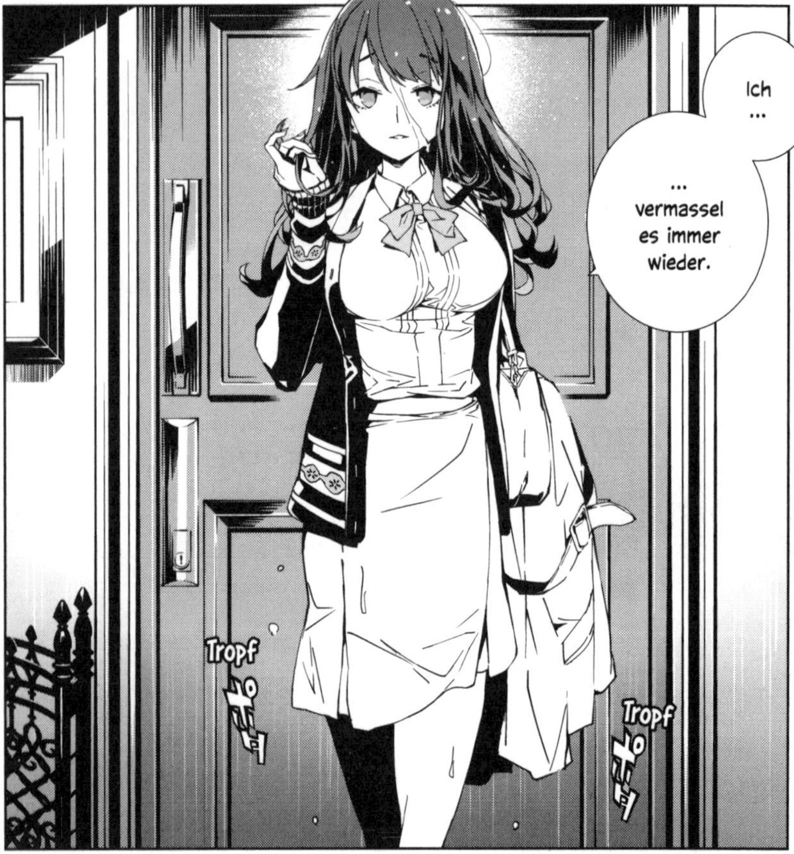

Ich …

… vermassel es immer wieder.

Tropf

Tropf

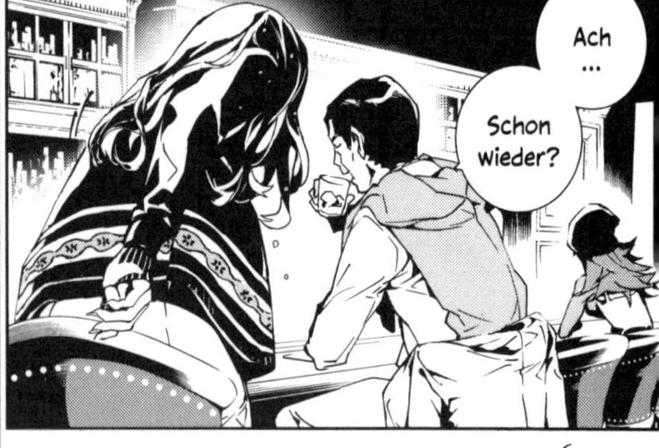

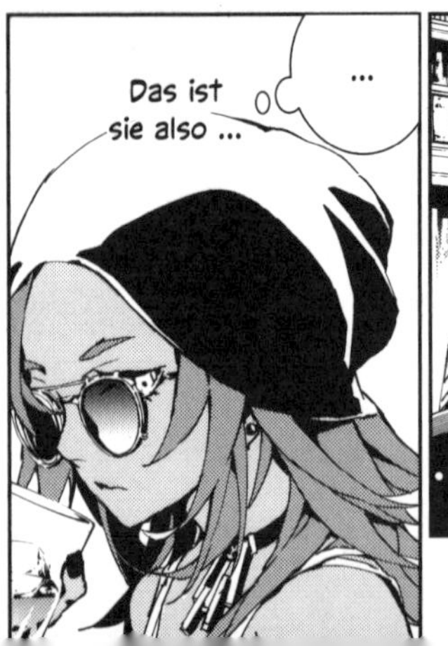

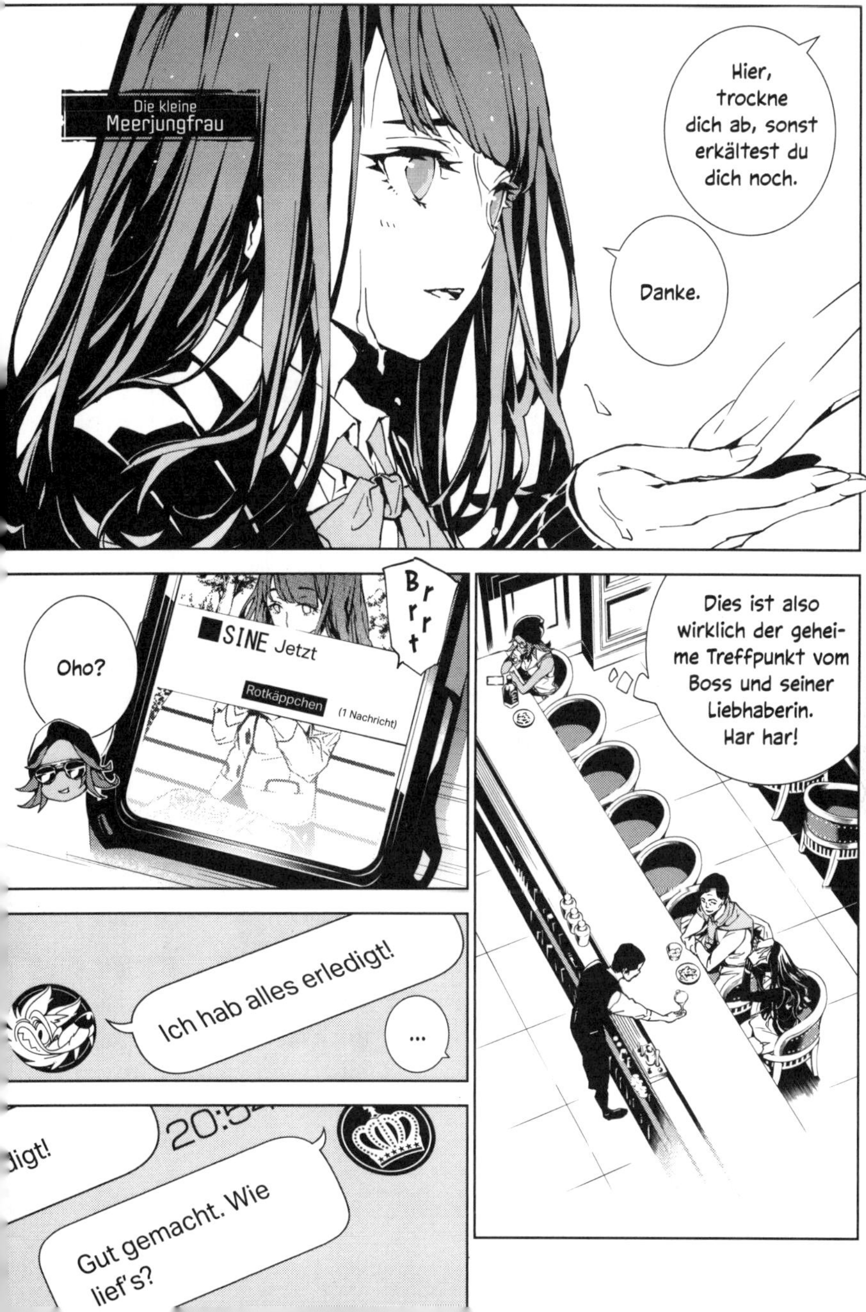

Die kleine Meerjungfrau

Hier, trockne dich ab, sonst erkältest du dich noch.

Danke.

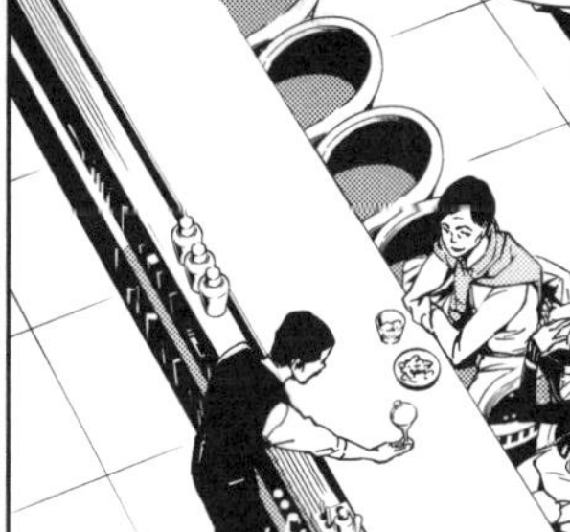

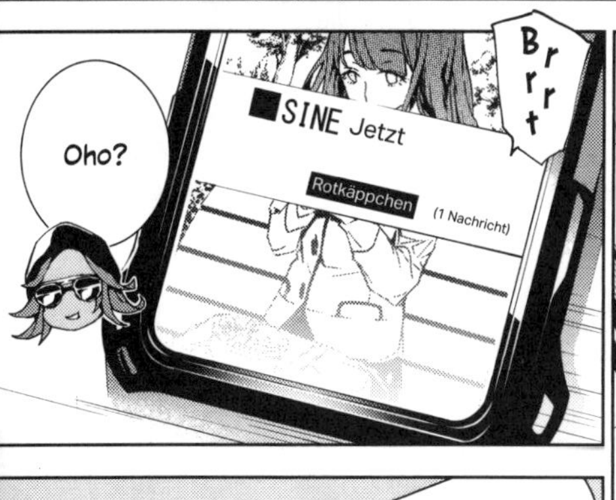

Ich hab alles erledigt!

...

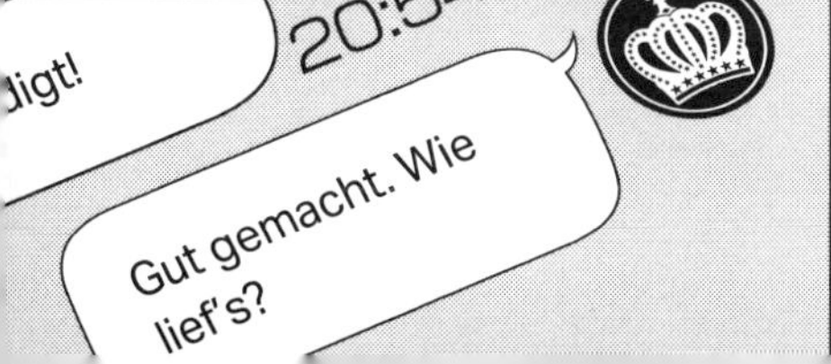

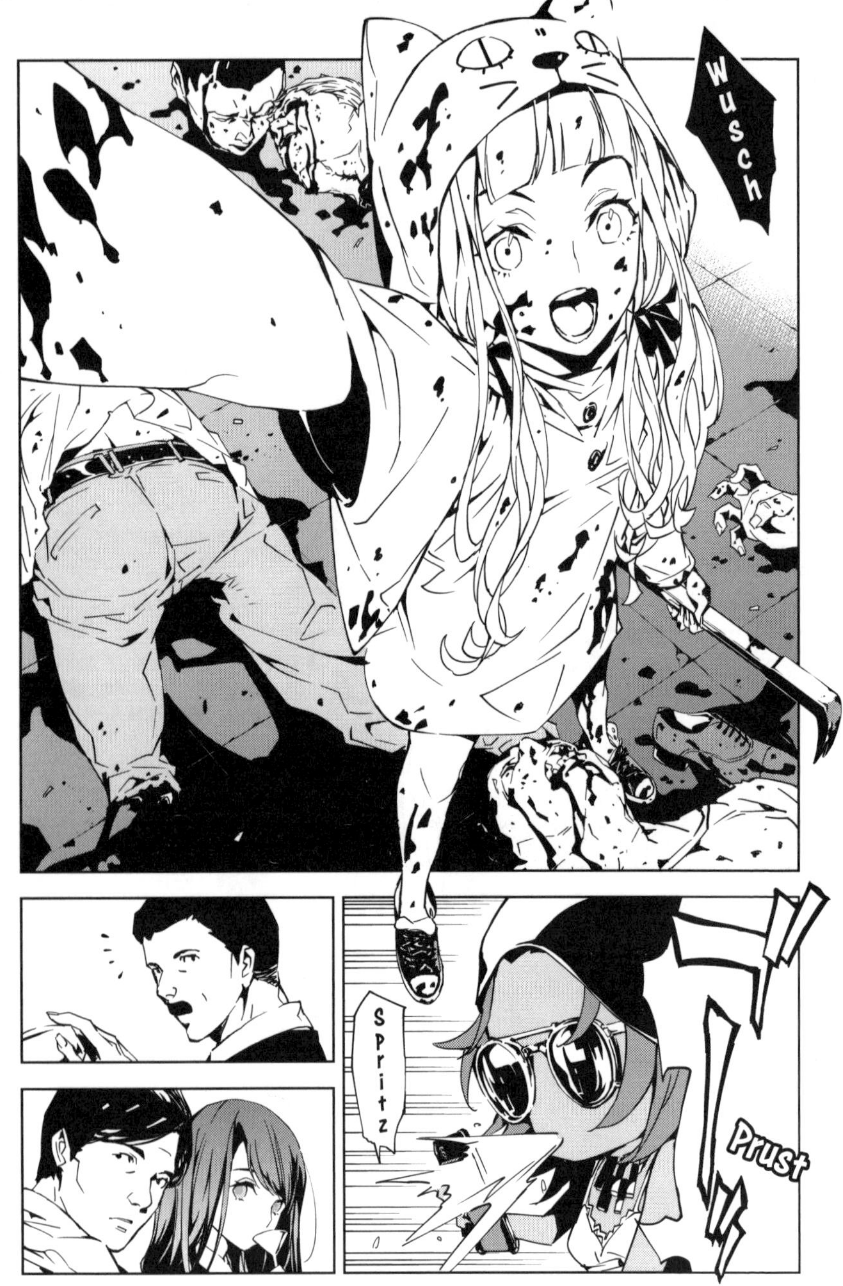
Wusch
Spritz
Prust

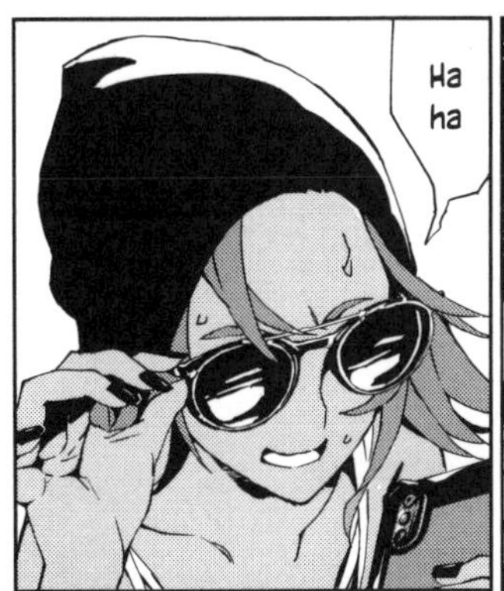
Ha
ha

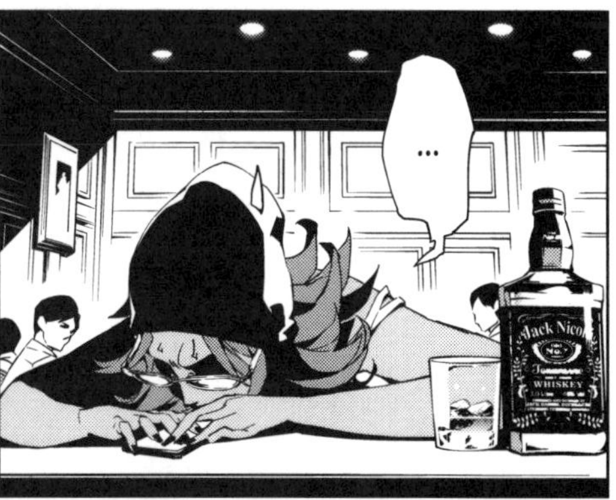
...

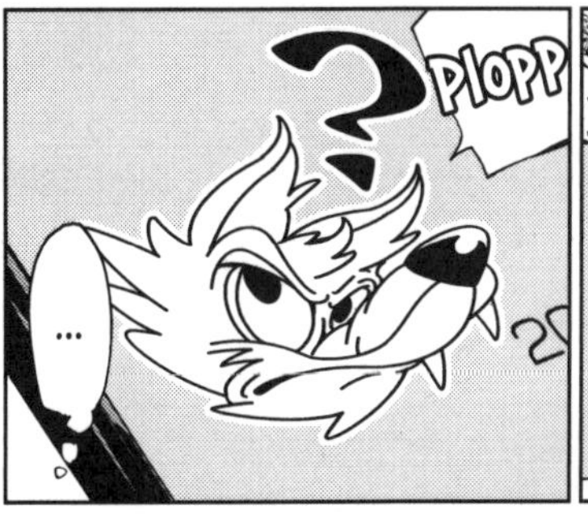
PLOPP
...

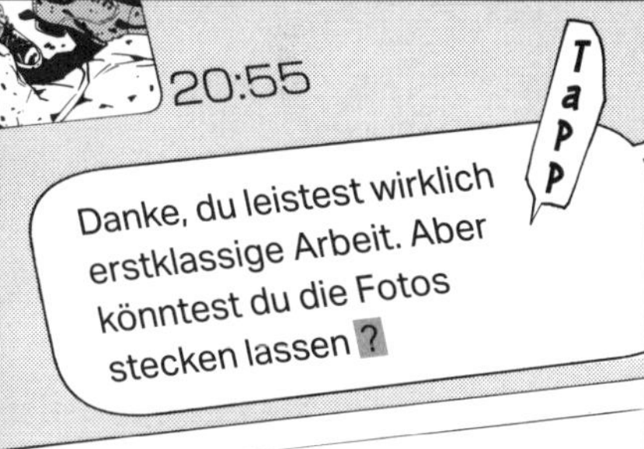
20:55
Tapp
Danke, du leistest wirklich erstklassige Arbeit. Aber könntest du die Fotos stecken lassen?

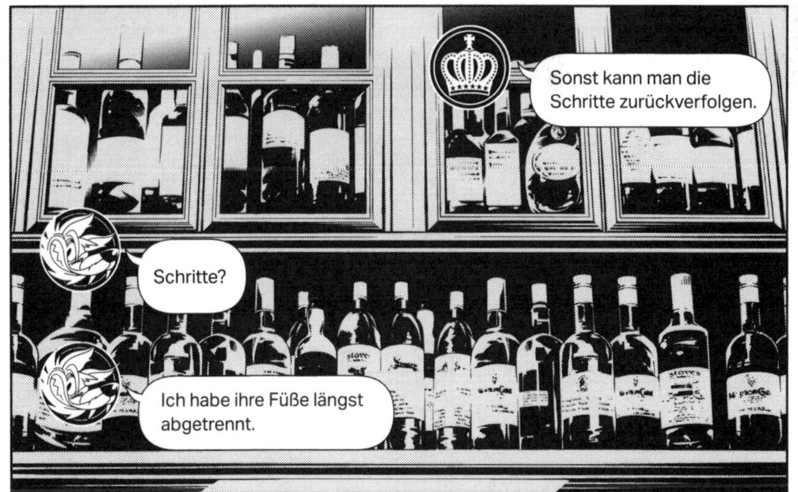
Sonst kann man die Schritte zurückverfolgen.
Schritte?
Ich habe ihre Füße längst abgetrennt.

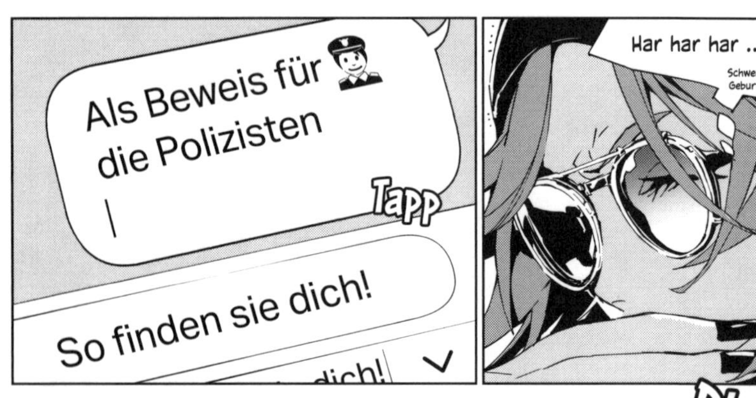
Har har har ...
Schwere Geburt.
Als Beweis für die Polizisten
Tapp
So finden sie dich!

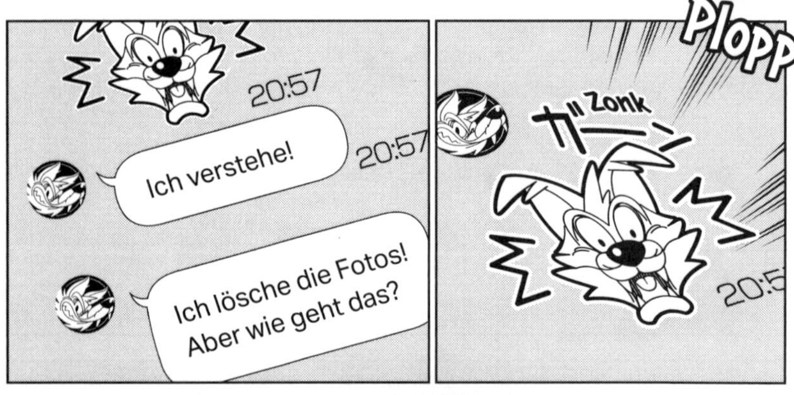
Plopp
Zonk
20:57
Ich verstehe!
20:57
Ich lösche die Fotos! Aber wie geht das?

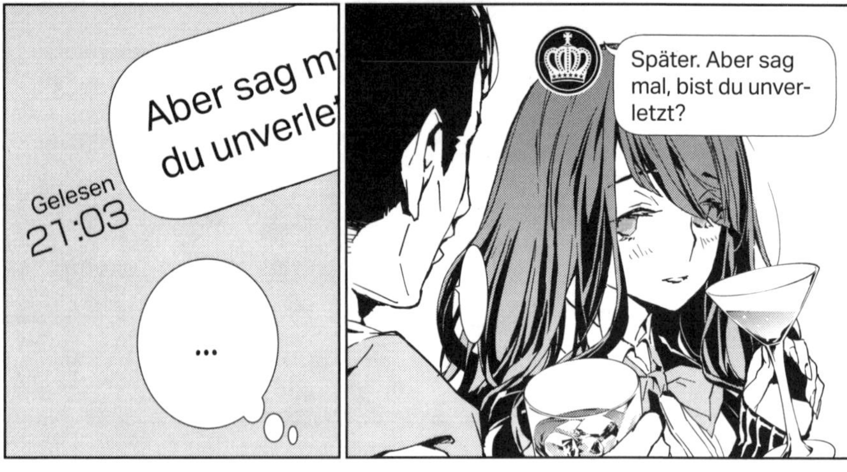
Später. Aber sag mal, bist du unverletzt?
Gelesen 21:03
...

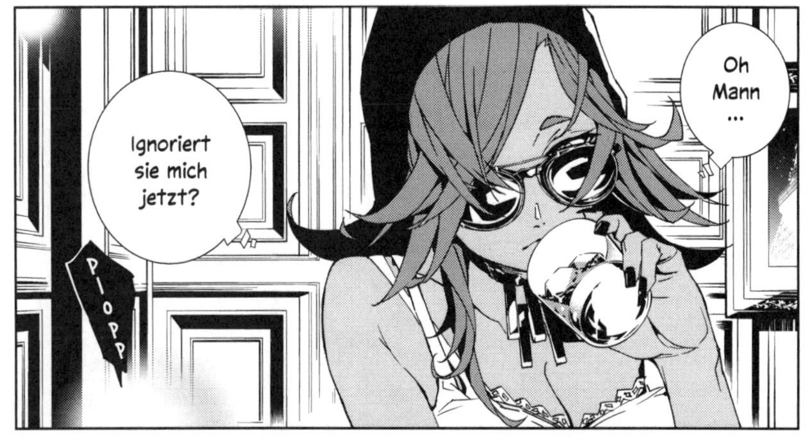
Oh Mann ...
Ignoriert sie mich jetzt?
PLOPP

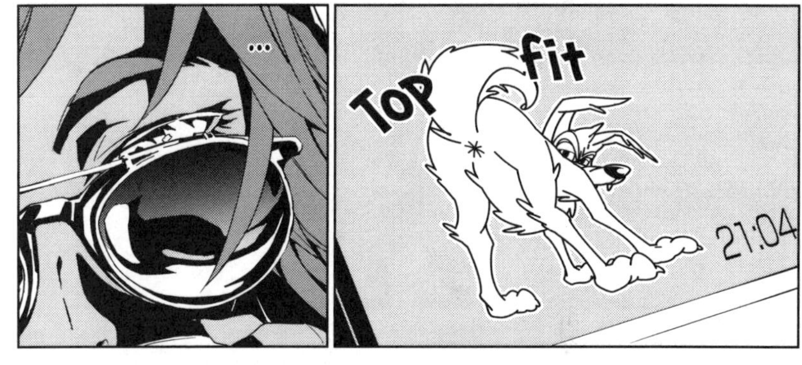
...
TOP fit
21:04

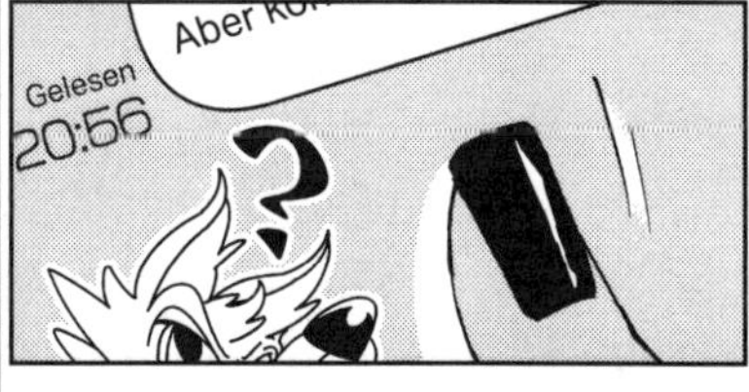
Gelesen
20:56
?

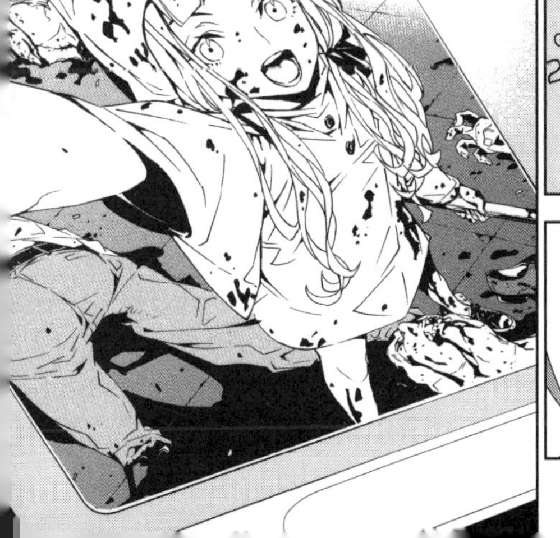

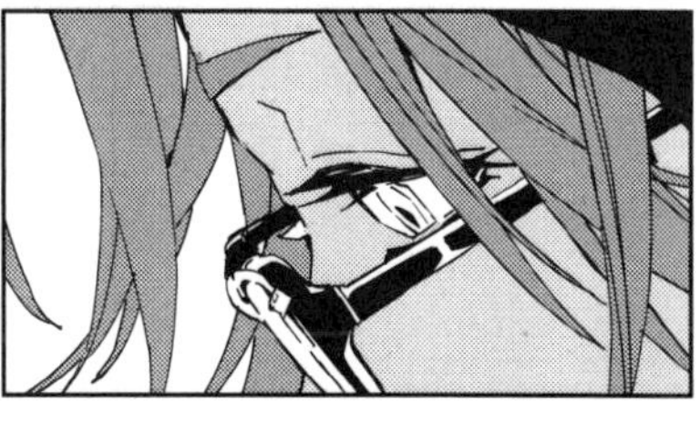

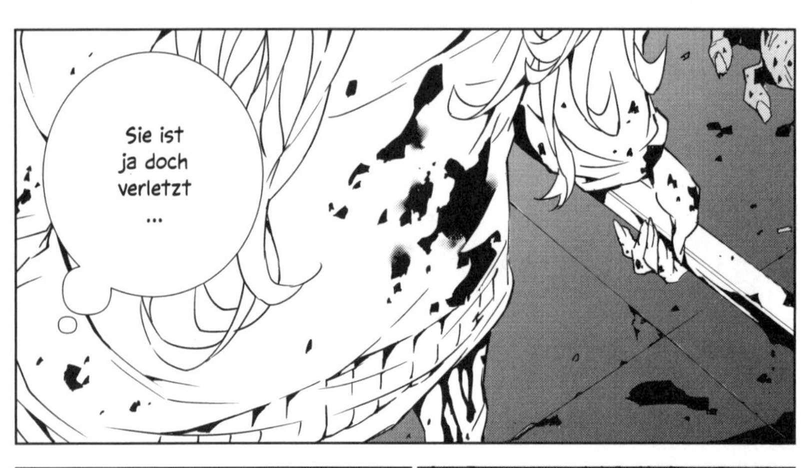

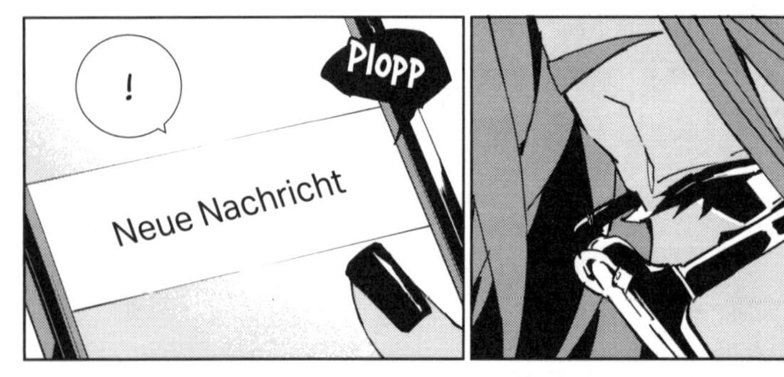

Ich bin jederzeit bereit.

Ich weiß, in welchem Hotel die kleine Meerjungfrau heute nächtigt. Dort kidnappen wir sie.

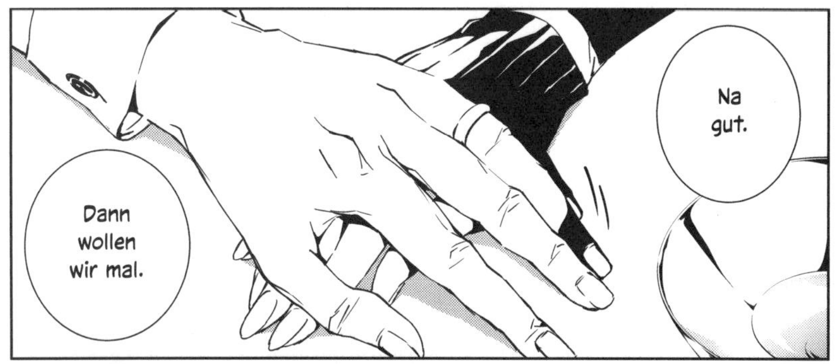
Na gut.
Dann wollen wir mal.

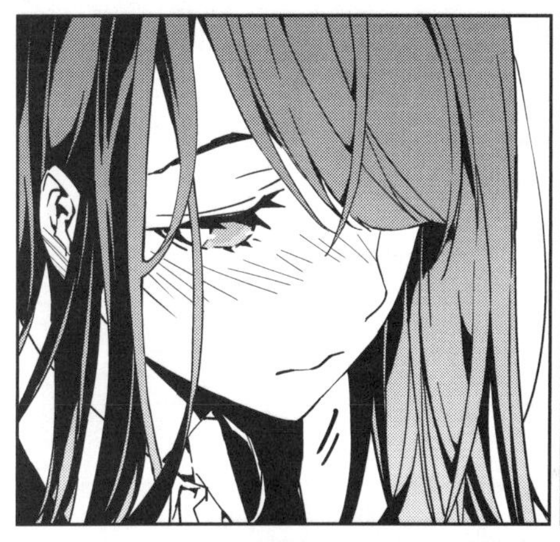

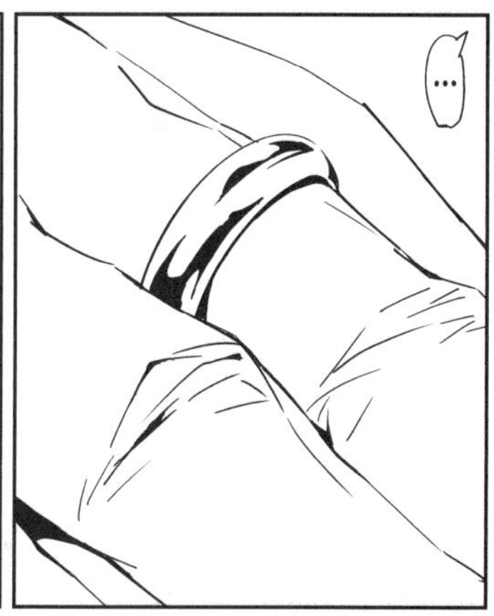
...

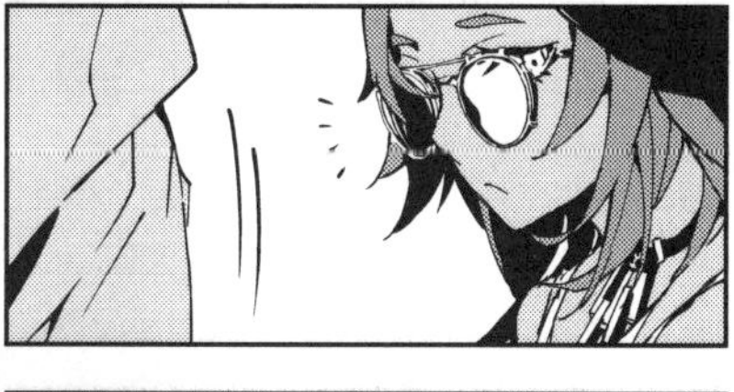

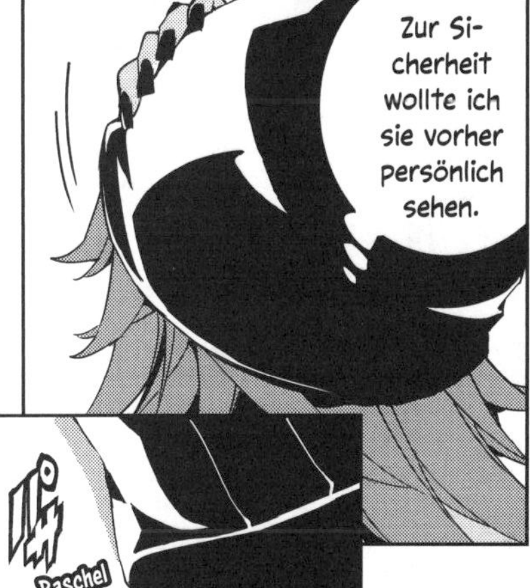
Zur Si-cherheit wollte ich sie vorher persönlich sehen.
Raschel

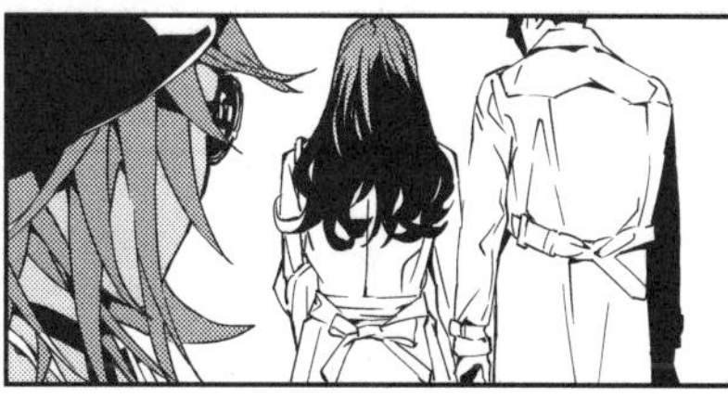

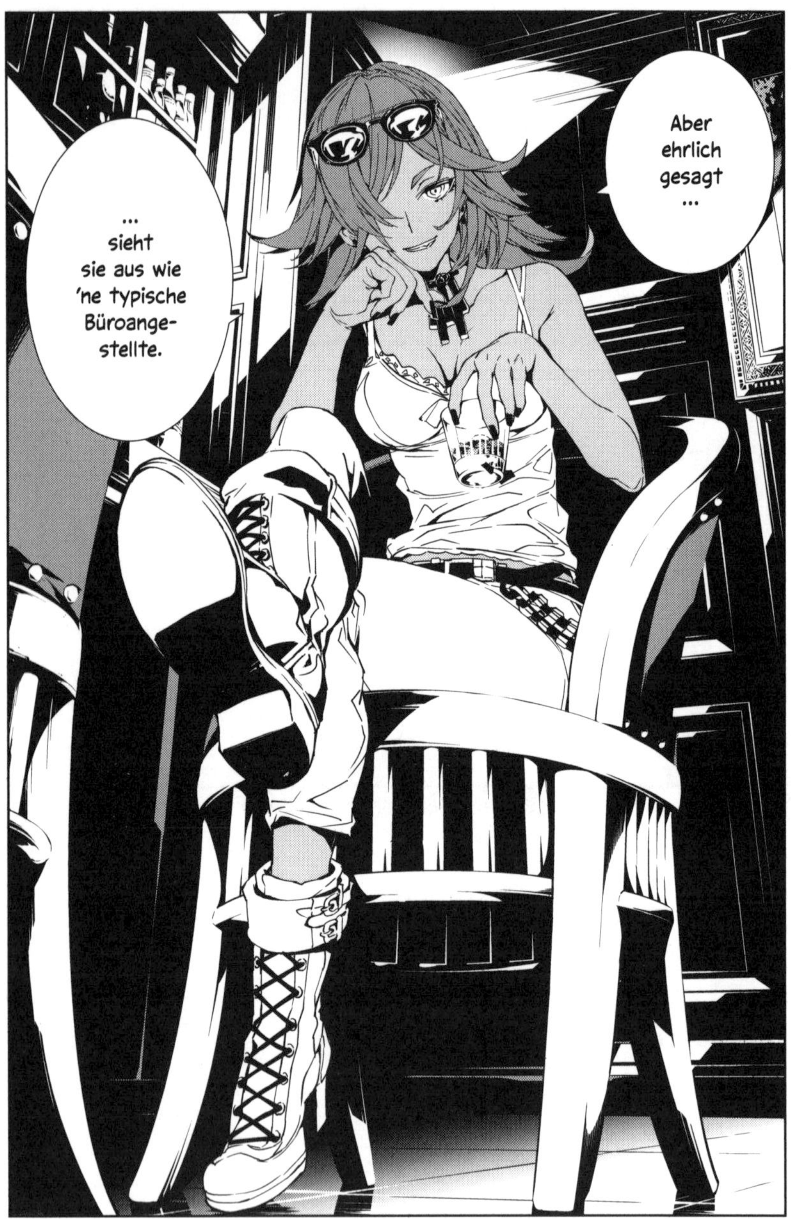
Aber ehrlich gesagt ...
... sieht sie aus wie 'ne typische Büroange-stellte.

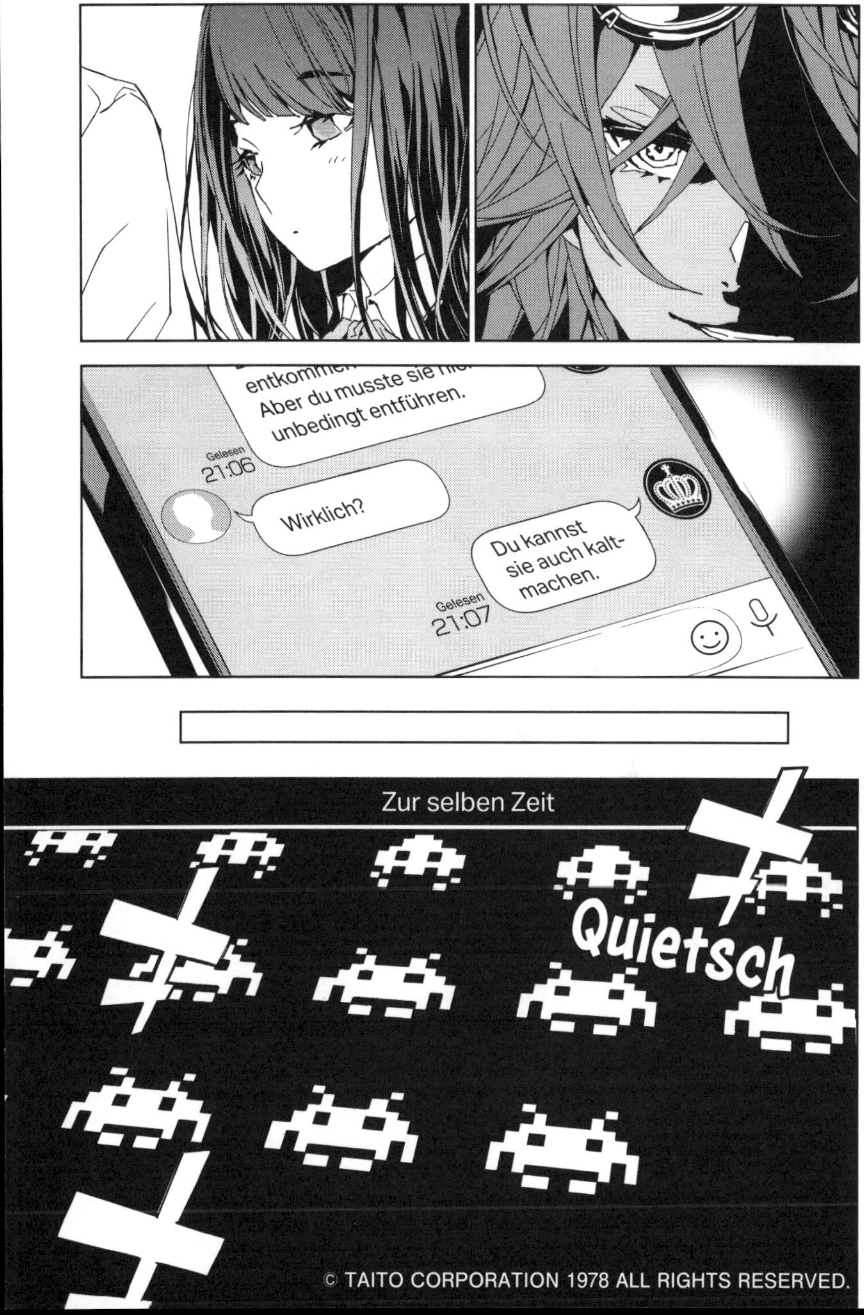

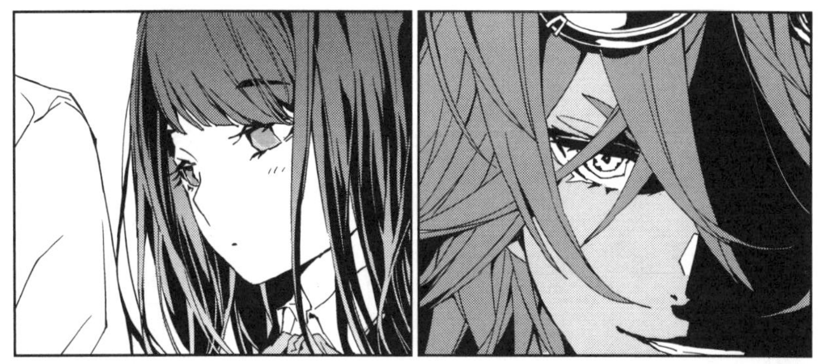

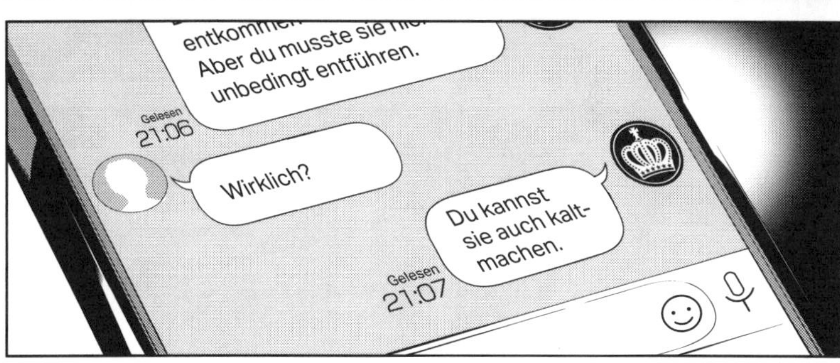

Zur selben Zeit

Quietsch

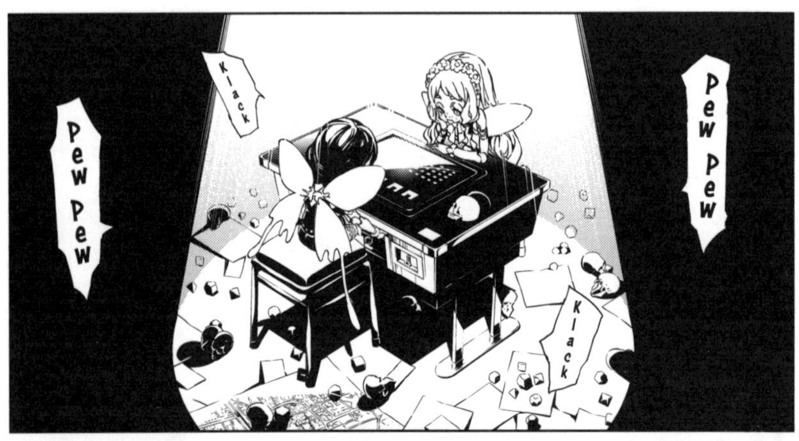
Pew Pew
Klack
Pew Pew
Klack

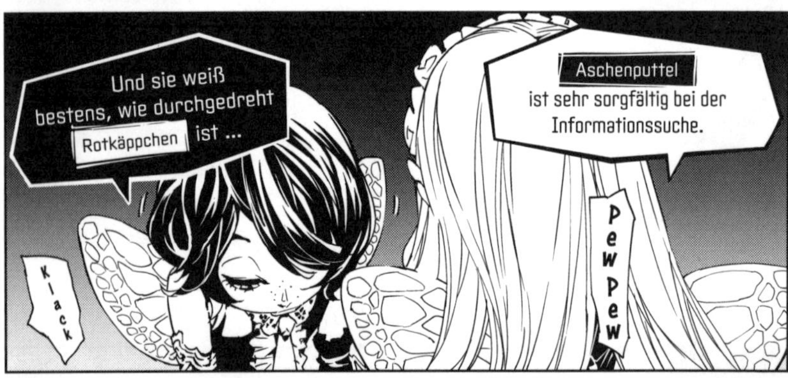
Aschenputtel ist sehr sorgfältig bei der Informationssuche.
Und sie weiß bestens, wie durchgedreht Rotkäppchen ist …
Pew Pew
Klack

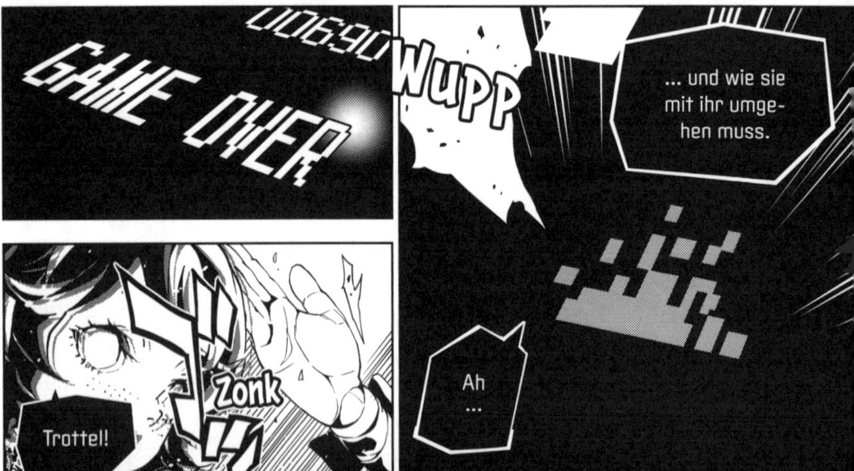
Wupp
… und wie sie mit ihr umgehen muss.
GAME OVER
Ah …
Zonk
Trottel!

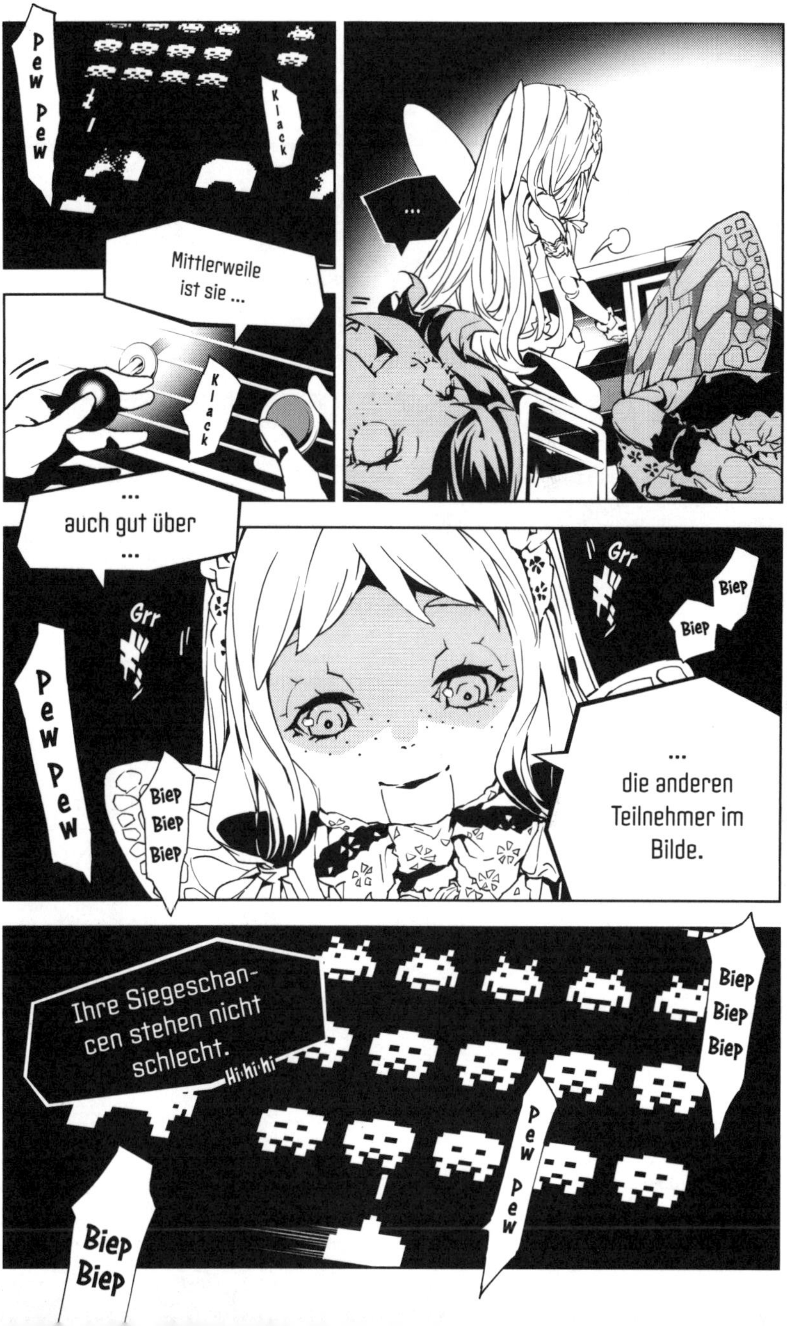

...

Pew Pew

Klack

Mittlerweile ist sie ...

Klack

... auch gut über ...

Grr

Biep

Biep

Grr

Pew Pew

Biep Biep Biep

... die anderen Teilnehmer im Bilde.

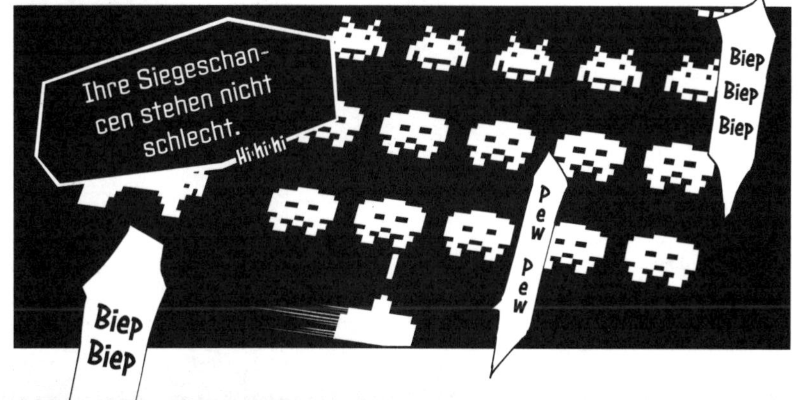

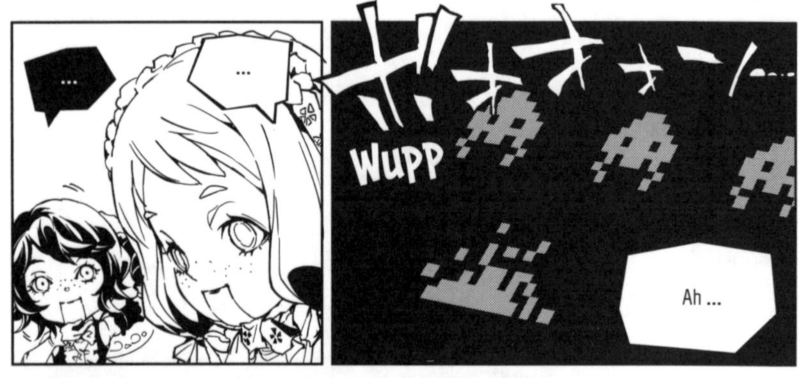
WUPP
Ah ...
...
...

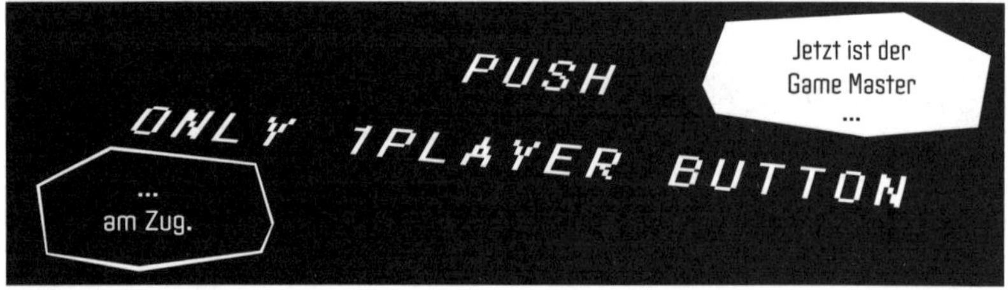
Jetzt ist der Game Master ...
PUSH
ONLY 1PLAYER BUTTON
... am Zug.

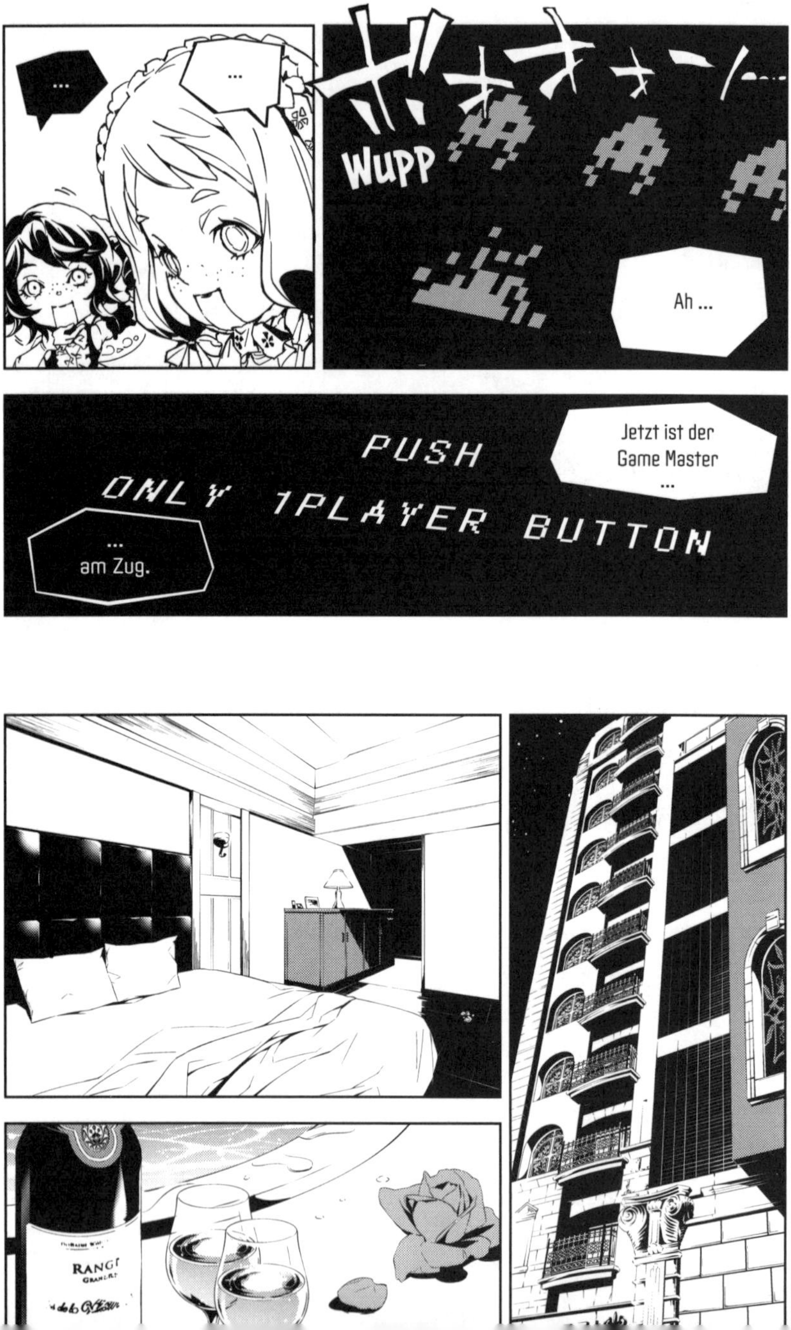

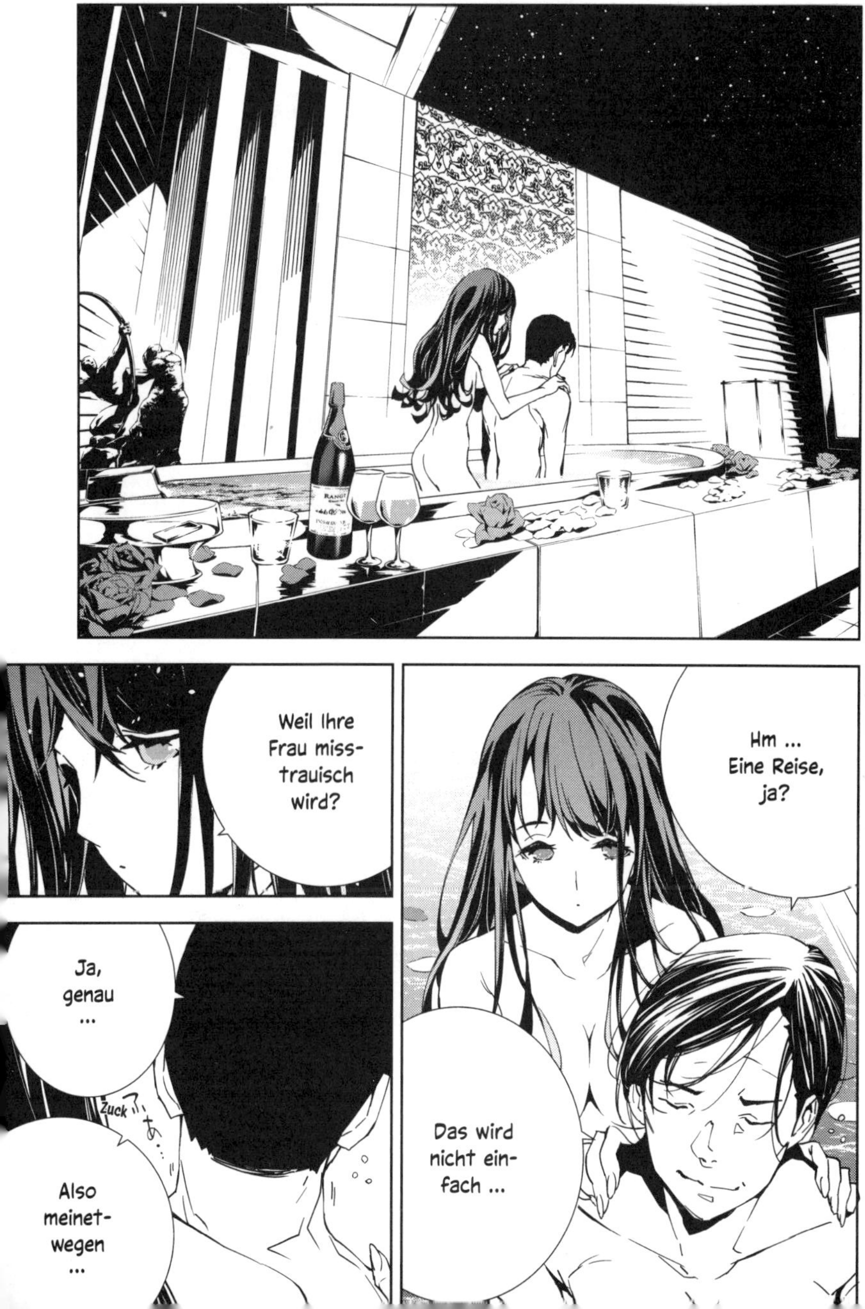

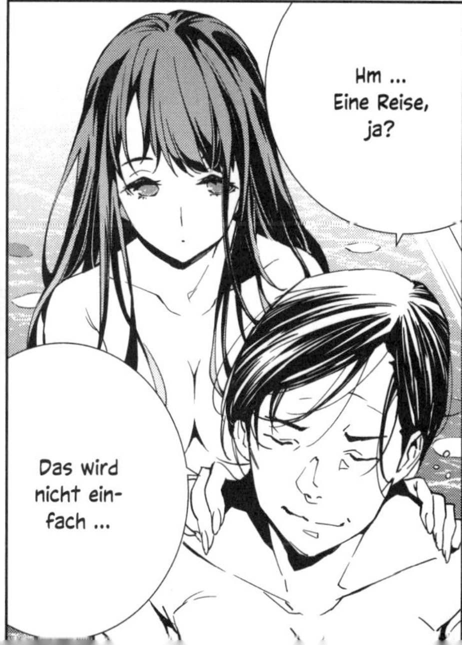
Hm ... Eine Reise, ja?
Das wird nicht einfach ...

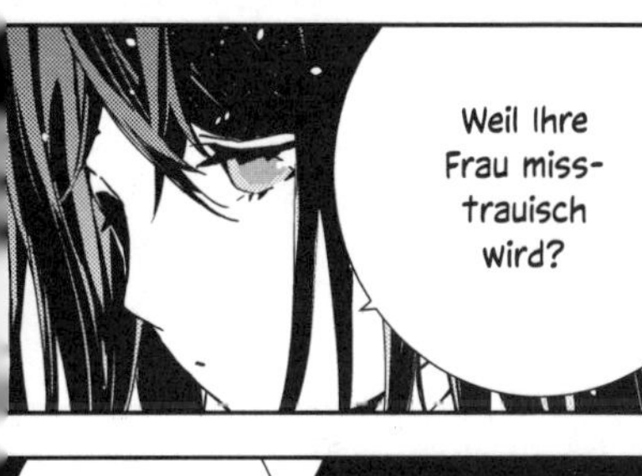
Weil Ihre Frau misstrauisch wird?

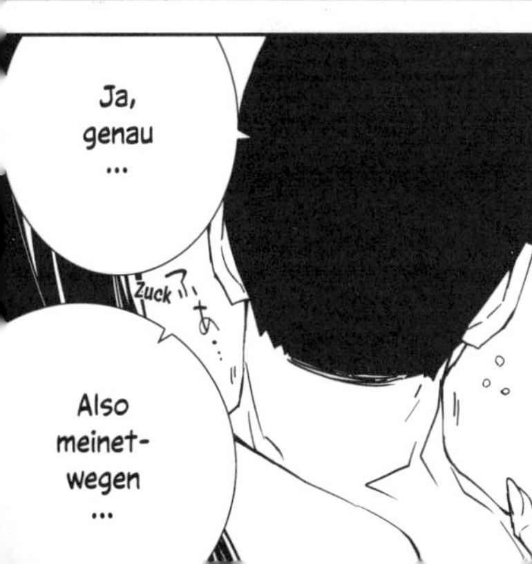
Ja, genau ...
Zuck
Also meinetwegen ...

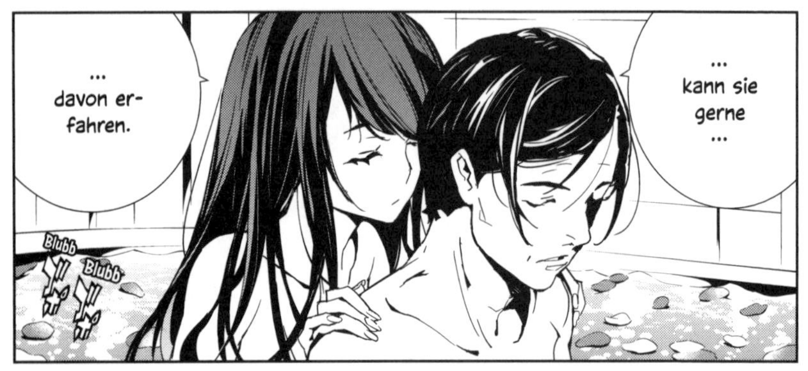

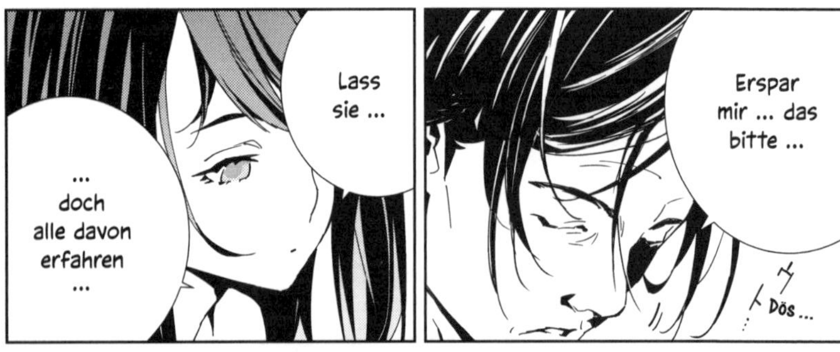

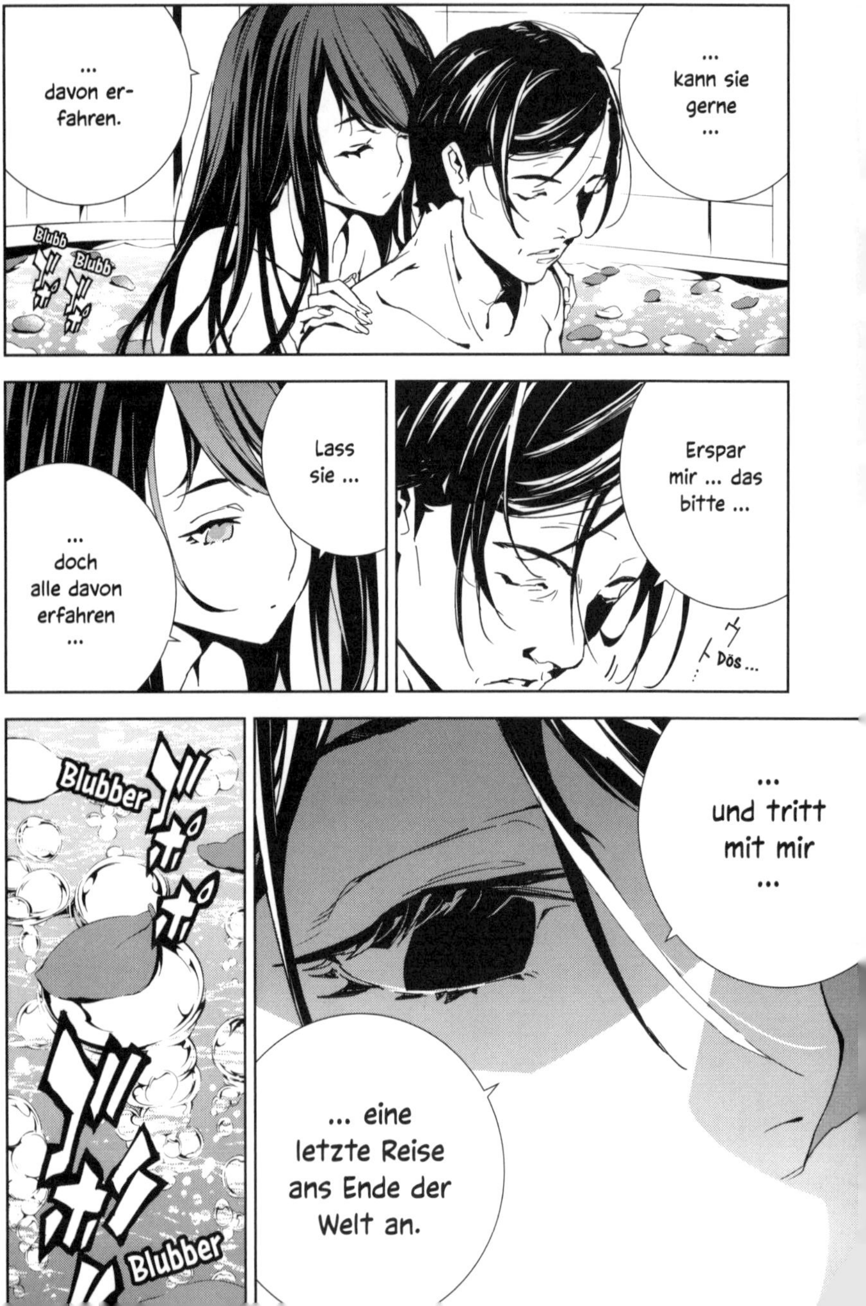

... und tritt mit mir ...

... eine letzte Reise ans Ende der Welt an.

Blubber

Blubber

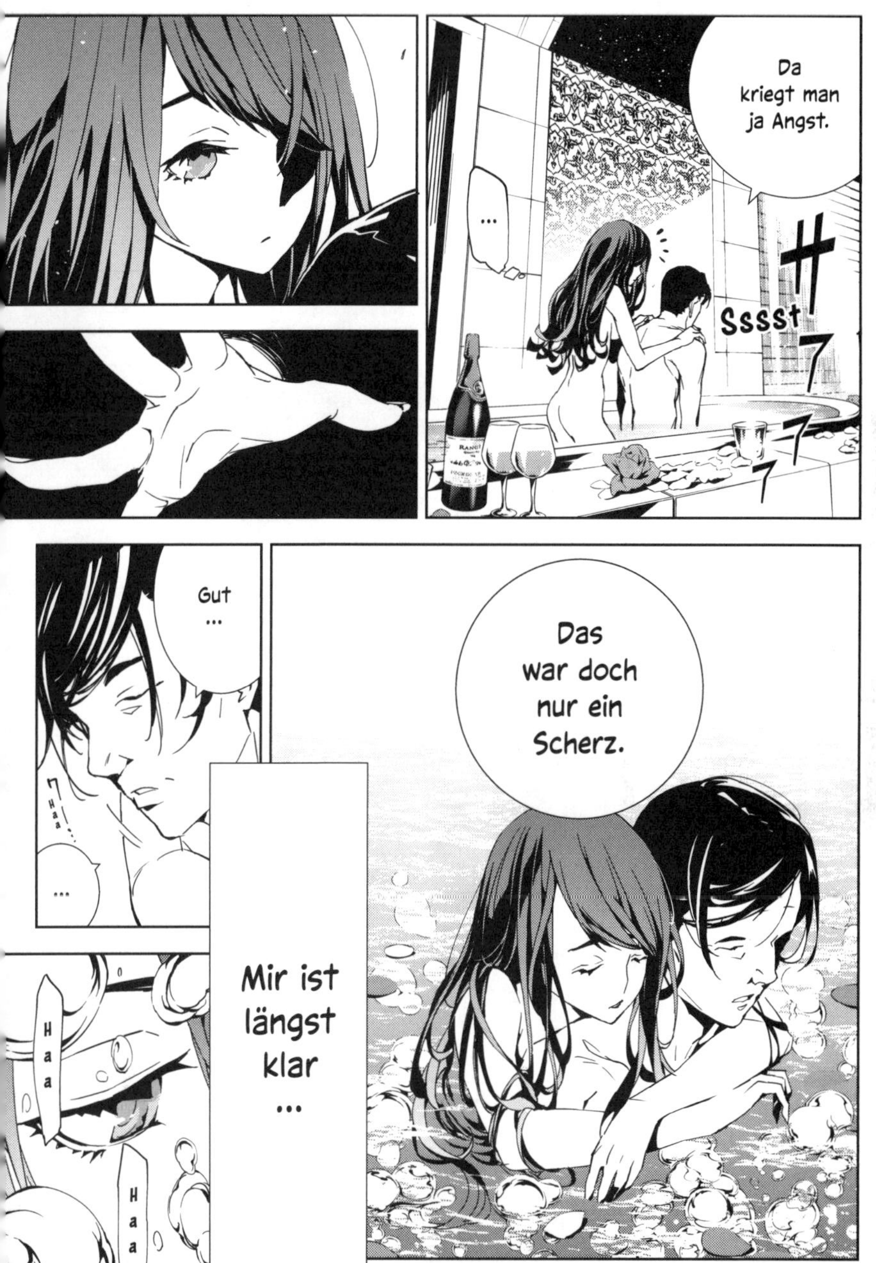
Da kriegt man ja Angst.
...
Sssst
Gut ...
Haa
...
Das war doch nur ein Scherz.
Mir ist längst klar ...
Haa
Haa

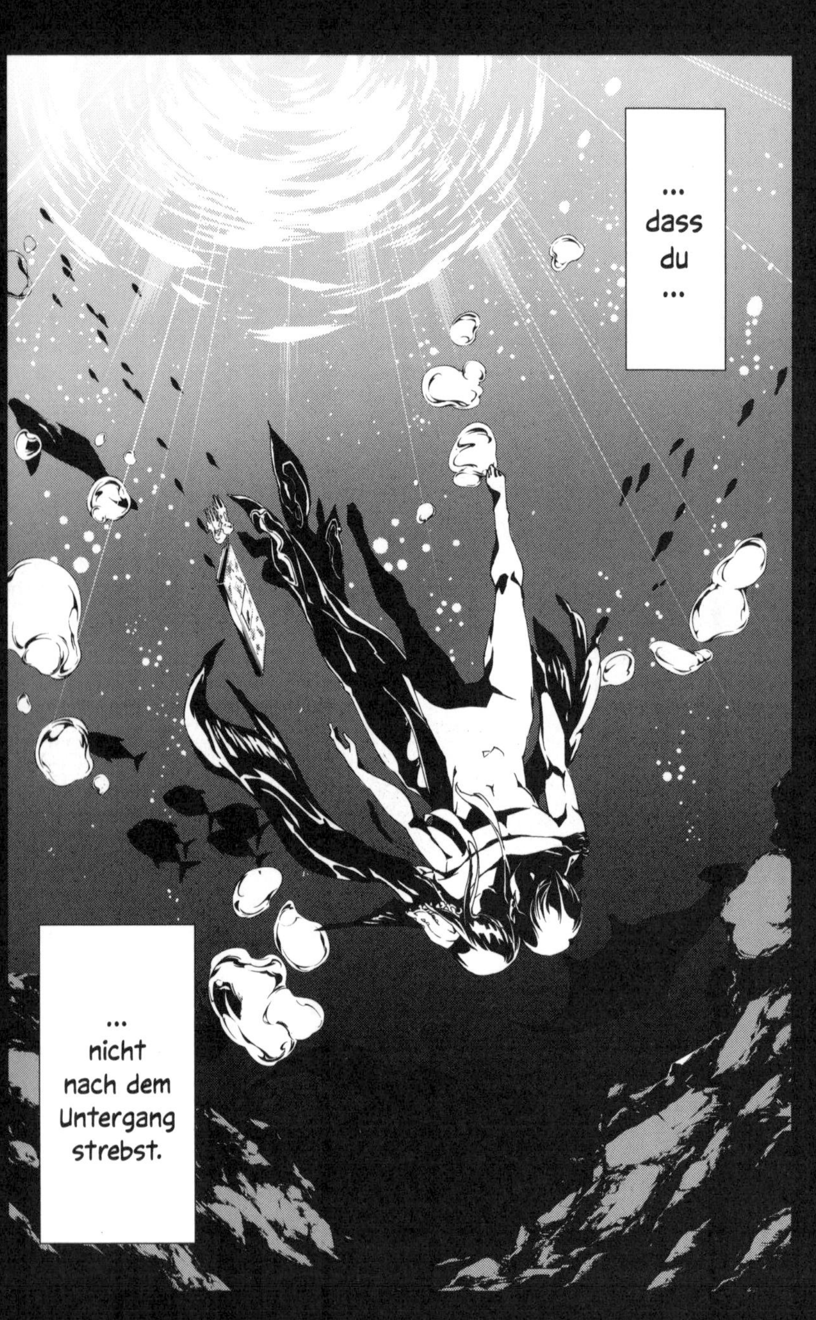
... dass du ...
... nicht nach dem Untergang strebst.

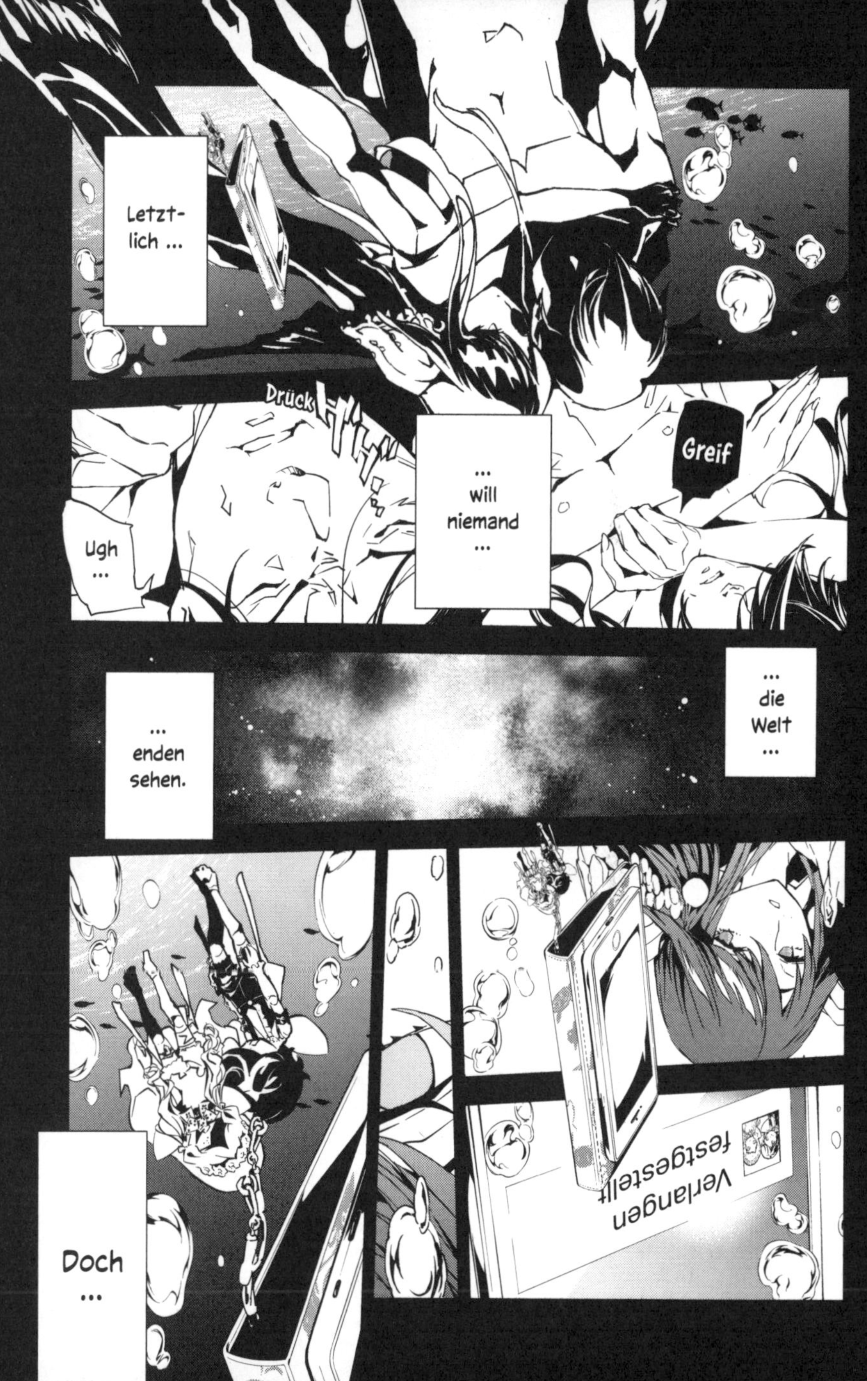
Letzt-
lich ...
Greif
... will niemand ...
Drück
Ugh ...
... die Welt ...
... enden sehen.
Verlangen festgestellt
Doch ...

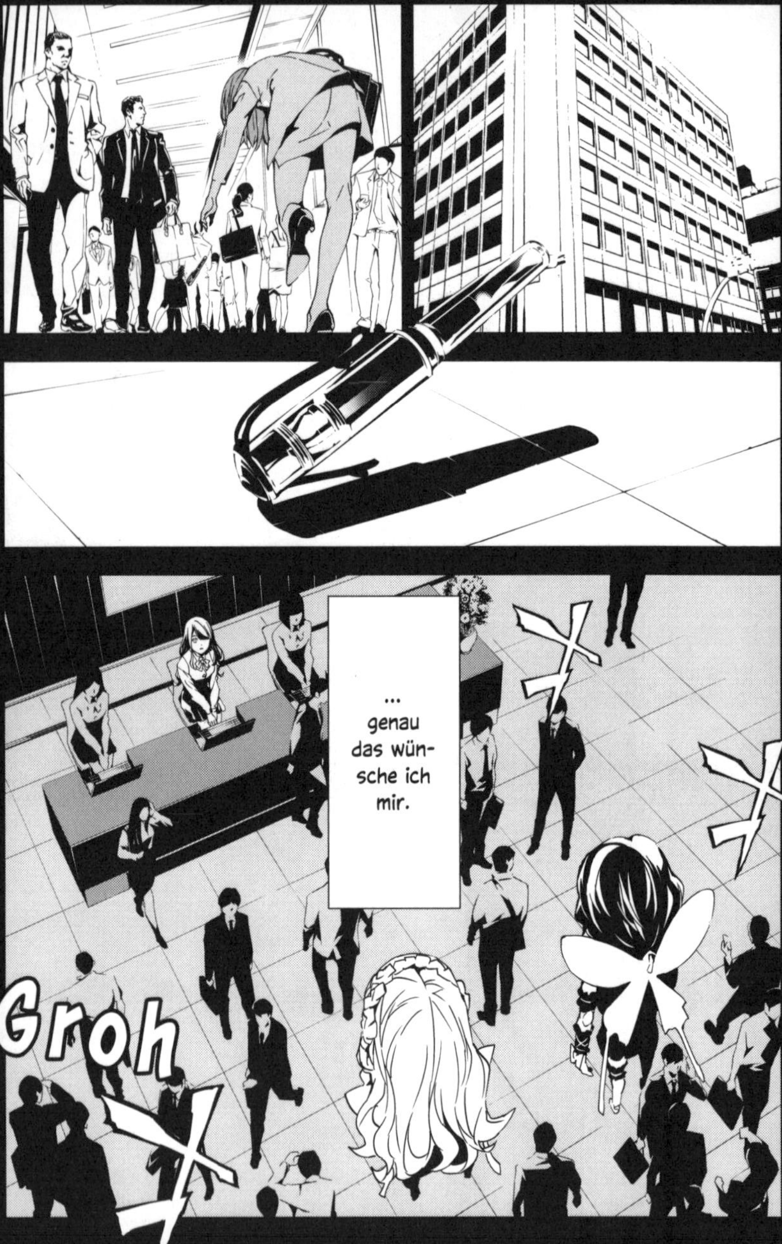

...
genau
das wün-
sche ich
mir.

Groh

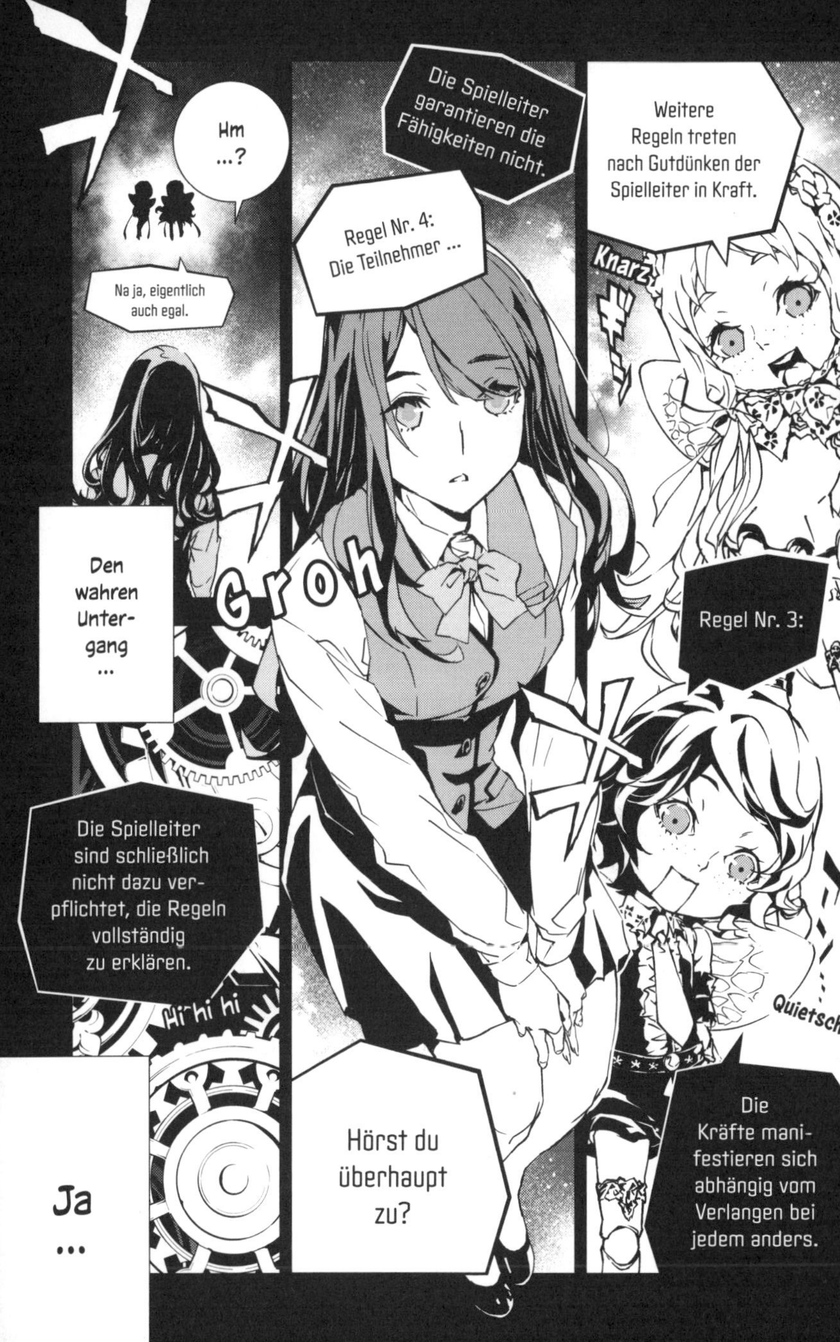

Weitere Regeln treten nach Gutdünken der Spielleiter in Kraft.
Knarz
Regel Nr. 3:
Quietsch
Die Kräfte manifestieren sich abhängig vom Verlangen bei jedem anders.
Die Spielleiter garantieren die Fähigkeiten nicht.
Regel Nr. 4: Die Teilnehmer ...
Groh
Hörst du überhaupt zu?
Hm ...?
Na ja, eigentlich auch egal.
Den wahren Untergang ...
Die Spielleiter sind schließlich nicht dazu verpflichtet, die Regeln vollständig zu erklären.
Hi hi hi
Ja ...

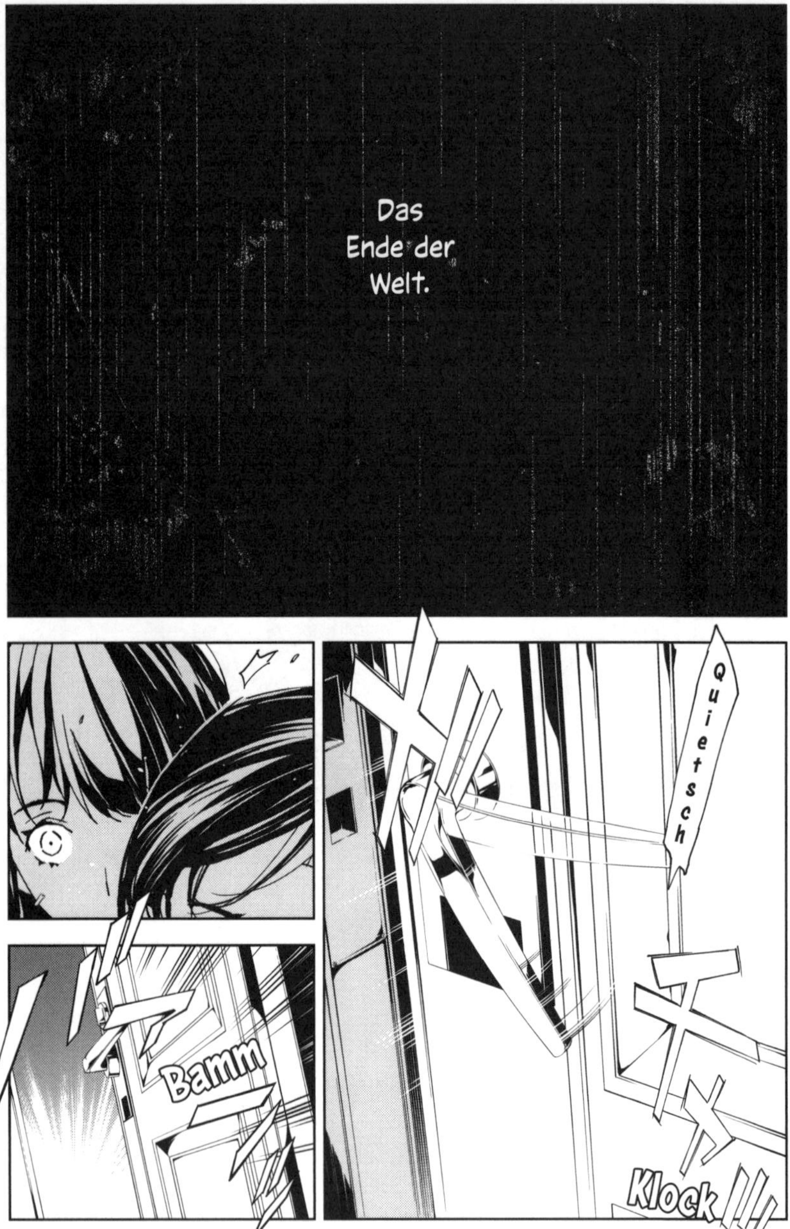

Das
Ende der
Welt.

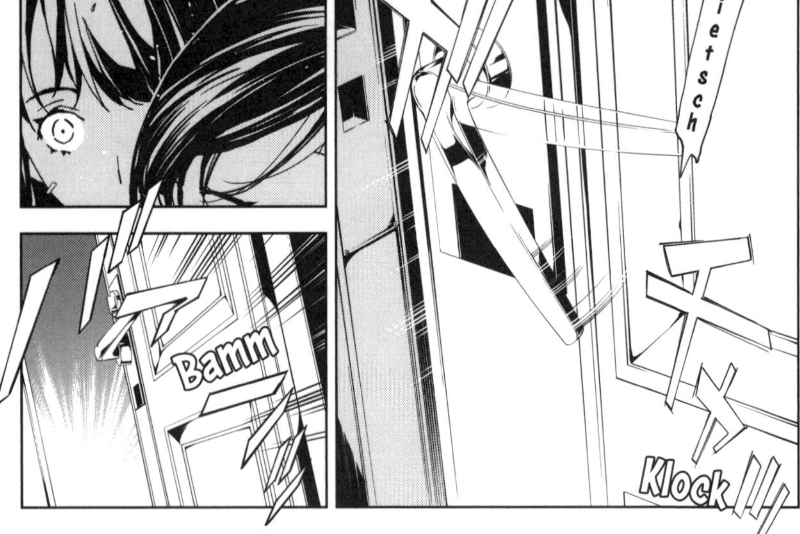

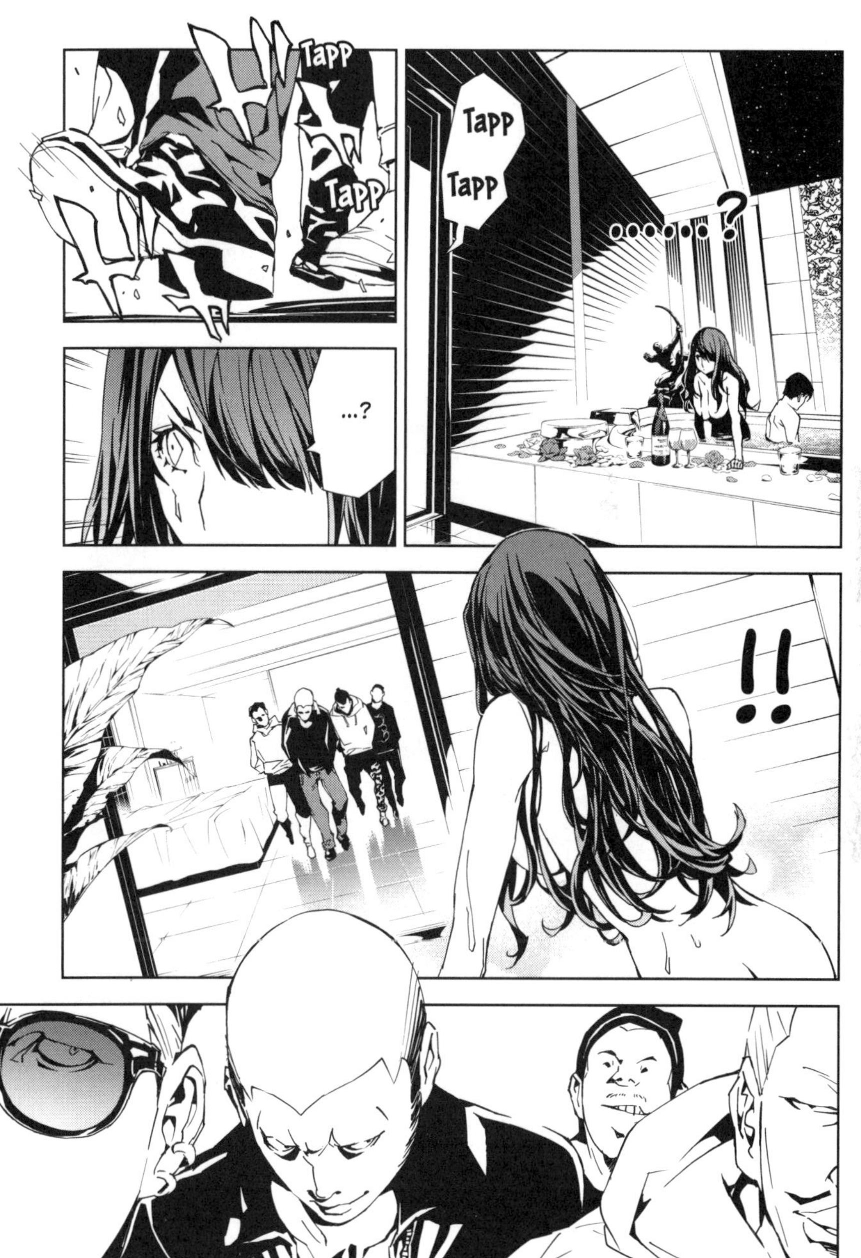
Tapp
Tapp
Tapp
Tapp
......?
...?
!!

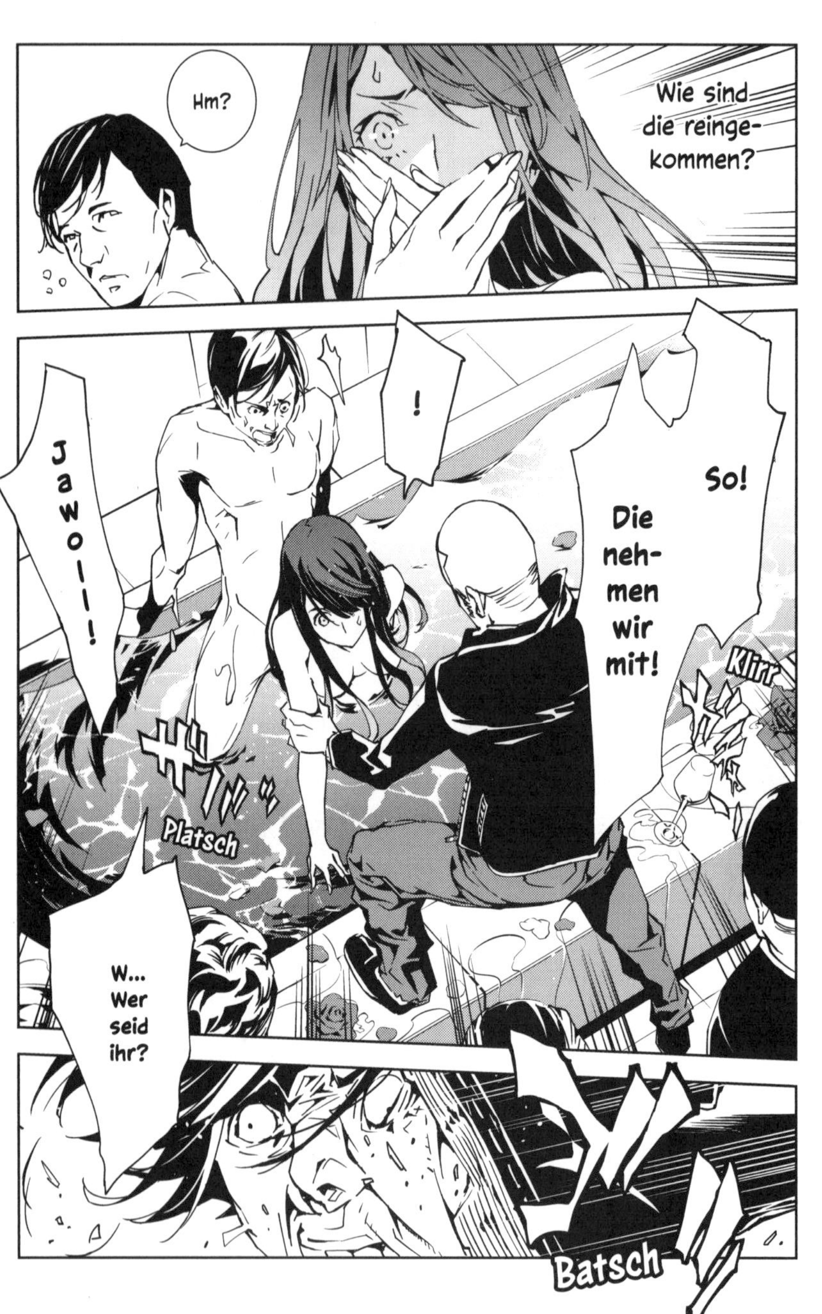
Wie sind die reinge-kommen?
Hm?
So! Die neh-men wir mit!
!
Jawoll!
Klirr
Platsch
W... Wer seid ihr?
Batsch

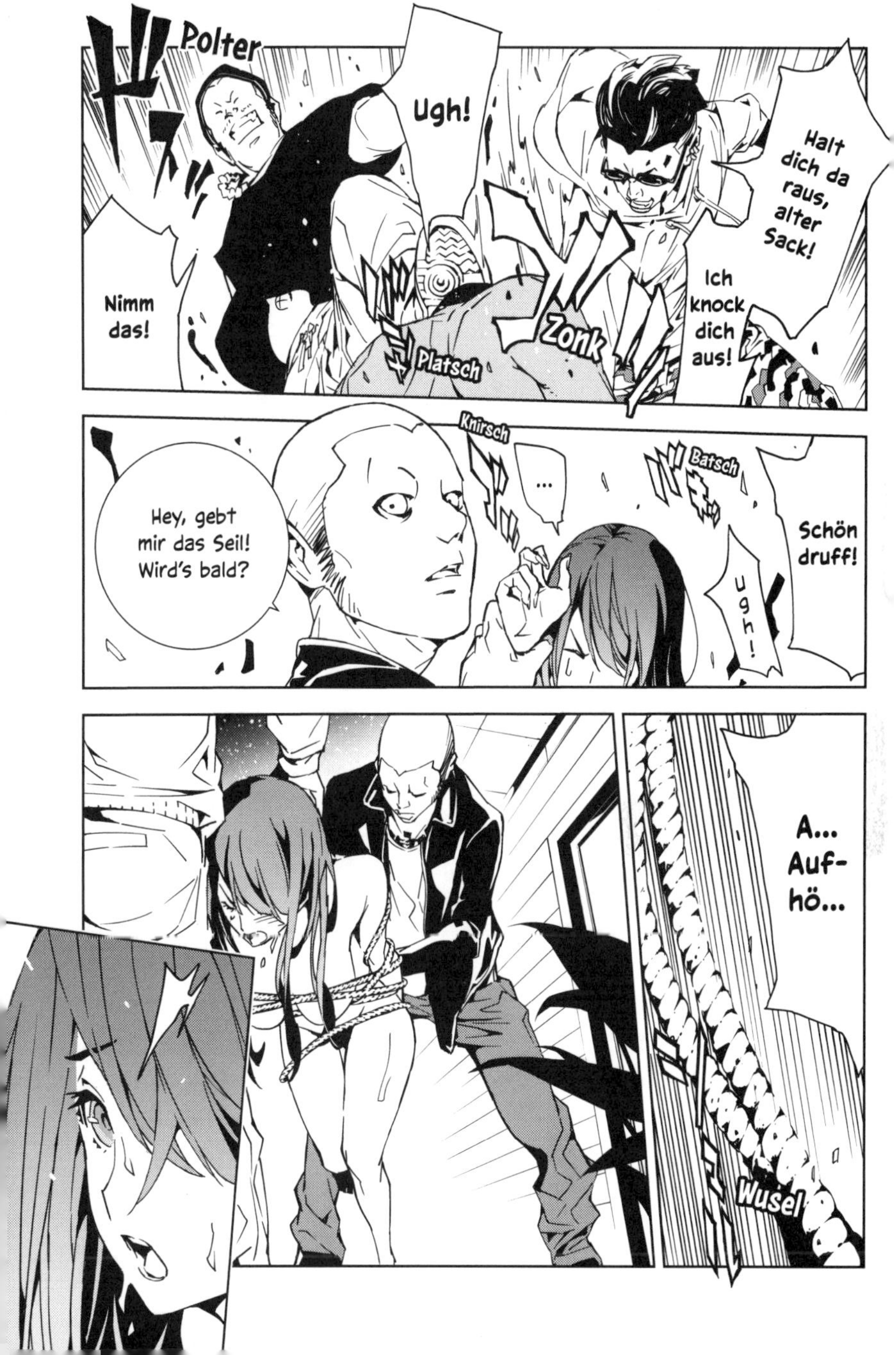

Halt dich da raus, alter Sack!
Ich knock dich aus!
Zonk
Ugh!
Polter
Platsch
Nimm das!
Schön druff!
Batsch
Ugh!
…
Knirsch
Hey, gebt mir das Seil! Wird's bald?
A… Auf-hö…
Wusel

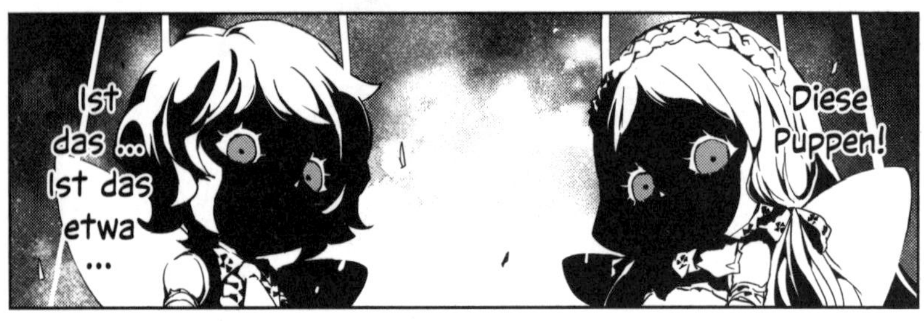
Diese Puppen!
Ist das ... Ist das etwa ...

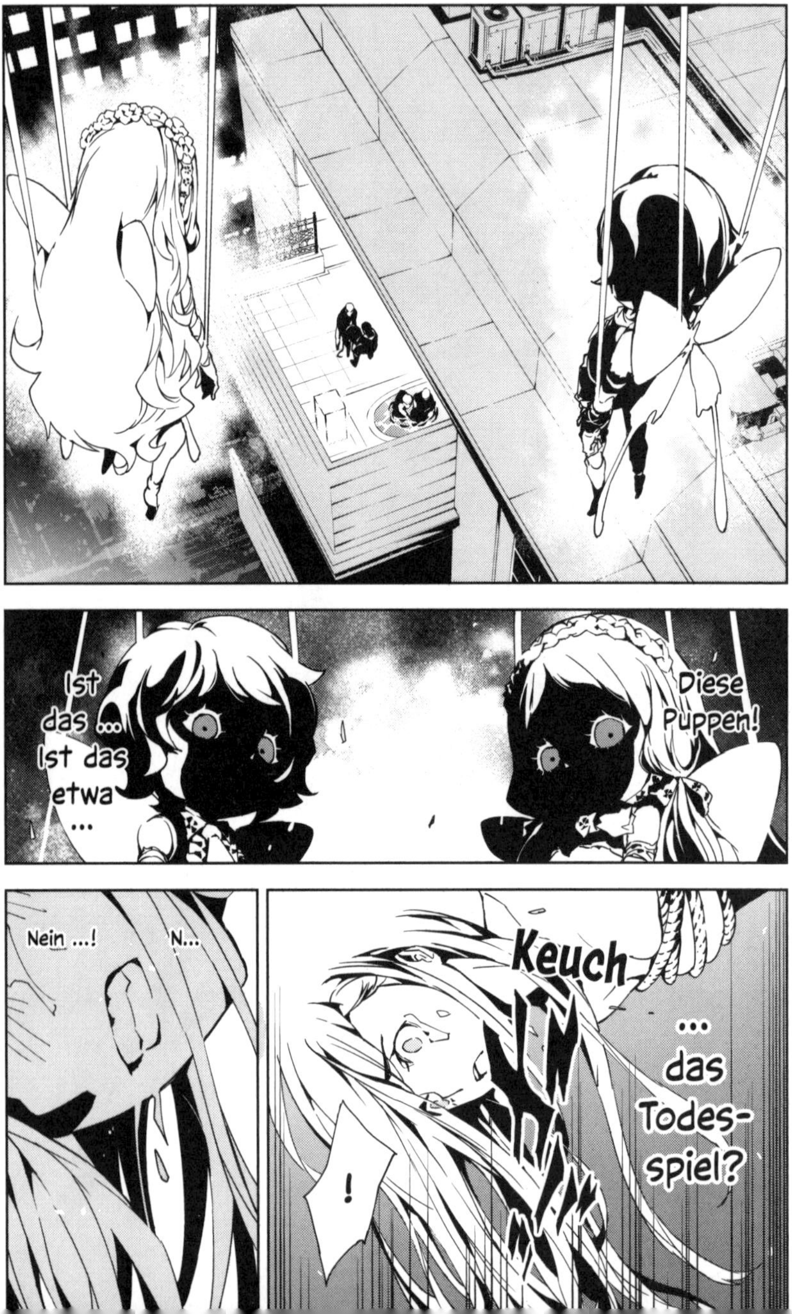

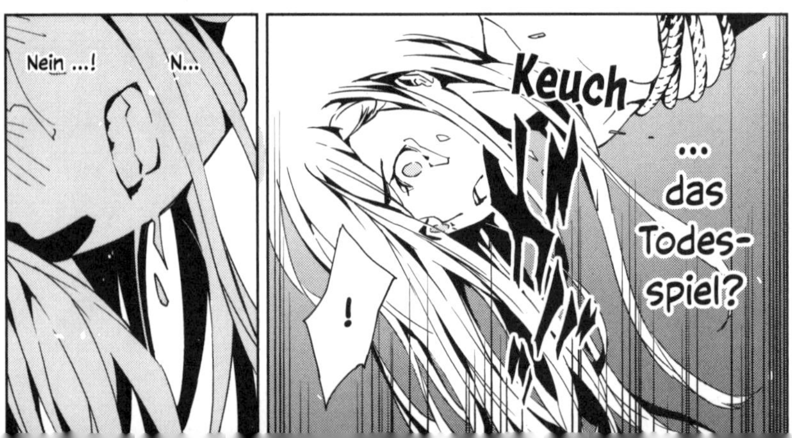
Keuch
... das Todes-spiel?
!
N...
Nein ...!

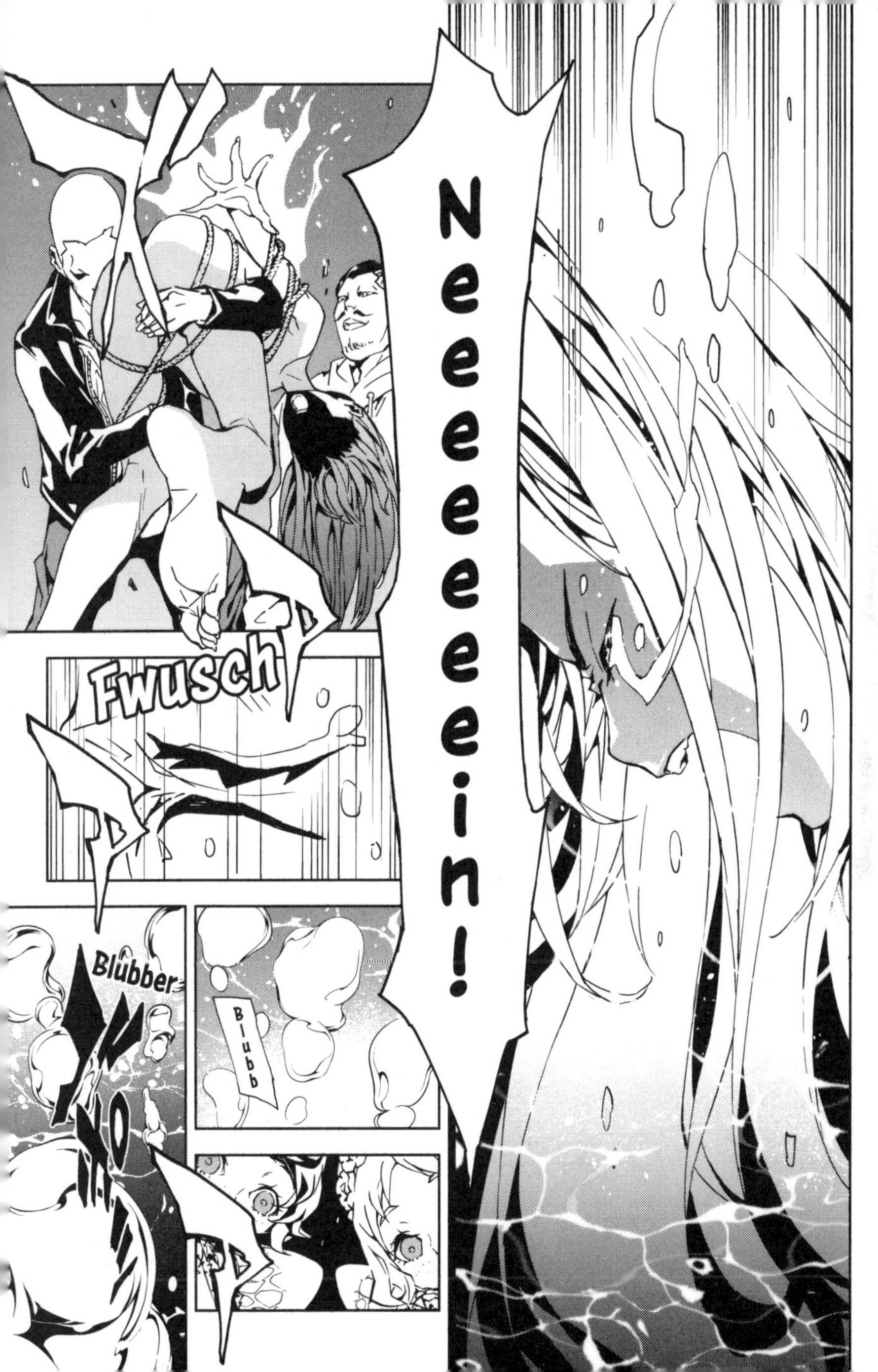
Neeeeeeein!
Fwusch
Blubber
Blubb

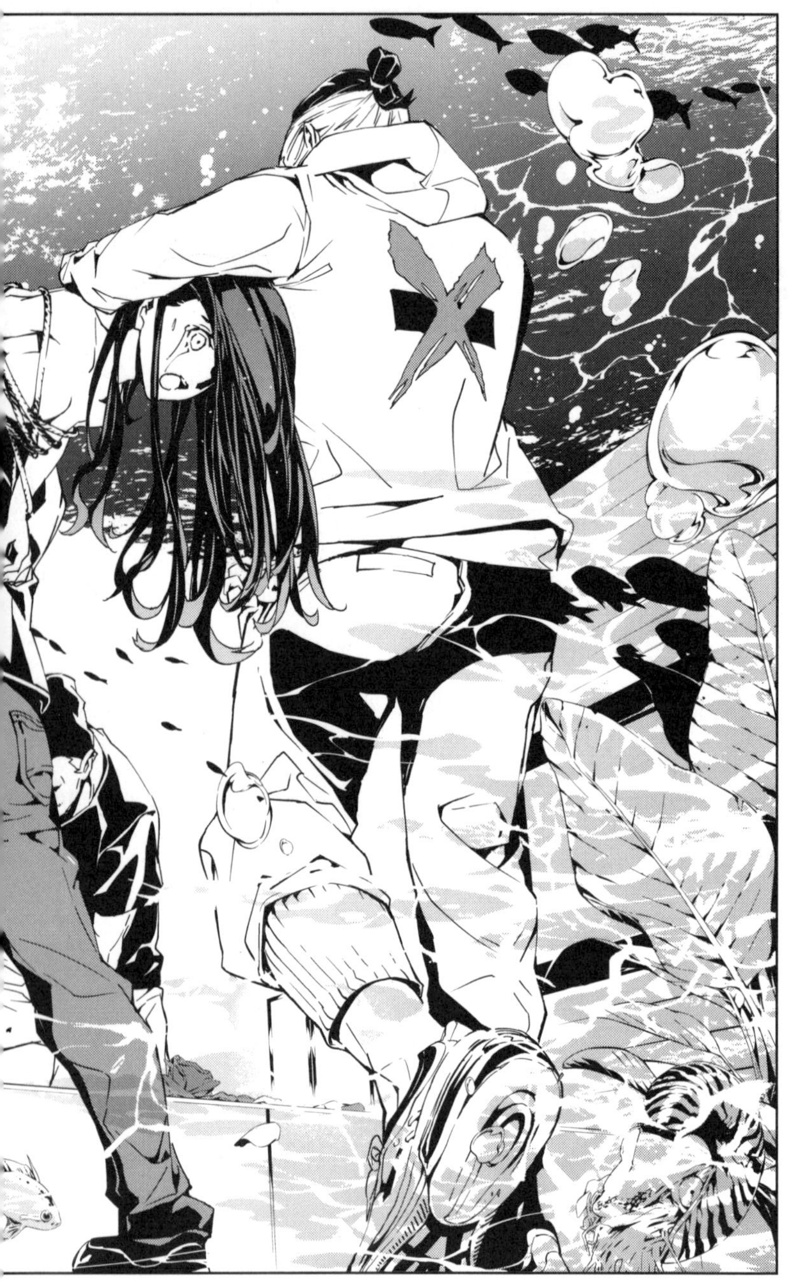

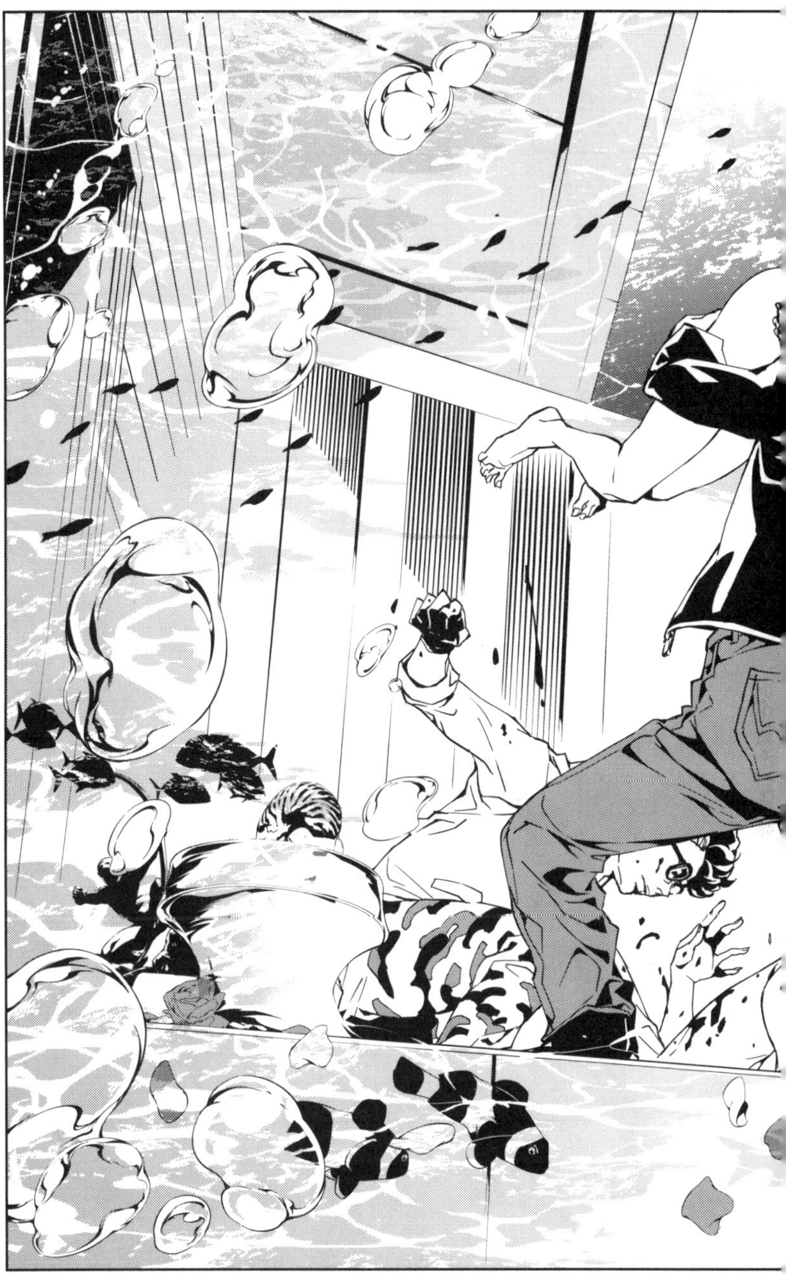

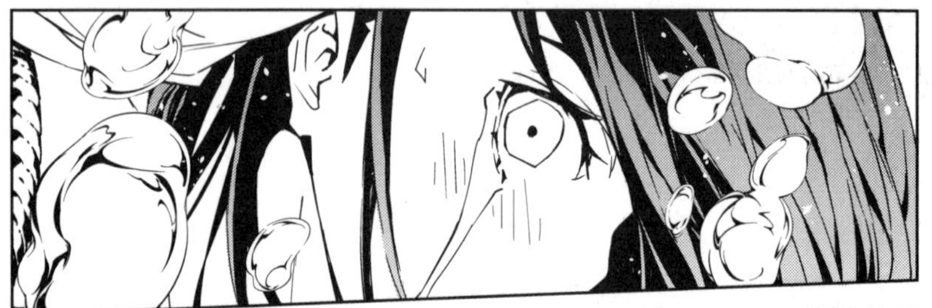
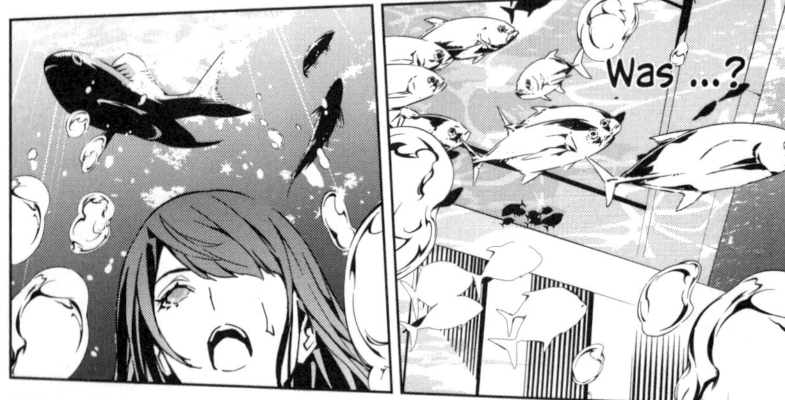
Was ...?
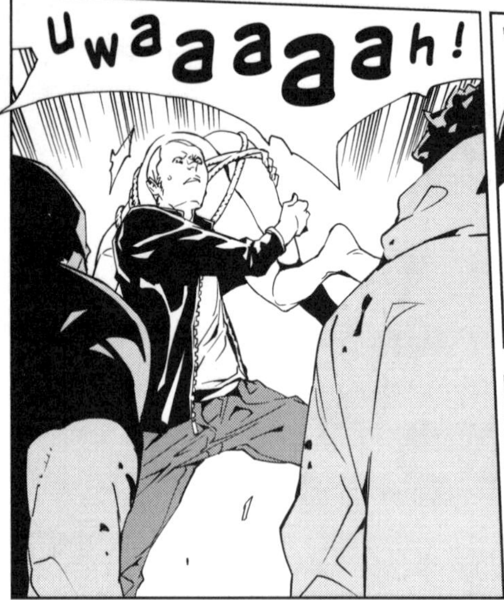
Uwaaaaaah!
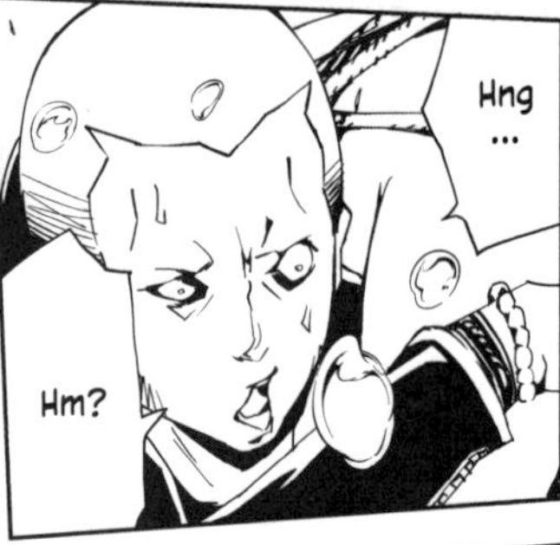
Hng ...
Hm?
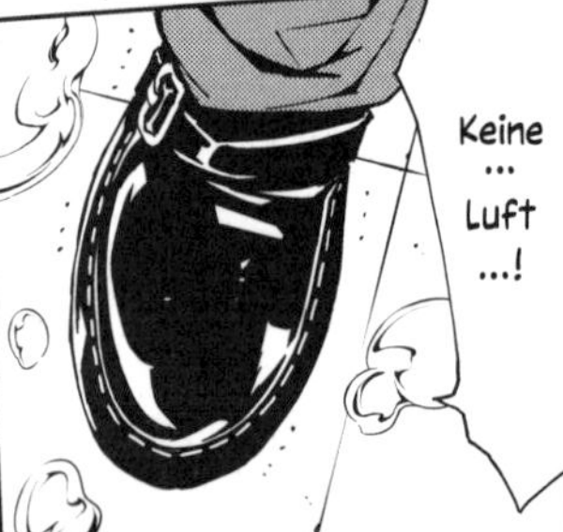
Keine ... Luft ...!

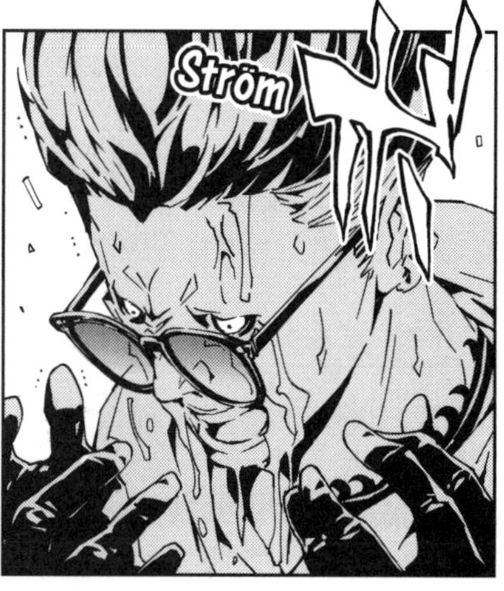
Ström

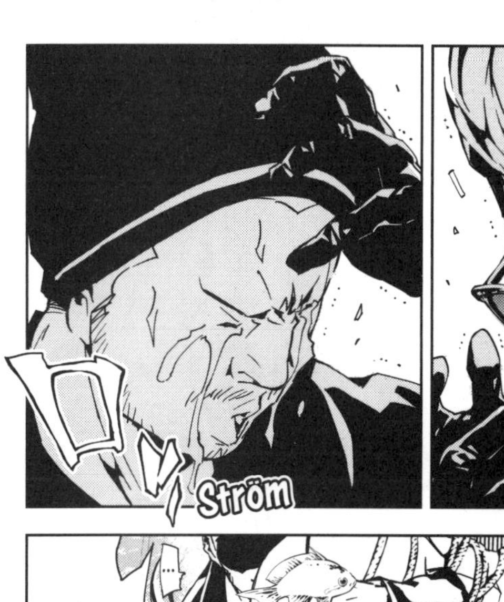
Ström

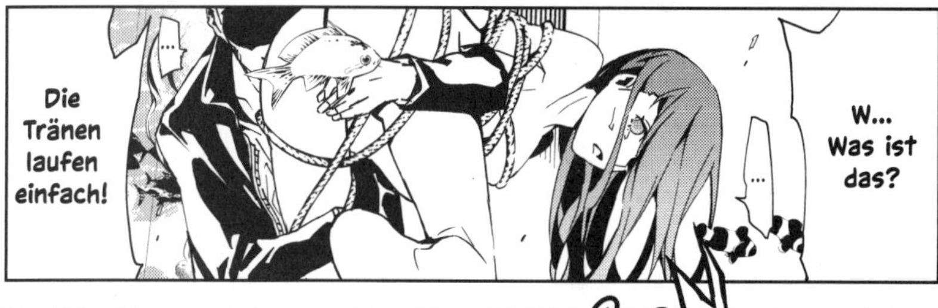
W... Was ist das?
...
...
Die Tränen laufen einfach!

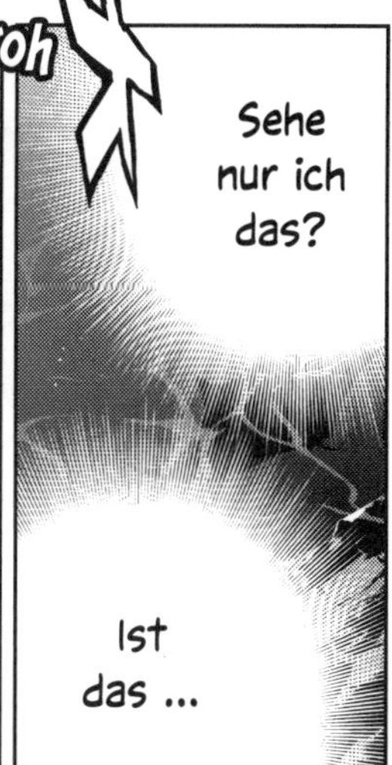
Sehe nur ich das?
Ist das ...

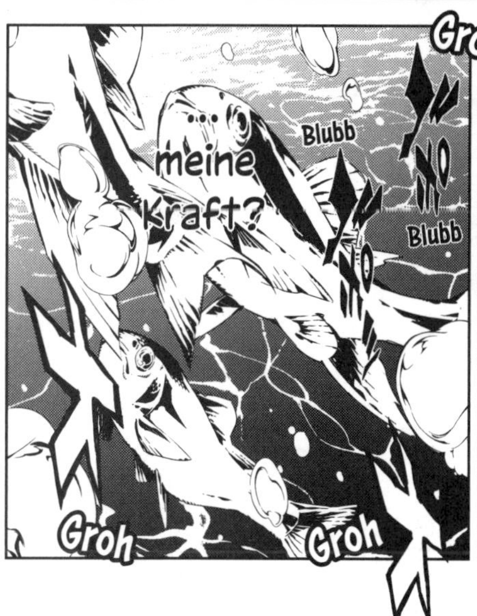
Groh
Blubb
Blubb
... meine Kraft?
Groh
Groh

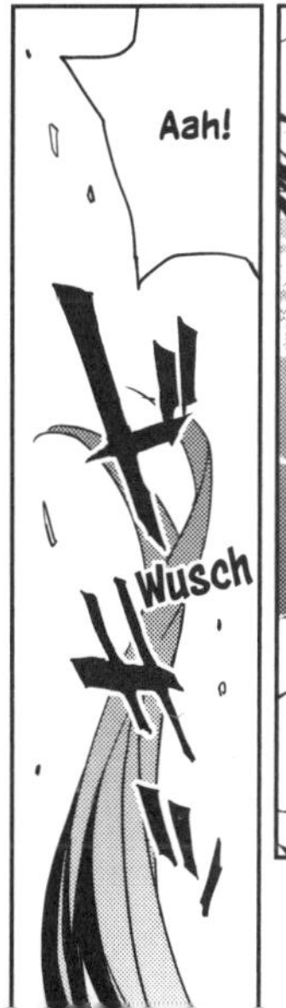
Aah!
Wusch

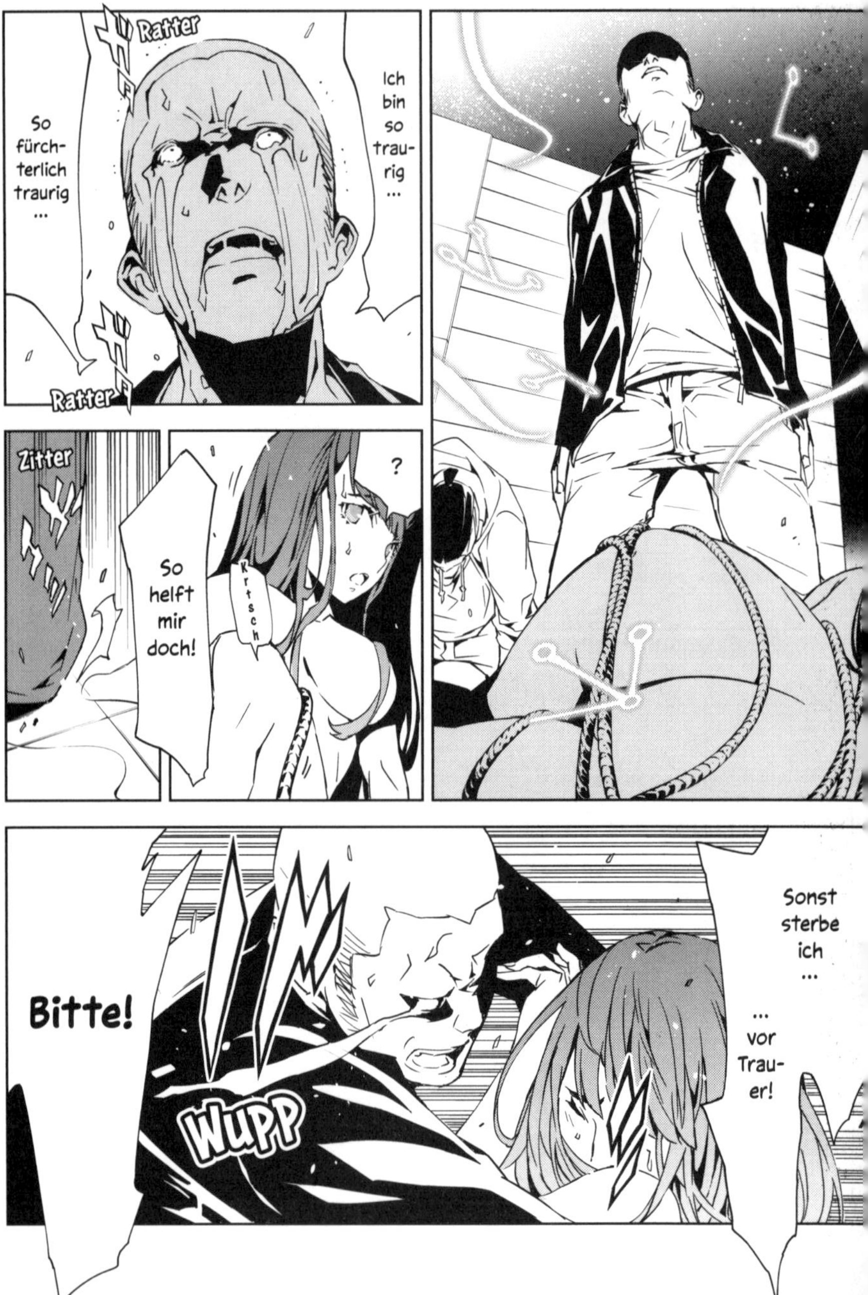

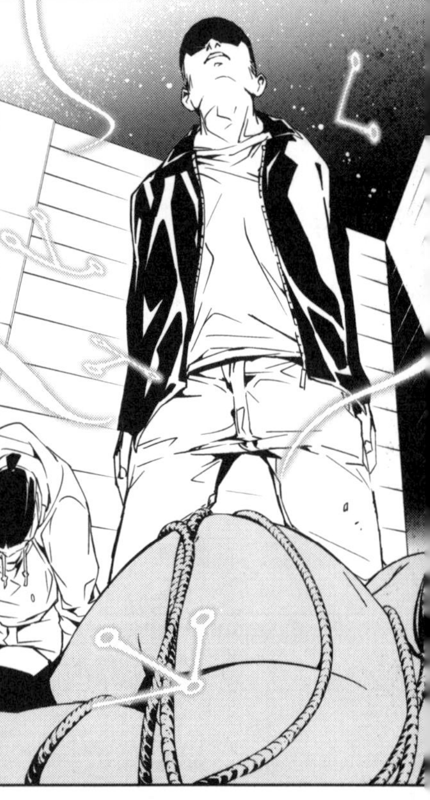

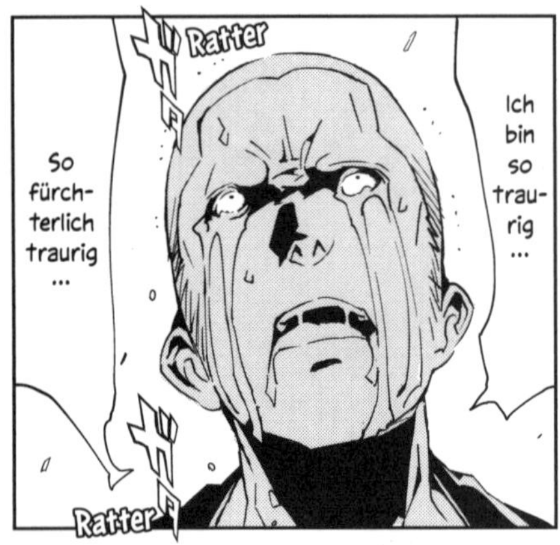

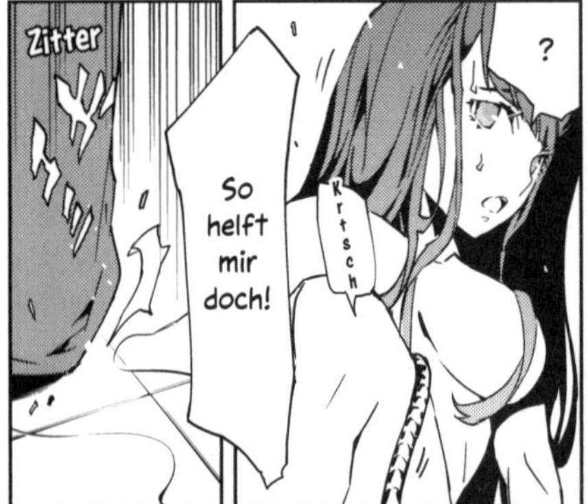

Sonst sterbe ich ...

... vor Trauer!

Bitte!

WUPP

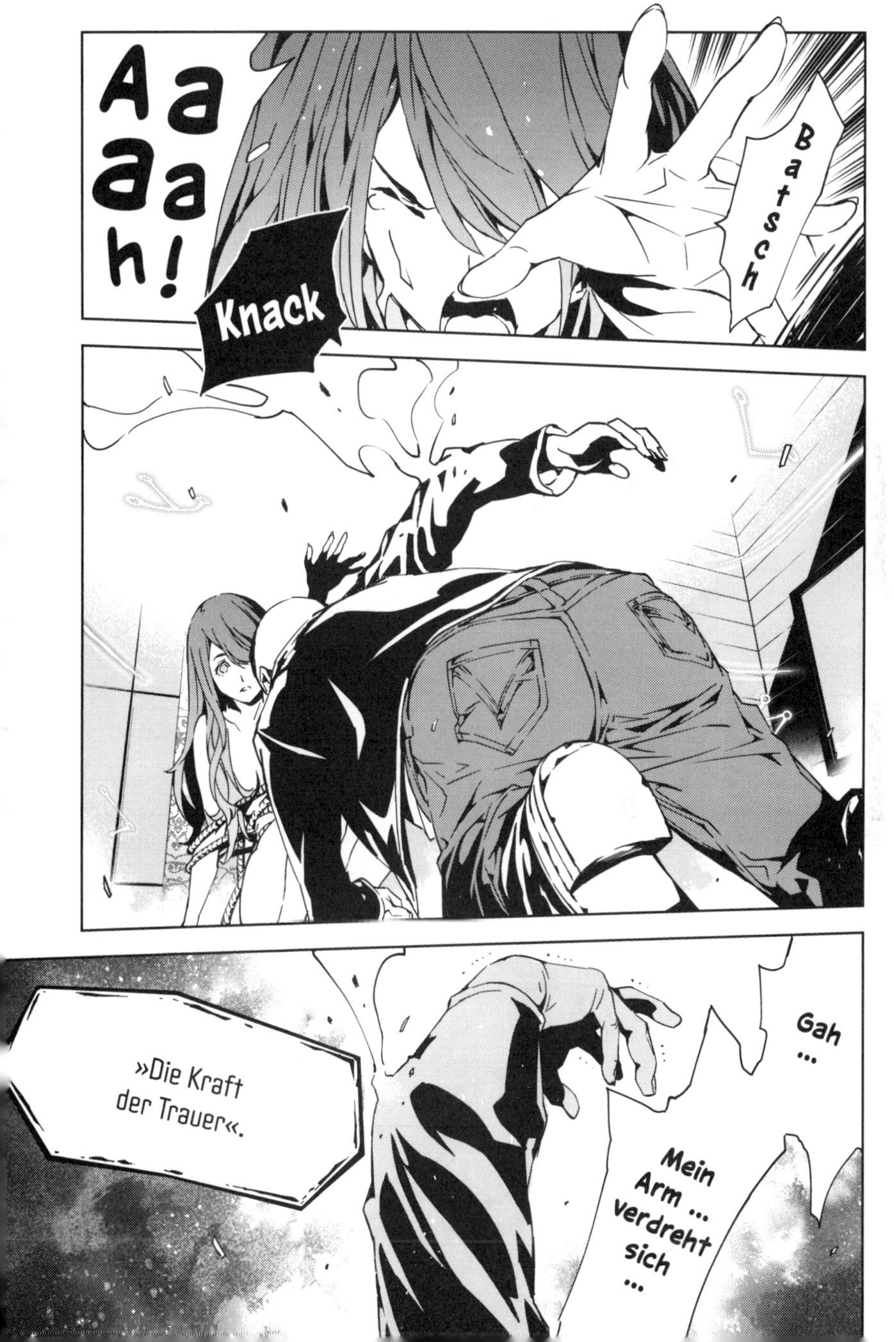

Aaaah!

Batsch

Knack

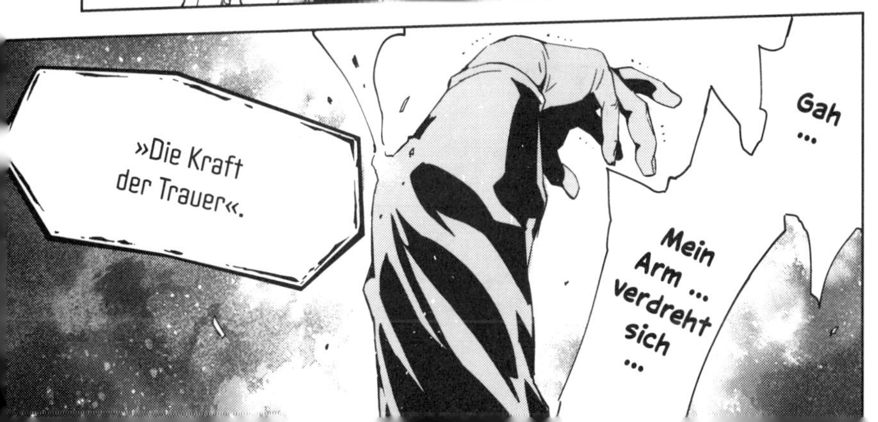

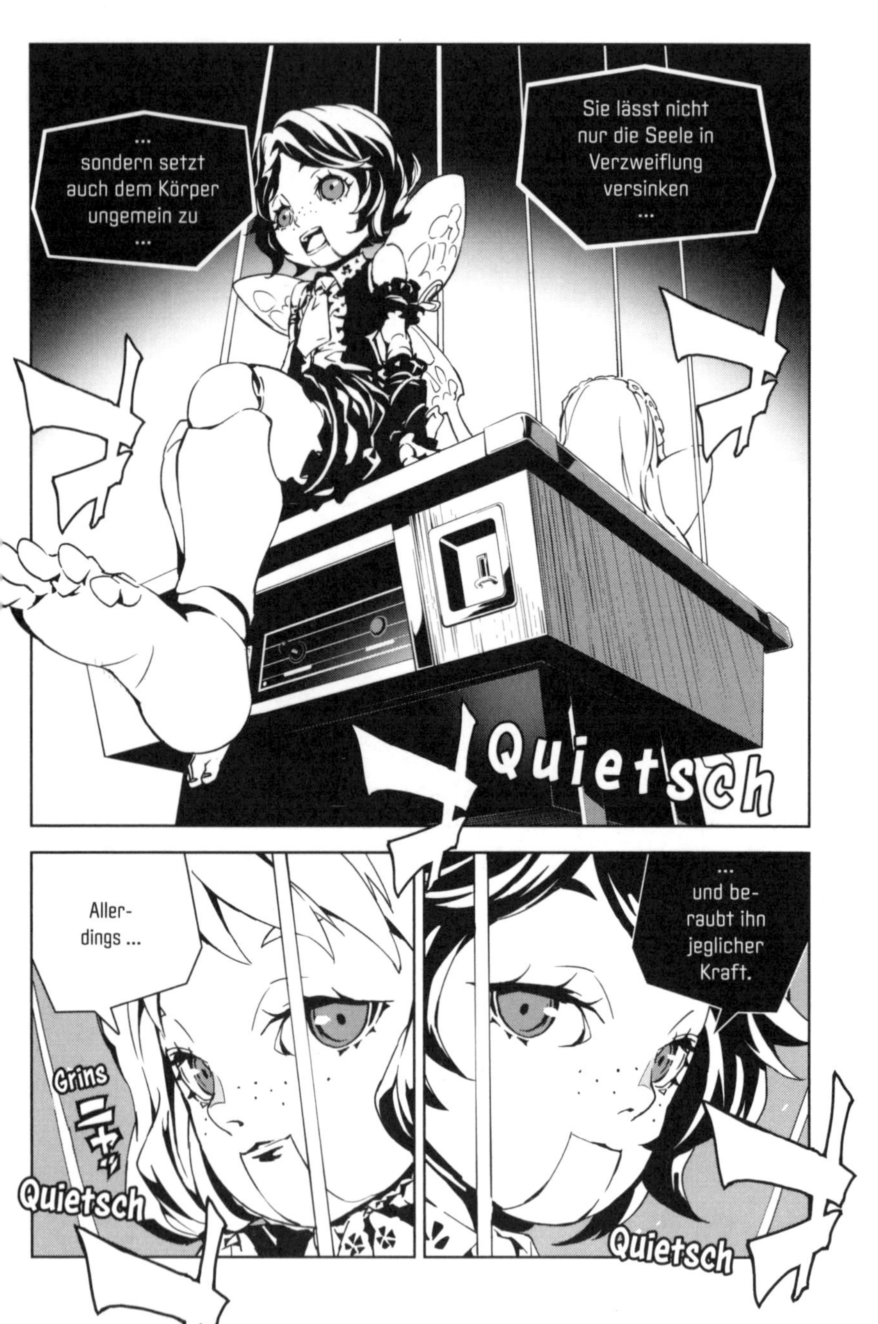

Sie lässt nicht nur die Seele in Verzweiflung versinken ...
... sondern setzt auch dem Körper ungemein zu ...
Quietsch
... und be-raubt ihn jeglicher Kraft.
Quietsch
Aller-dings ...
Grins
Quietsch

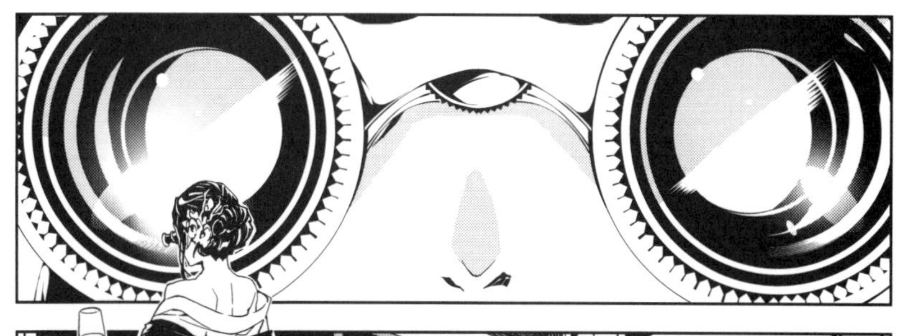
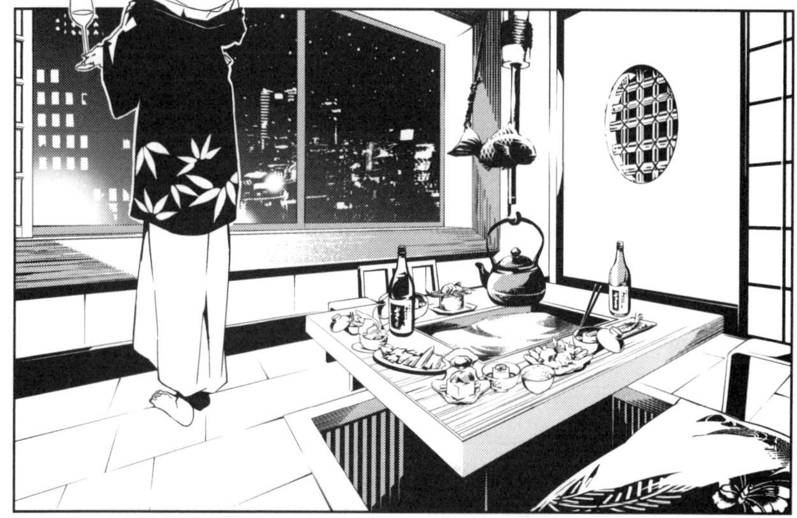
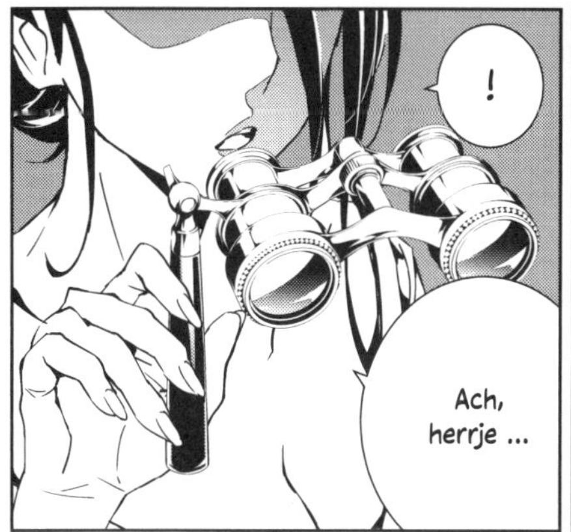
!
Ach, herrje ...
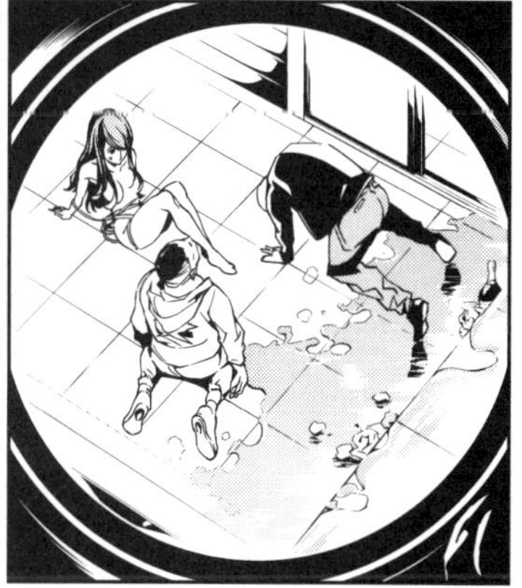

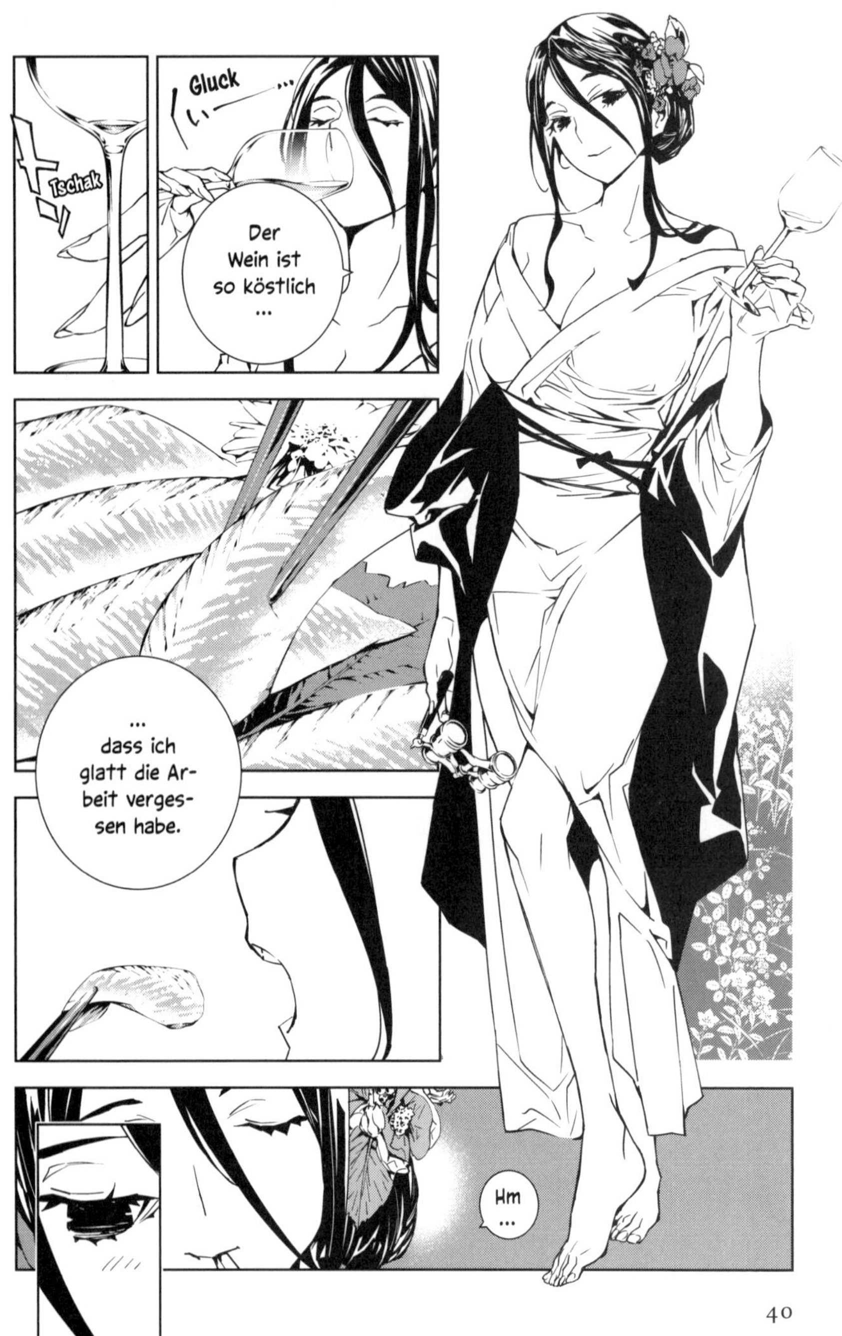
Tschak
Gluck
Der Wein ist so köstlich ...
... dass ich glatt die Arbeit vergessen habe.
Hm ...

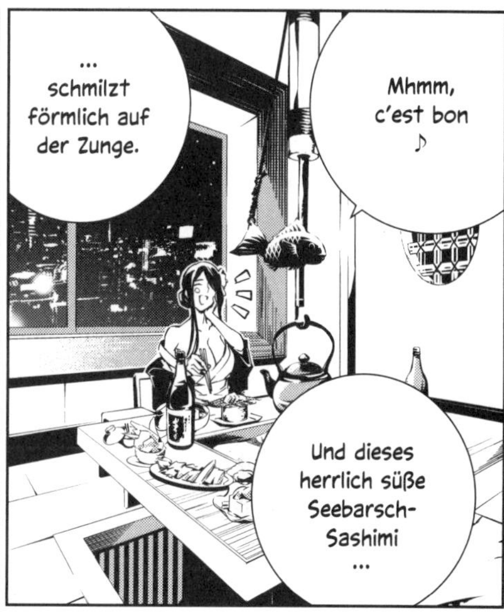
Mhmm, c'est bon ♪
... schmilzt förmlich auf der Zunge.
Und dieses herrlich süße Seebarsch-Sashimi ...

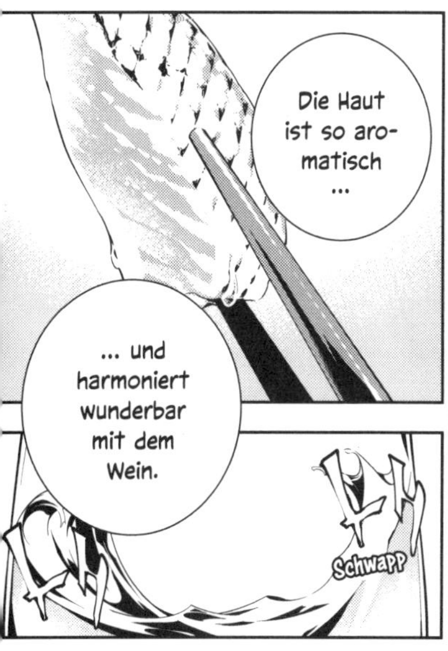
Die Haut ist so aromatisch ...
... und harmoniert wunderbar mit dem Wein.
Schwapp

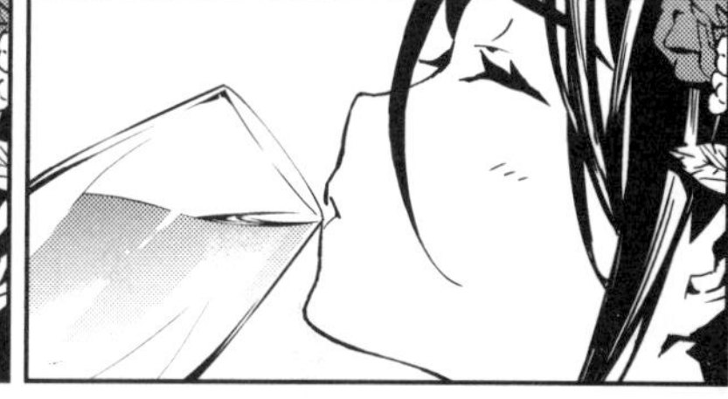

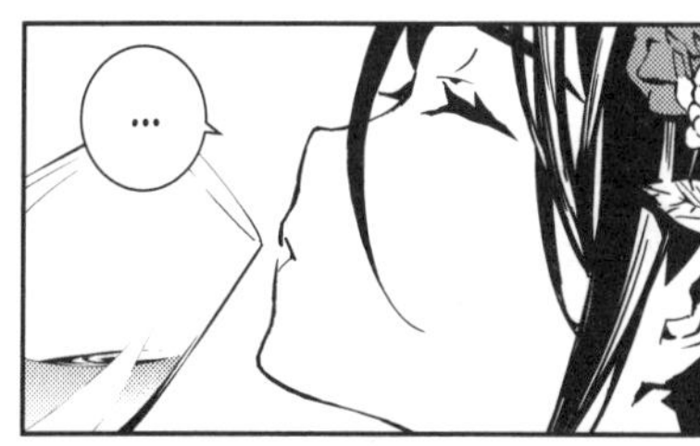
...

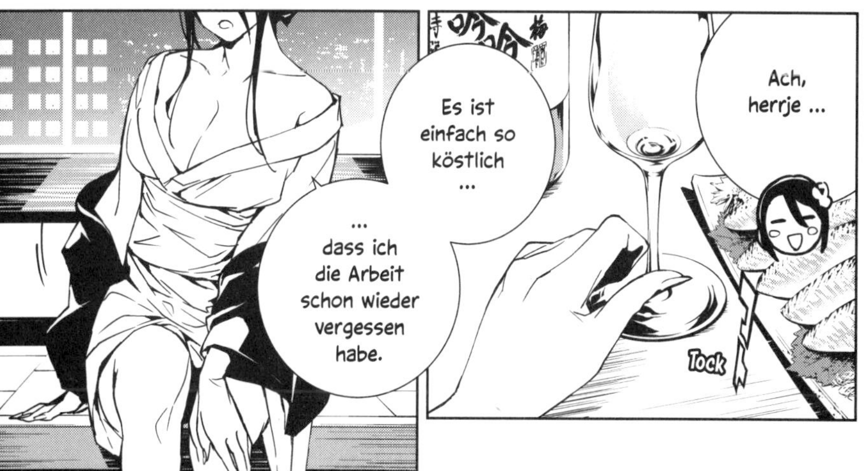
Ach, herrje ...
Tock
Es ist einfach so köstlich ...
... dass ich die Arbeit schon wieder vergessen habe.

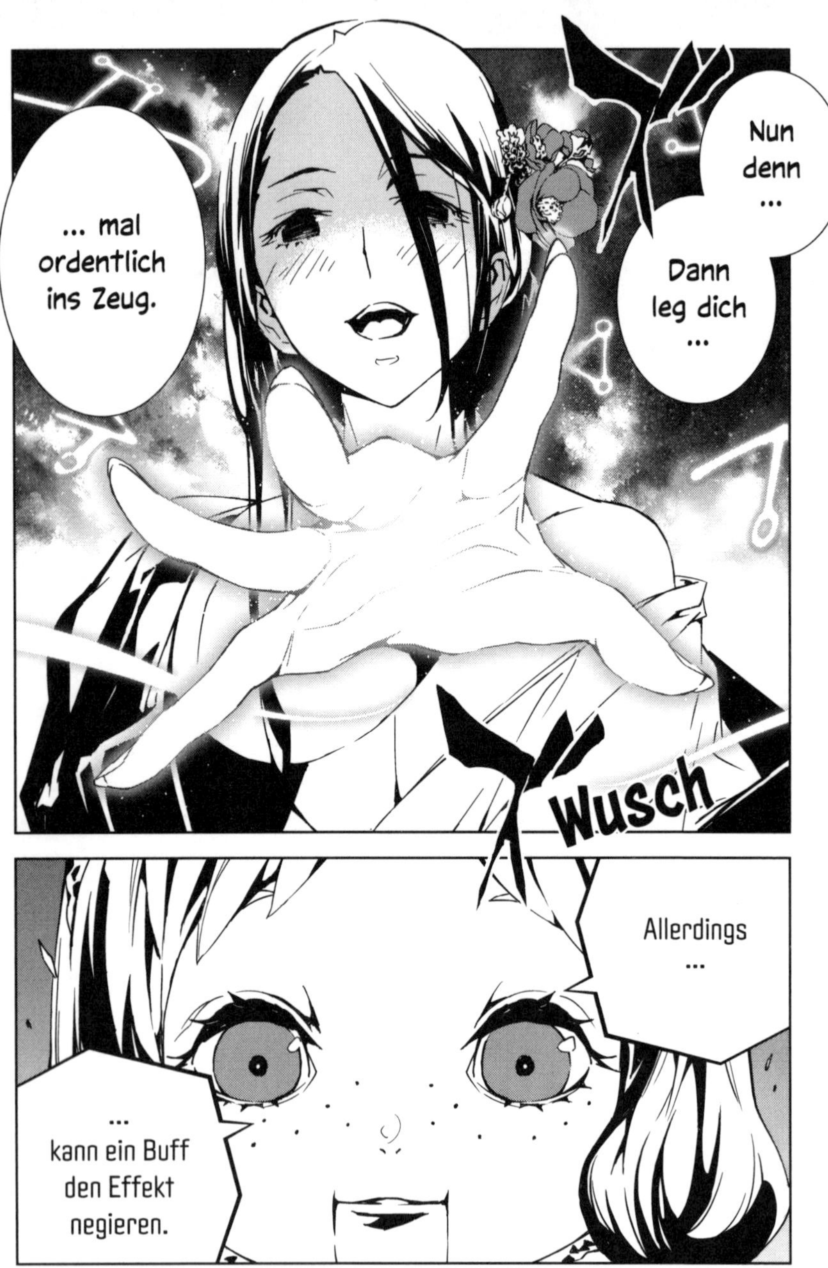
Nun denn ...
Dann leg dich ...
... mal ordentlich ins Zeug.
Wusch
Allerdings ...
... kann ein Buff den Effekt negieren.

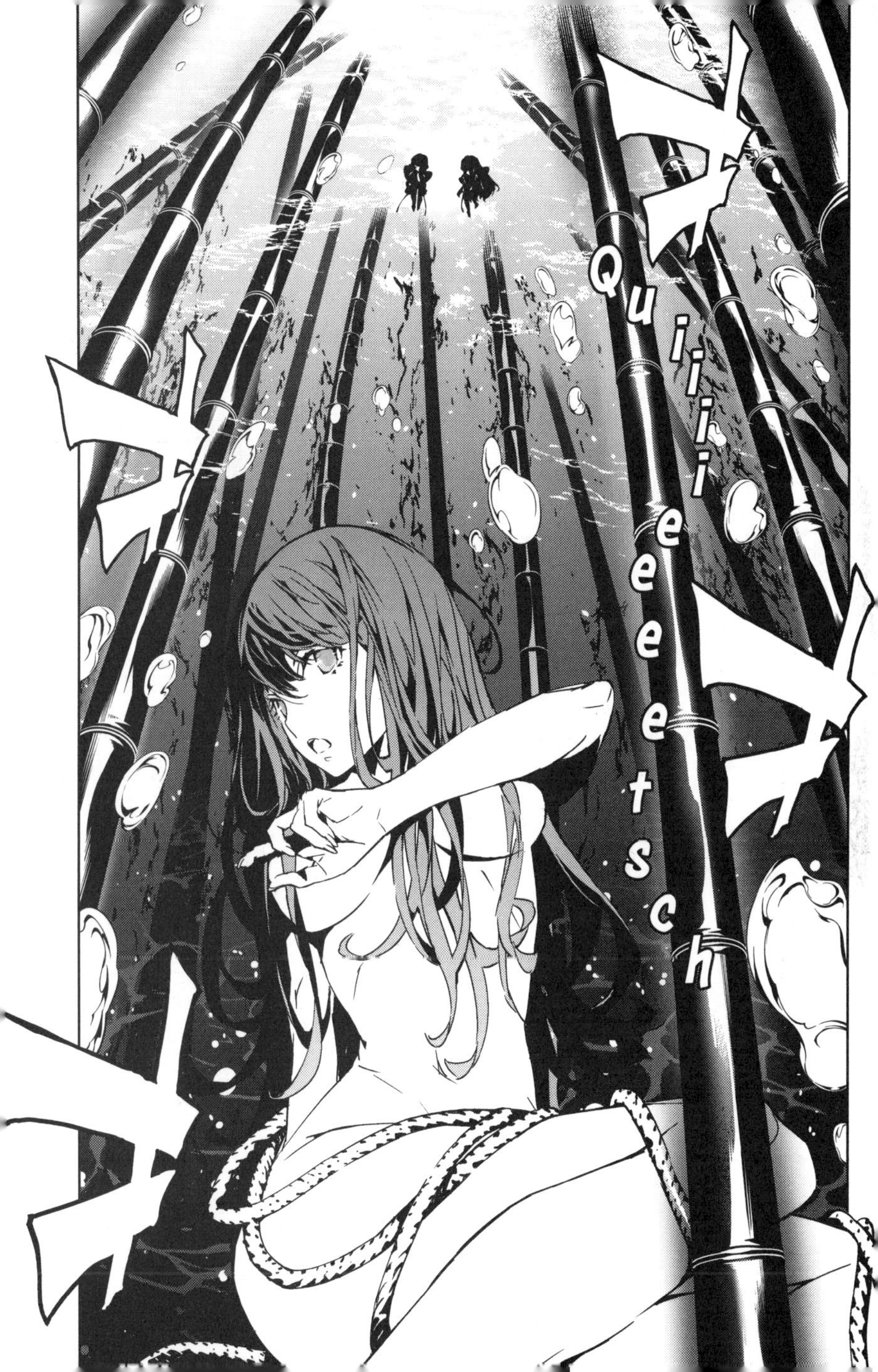
Quiiiiieeeeeetsch

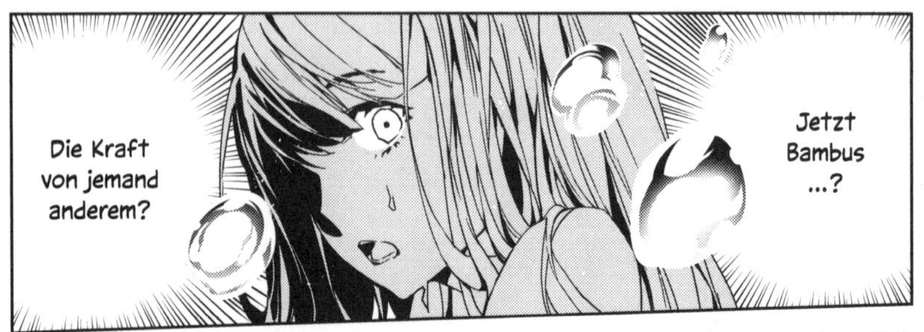
Jetzt
Bambus
...?
Die Kraft
von jemand
anderem?

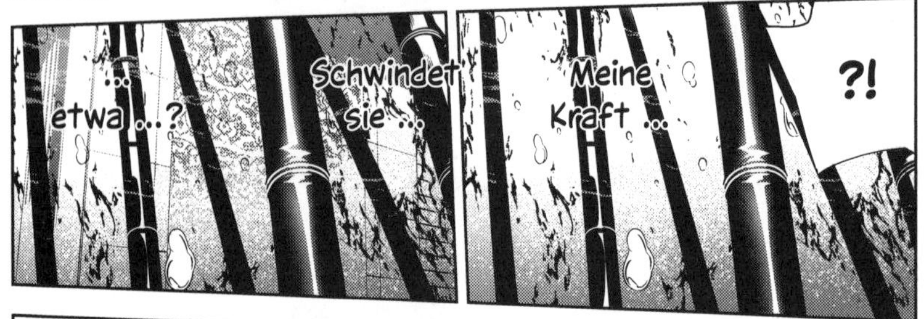
?!
Meine
Kraft ...
Schwindet
sie ...
... etwa ...?

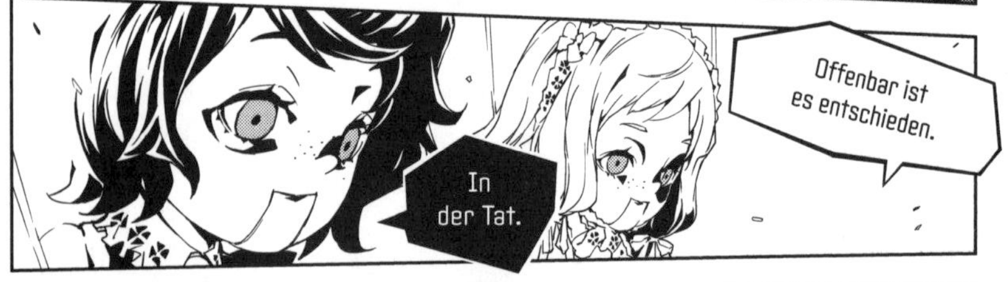
Offenbar ist
es entschieden.
In
der Tat.

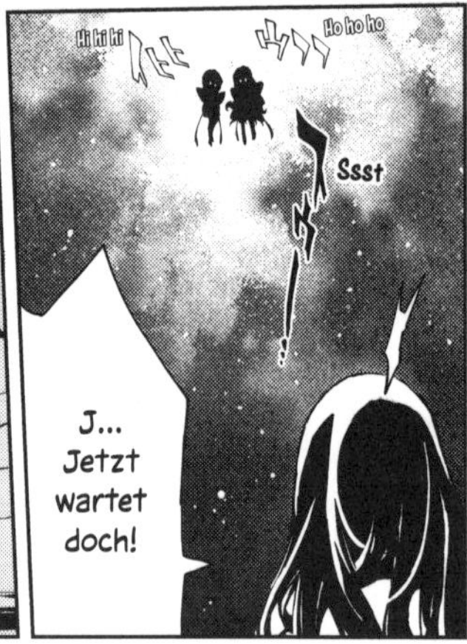
Ho ho ho
Hi hi hi
Ssst
J...
Jetzt
wartet
doch!

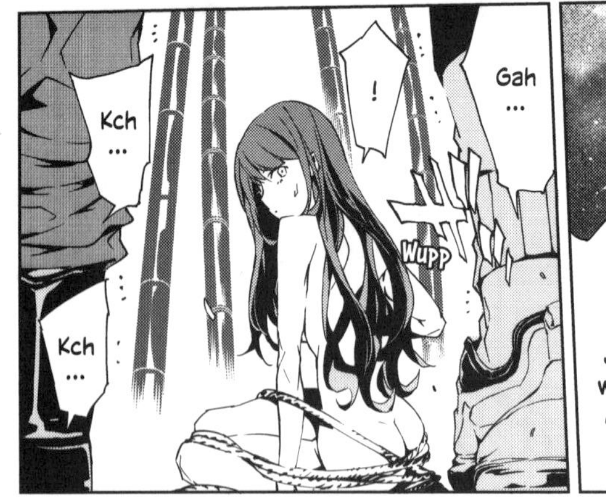
Gah
...
!
Wupp
Kch
...
Kch
...

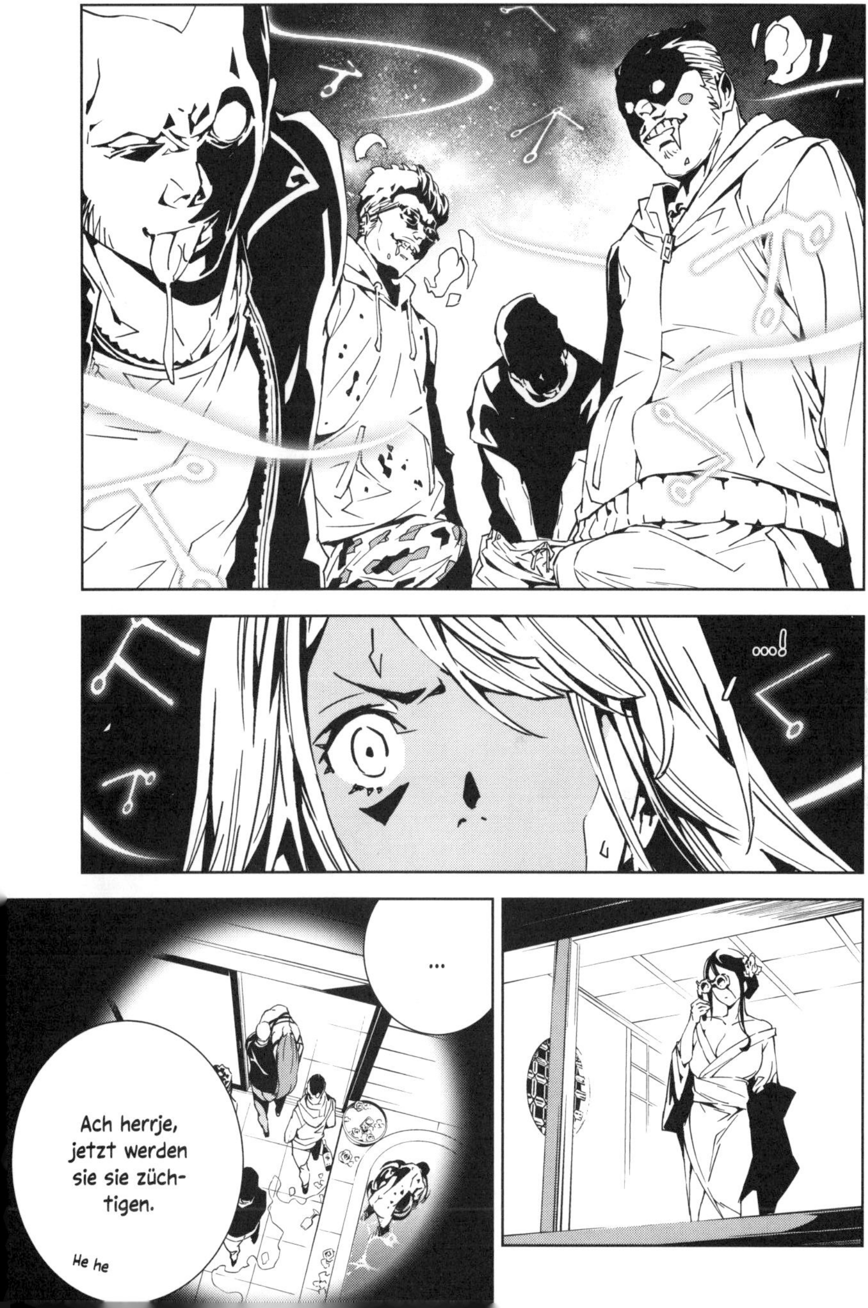

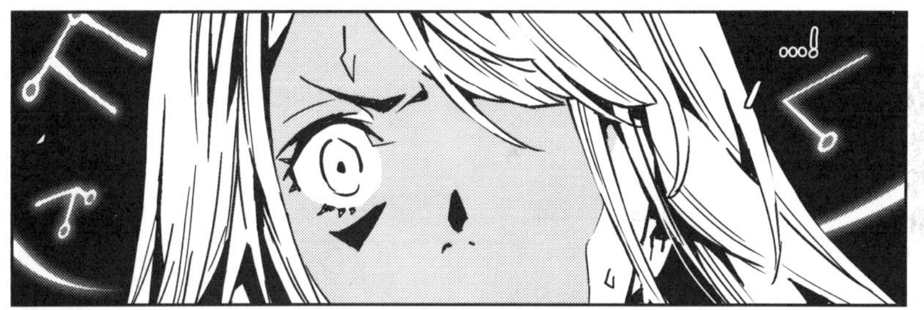
ooo!

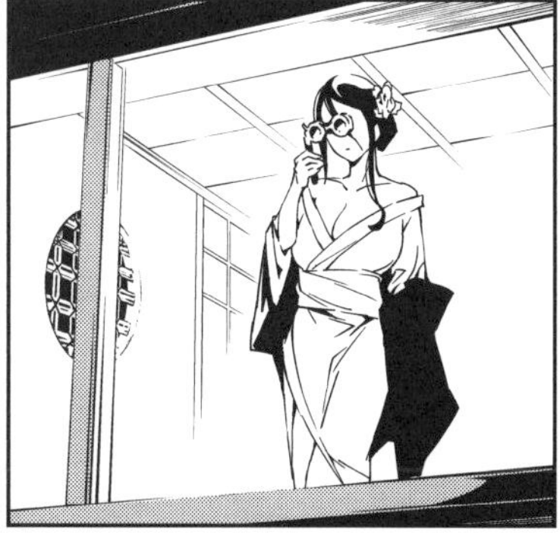

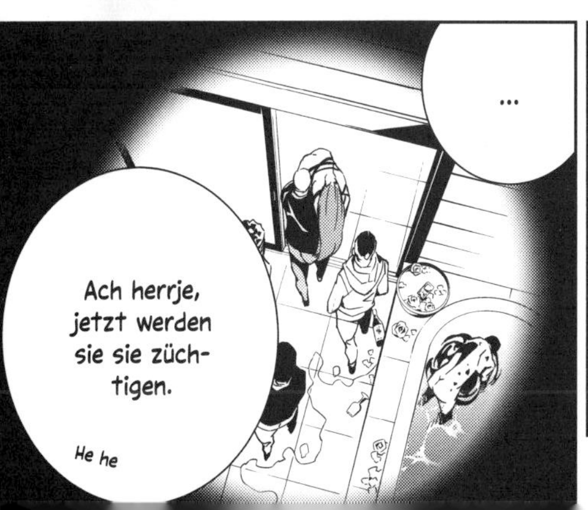
...
Ach herrje, jetzt werden sie sie züch-tigen.
He he

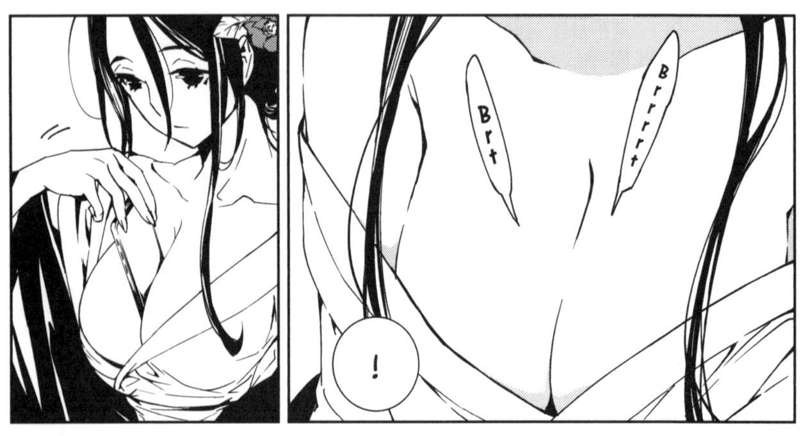

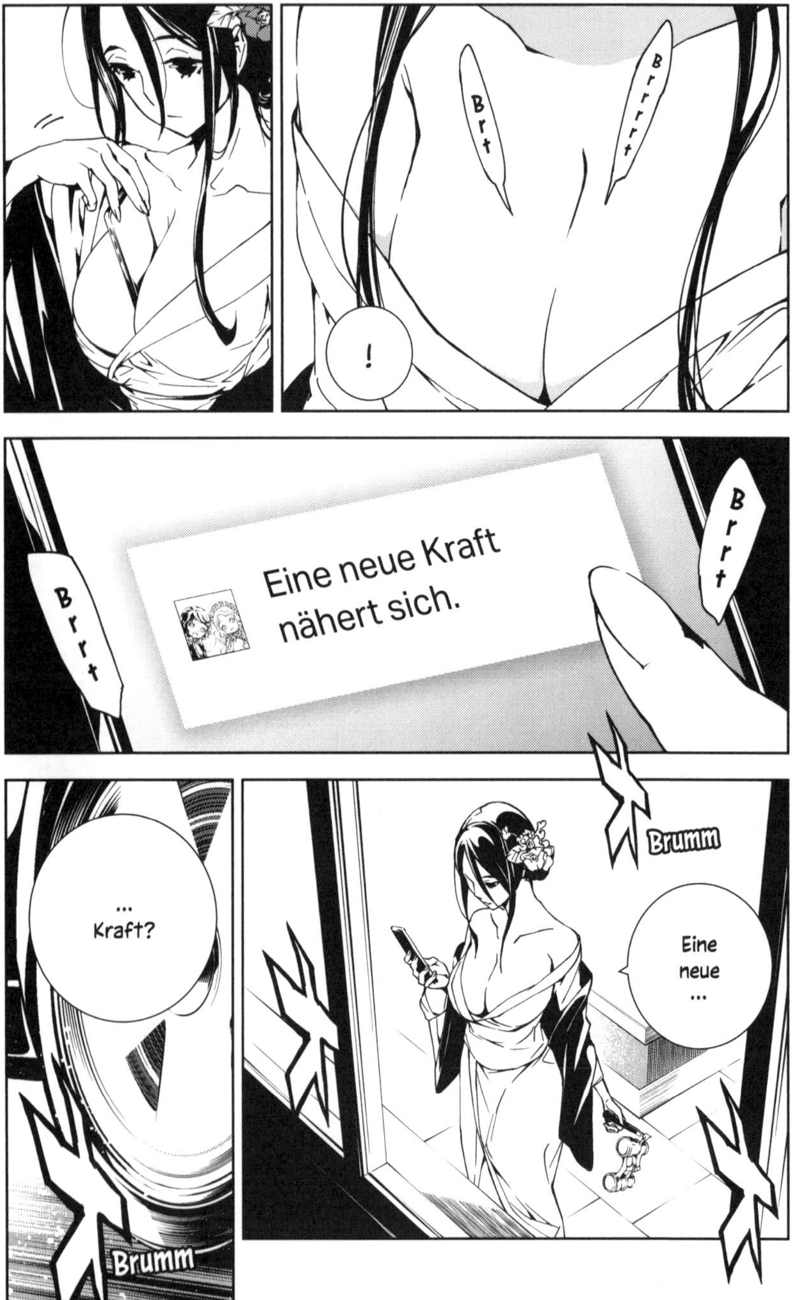

Brrt

Eine neue Kraft nähert sich.

Brrt

Brumm

Eine neue …

… Kraft?

Brumm

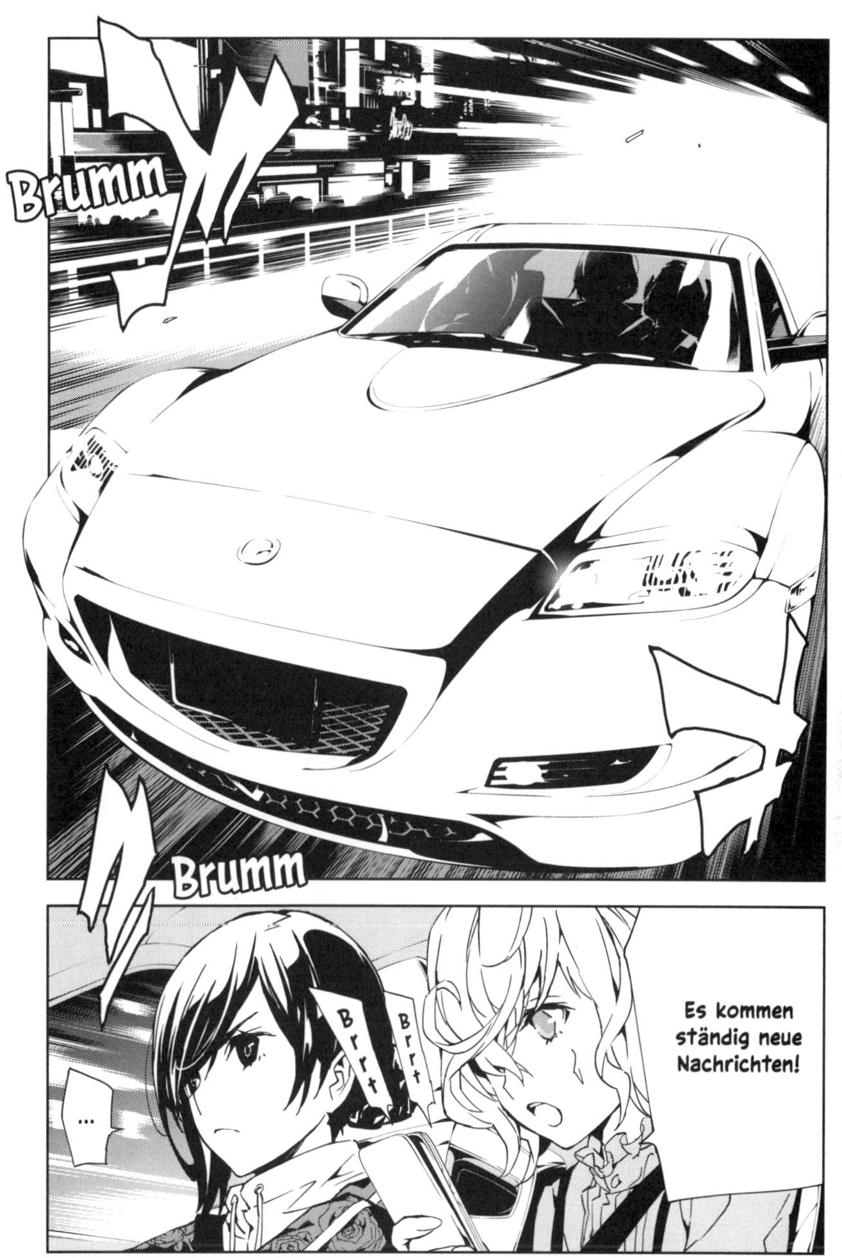
Brumm
Brumm
Es kommen ständig neue Nachrichten!
Brrt
Brrt
...

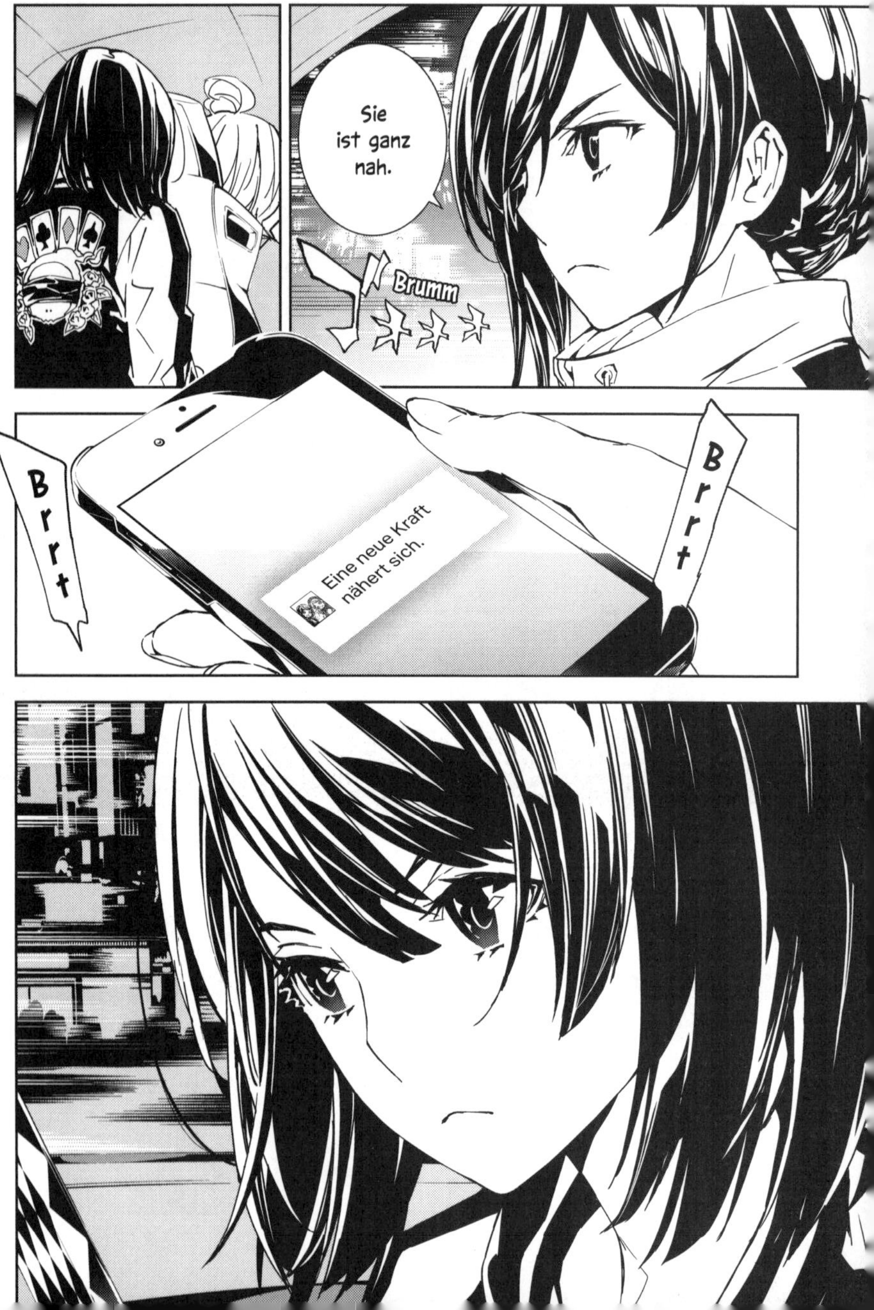

Sie ist ganz nah.
Brumm
Brrrt
Brrrt
Eine neue Kraft nähert sich.

SINoALICE®

SINoALICE®

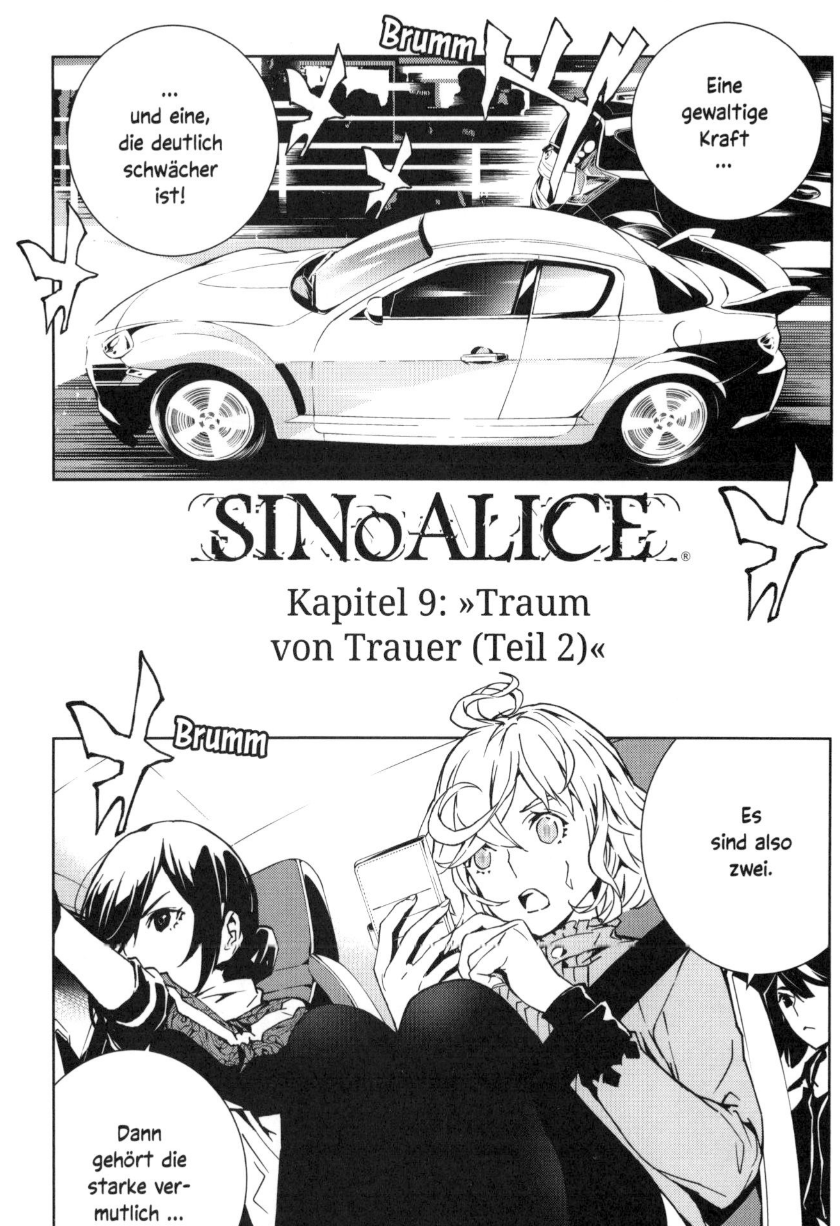
Brumm
Eine gewaltige Kraft ...
... und eine, die deutlich schwächer ist!
SINoALICE®
Kapitel 9: »Traum von Trauer (Teil 2)«
Brumm
Es sind also zwei.
Dann gehört die starke vermutlich ...

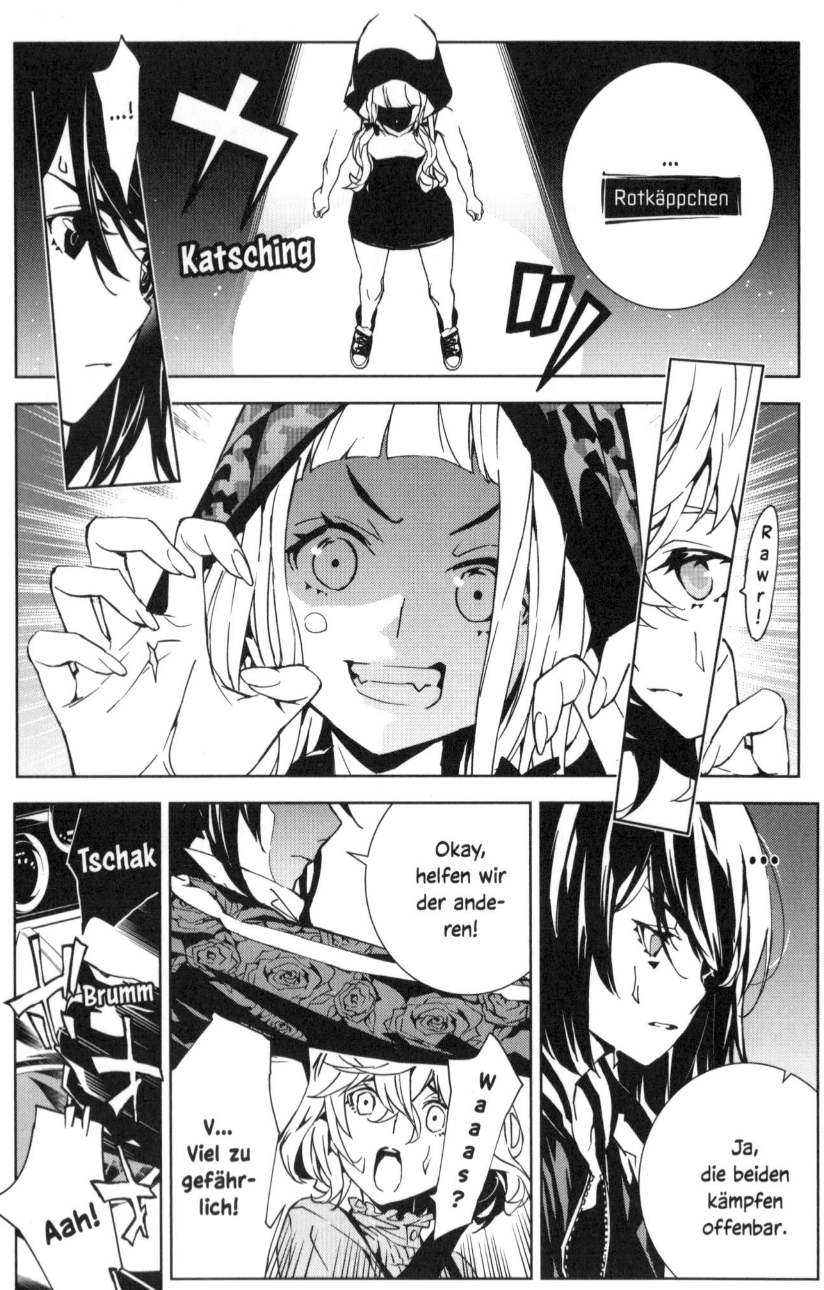
...!
Katsching
...
Rotkäppchen
Rawr!
...
Tschak
Okay, helfen wir der anderen!
Brumm
Aah!
V... Viel zu gefährlich!
Waaas?
Ja, die beiden kämpfen offenbar.

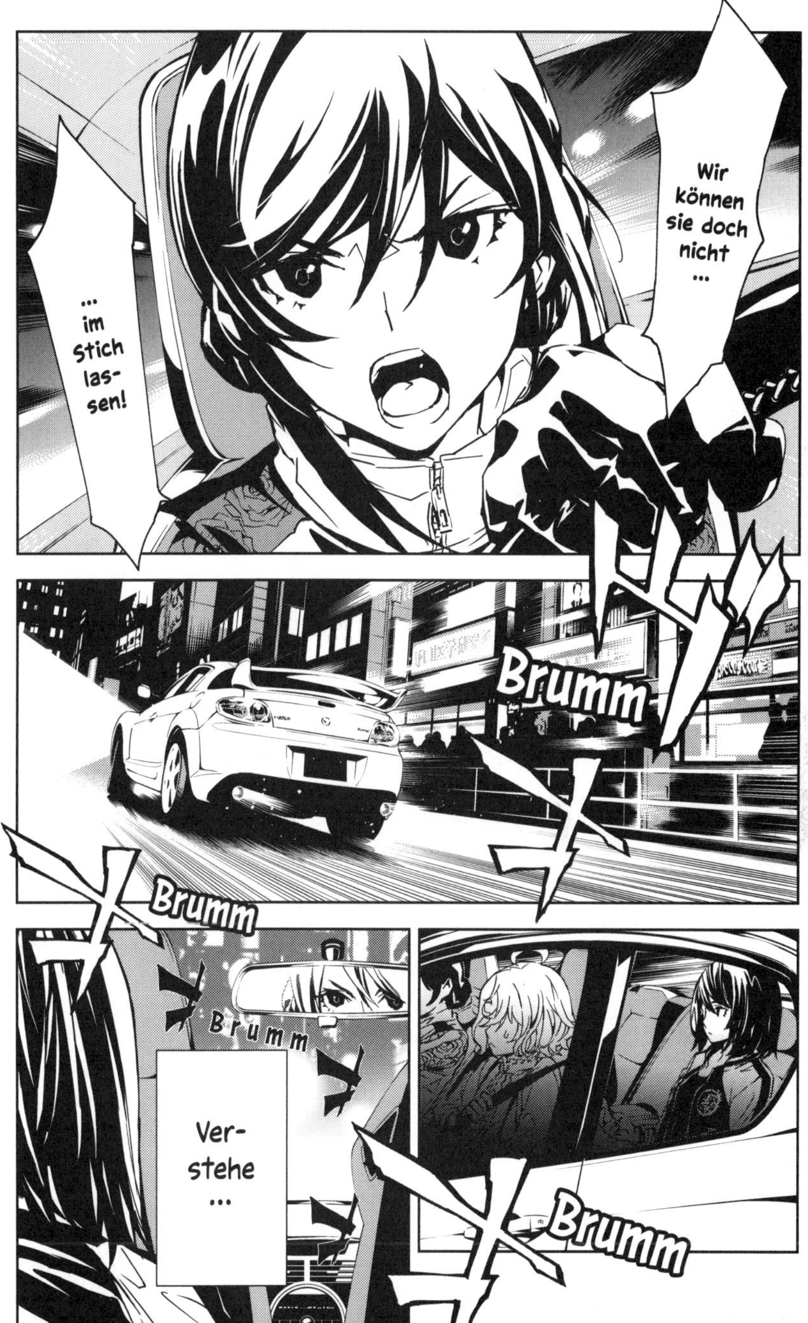
Wir können sie doch nicht ...
... im Stich las-sen!
Brumm
Brumm
Brumm
Ver-stehe ...
Brumm

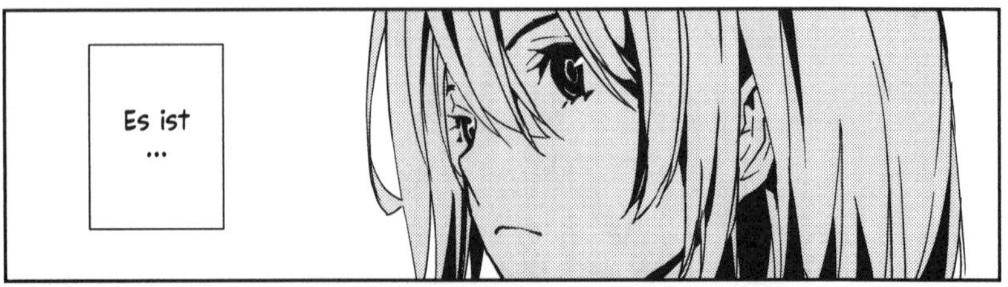
Es ist
...

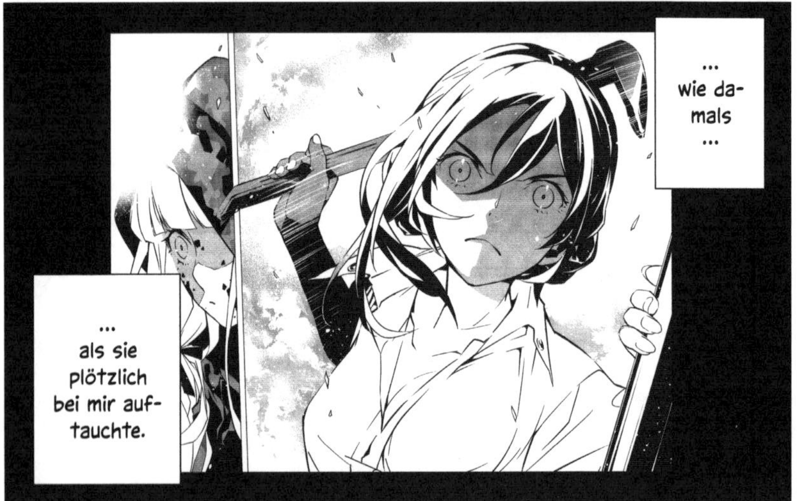
... wie da-mals ...
... als sie plötzlich bei mir auf-tauchte.

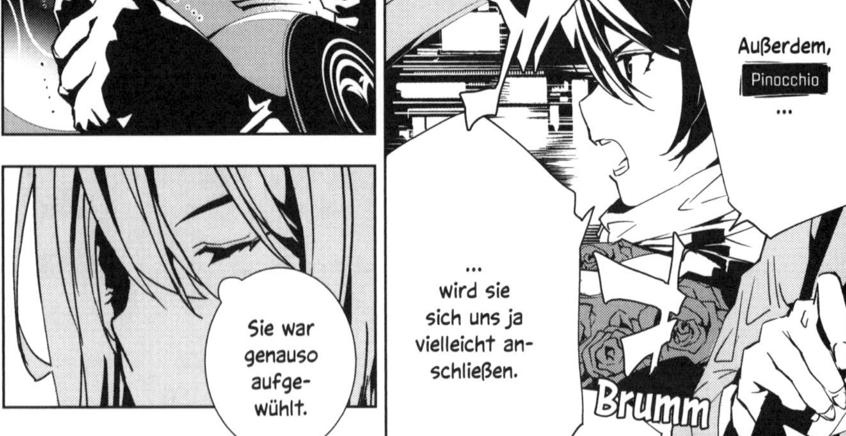
Außerdem, Pinocchio ...
... wird sie sich uns ja vielleicht an-schließen.
Brumm
Sie war genauso aufge-wühlt.

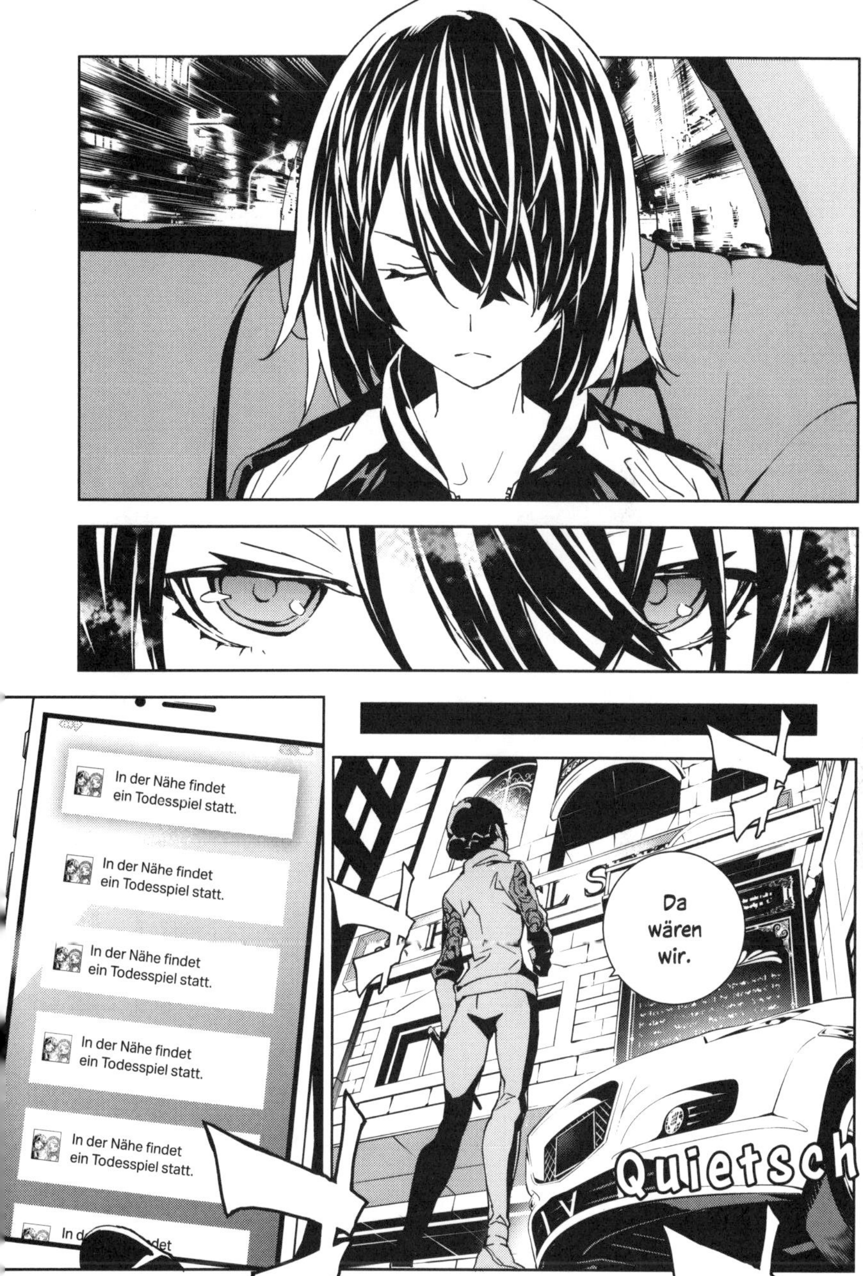

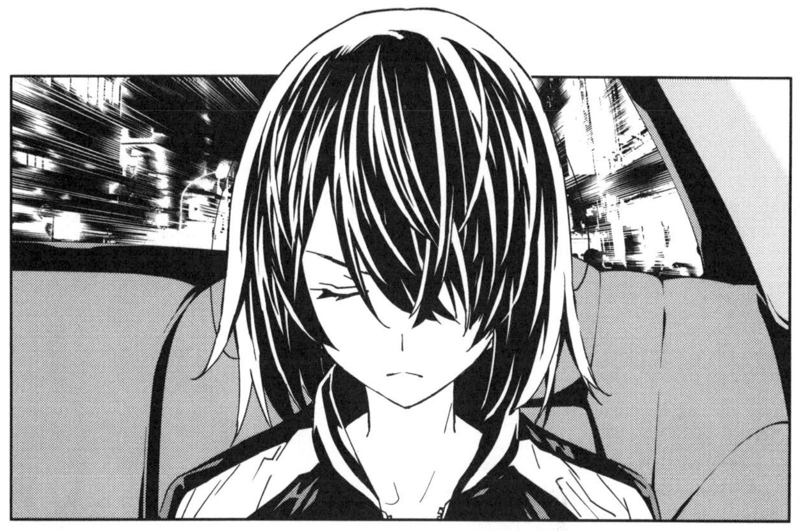

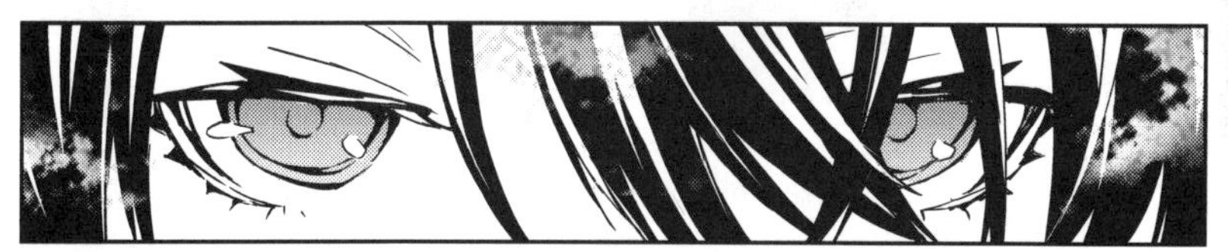

Da wären wir.

Quietsch

In der Nähe findet ein Todesspiel statt.

In der Nähe findet ein Todesspiel statt.

In der Nähe findet ein Todesspiel statt.

In der Nähe findet ein Todesspiel statt.

In der Nähe findet ein Todesspiel statt.

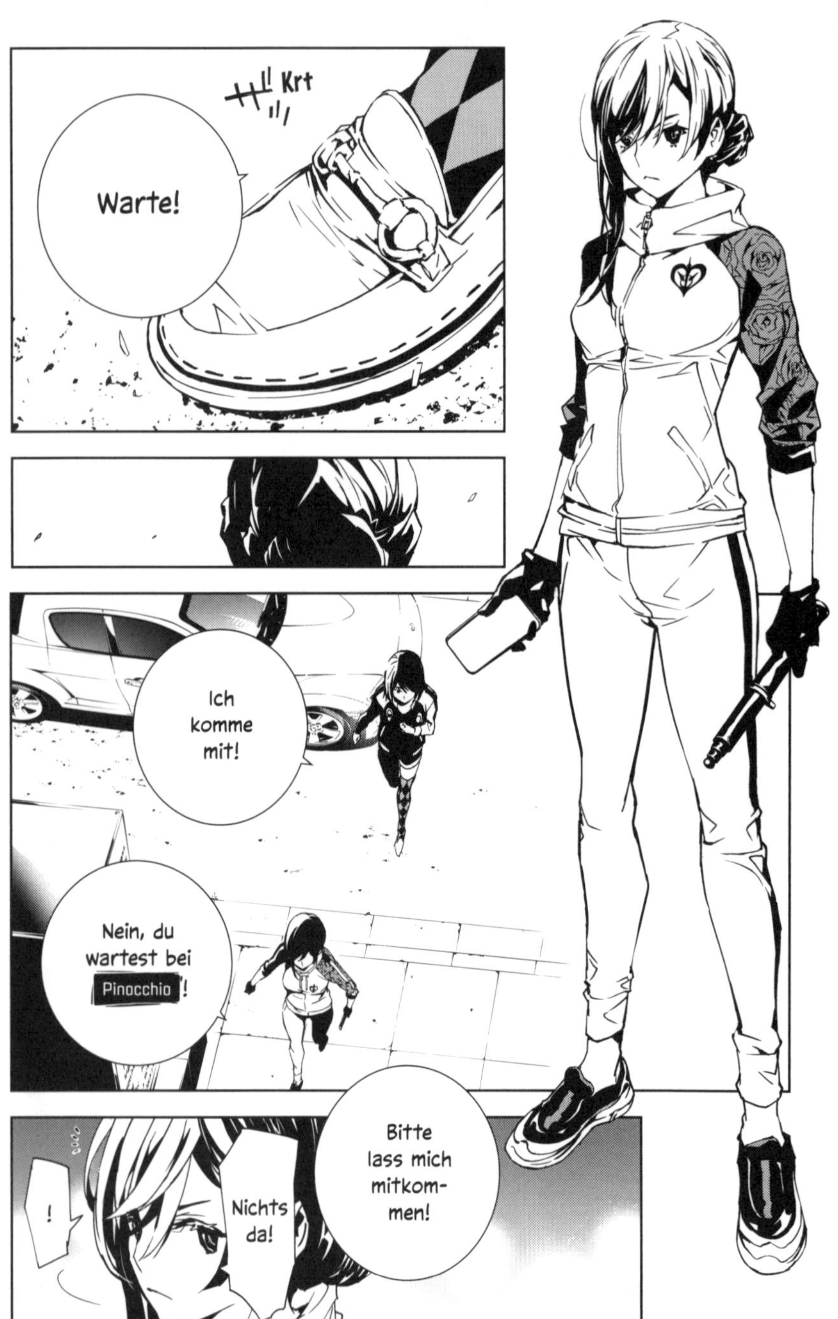
Krt
Warte!
Ich komme mit!
Nein, du wartest bei Pinocchio!
Bitte lass mich mitkommen!
Nichts da!
!

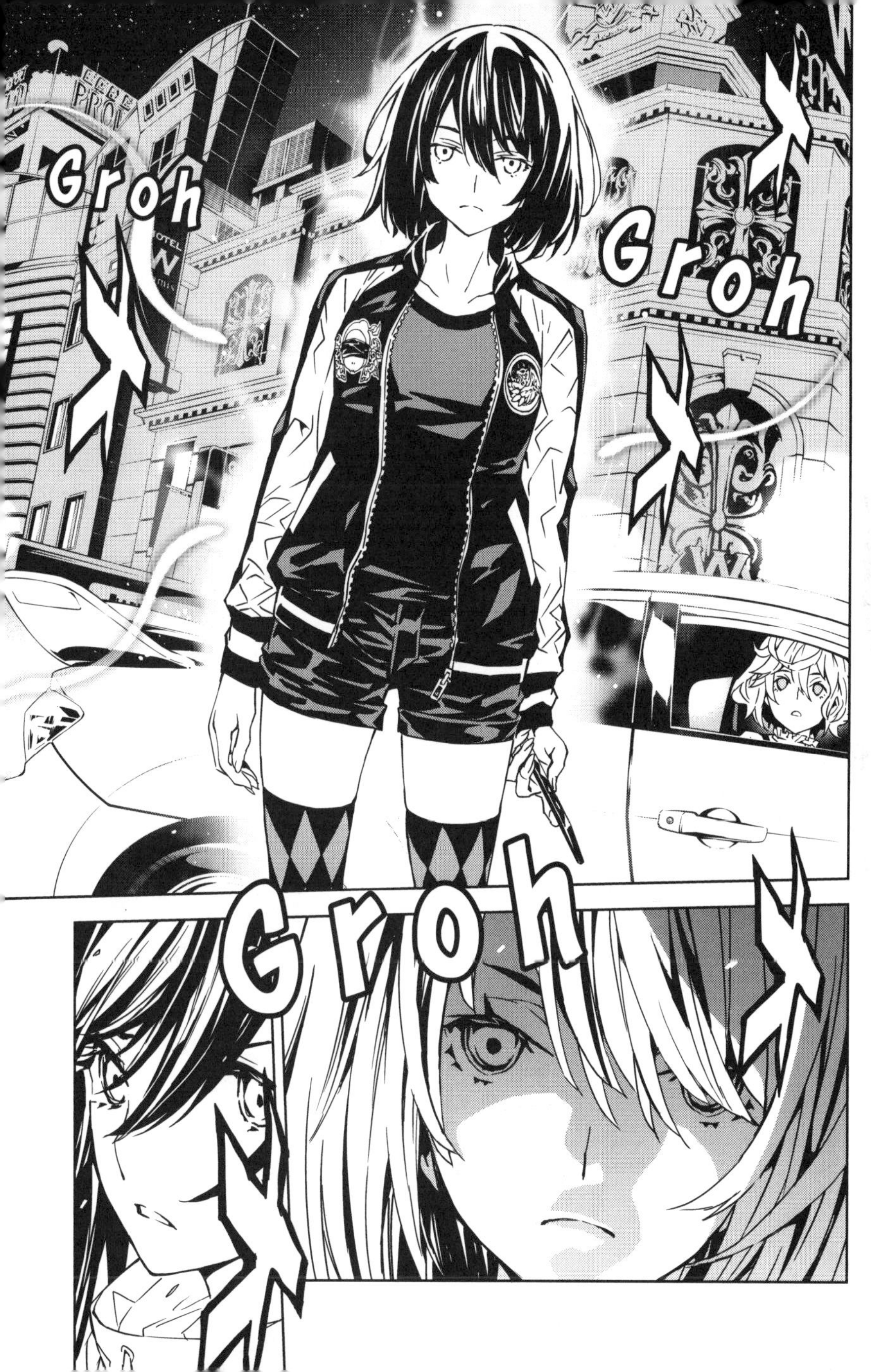
Groh
Groh
Groh

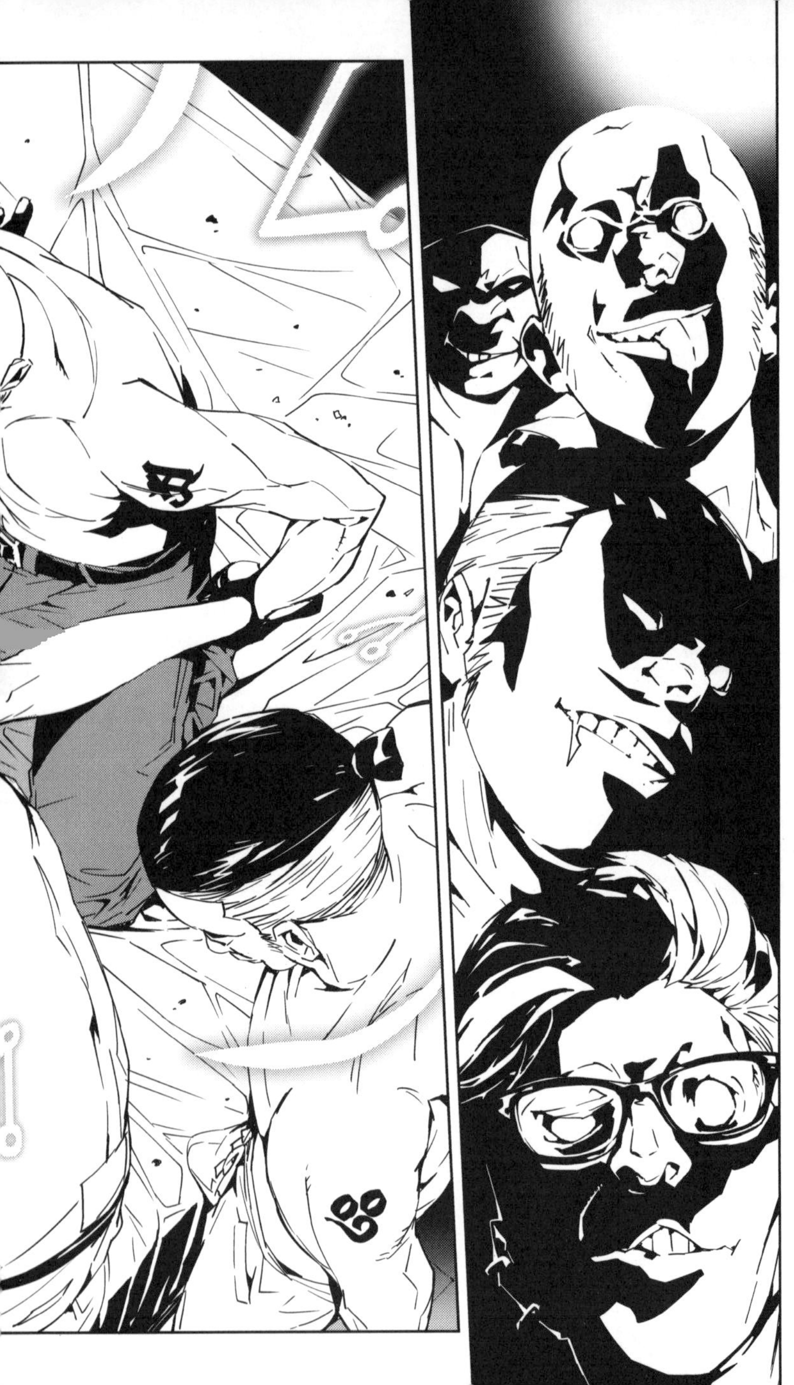

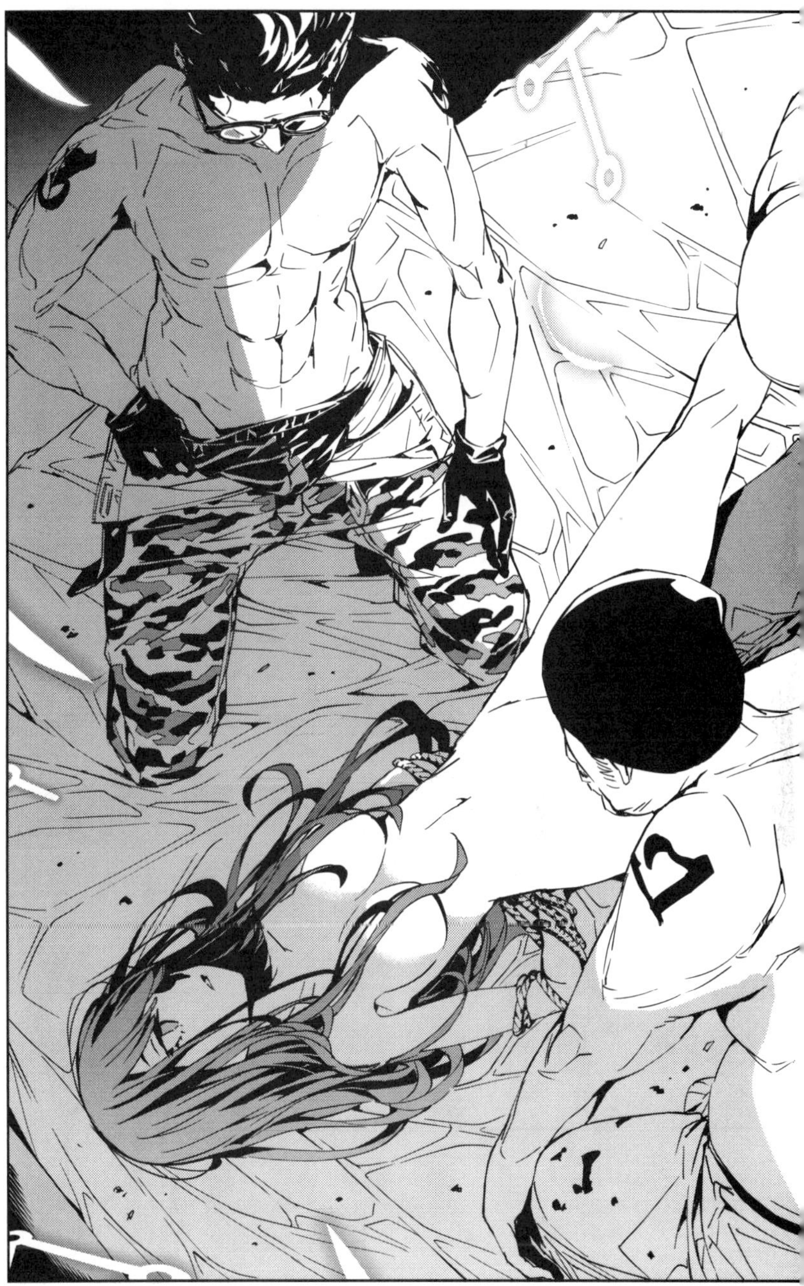

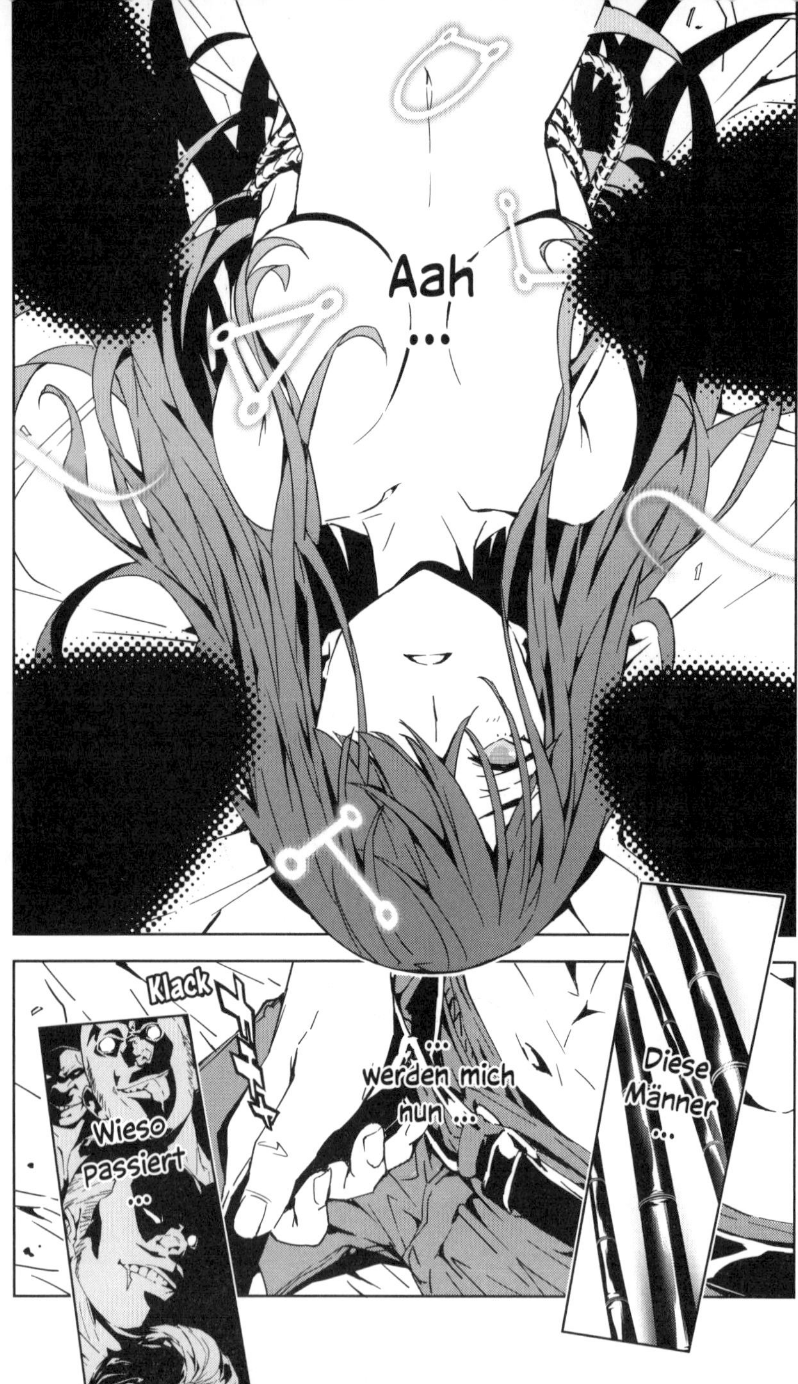
Aah
...
Diese Männer ...
... werden mich nun ...
Klack
Wieso passiert ...

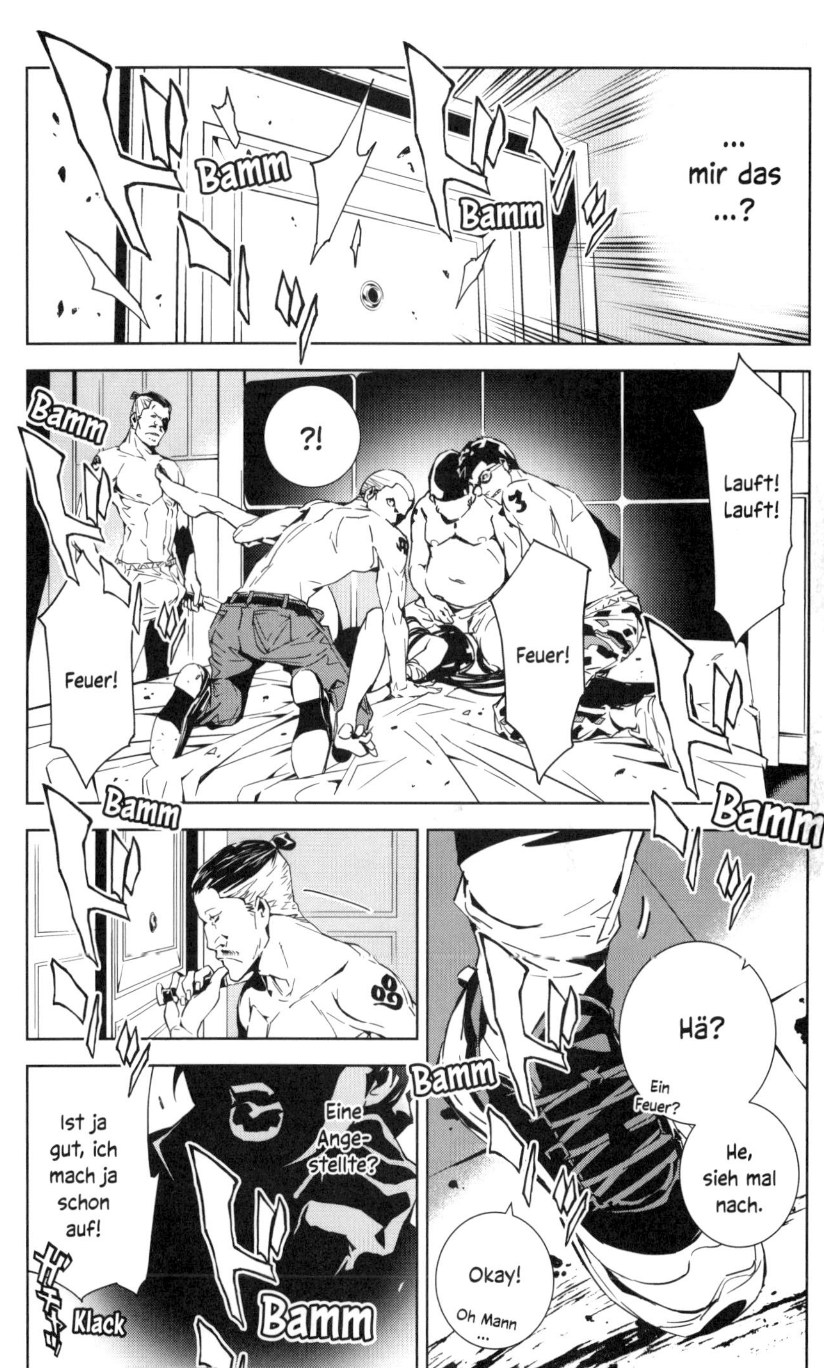

... mir das ...?
Bamm
Bamm
Lauft! Lauft!
?!
Bamm
Feuer!
Feuer!
Bamm
Bamm
Hä?
Ein Feuer?
He, sieh mal nach.
Okay!
Oh Mann ...
Bamm
Eine Ange-stellte?
Ist ja gut, ich mach ja schon auf!
Bamm
Klack

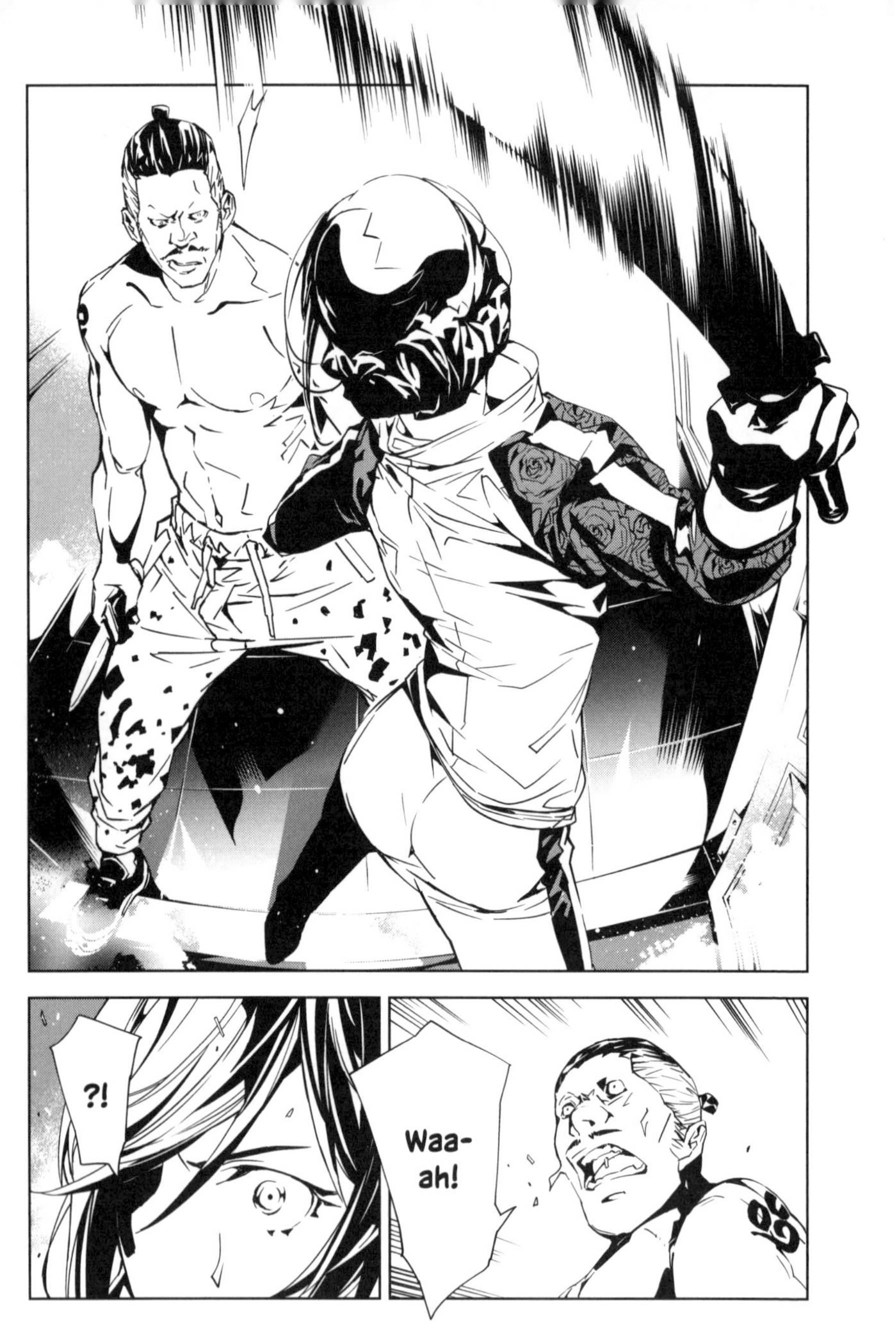

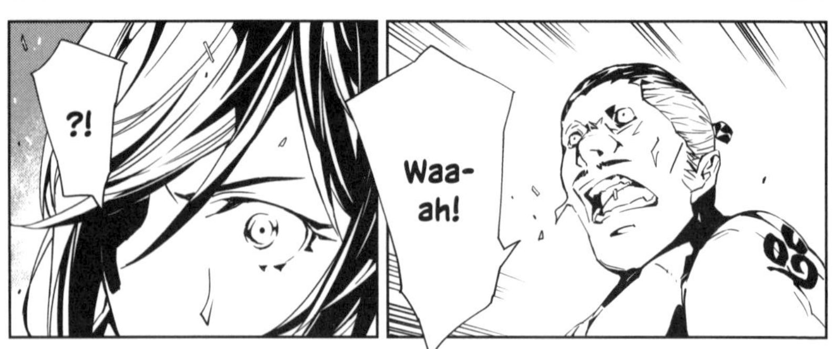
?!
Waa-
ah!

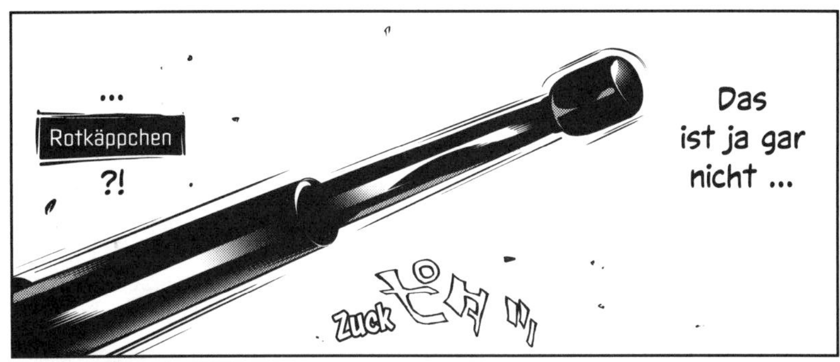
Das ist ja gar nicht ...
...
Rotkäppchen
?!
Zuck

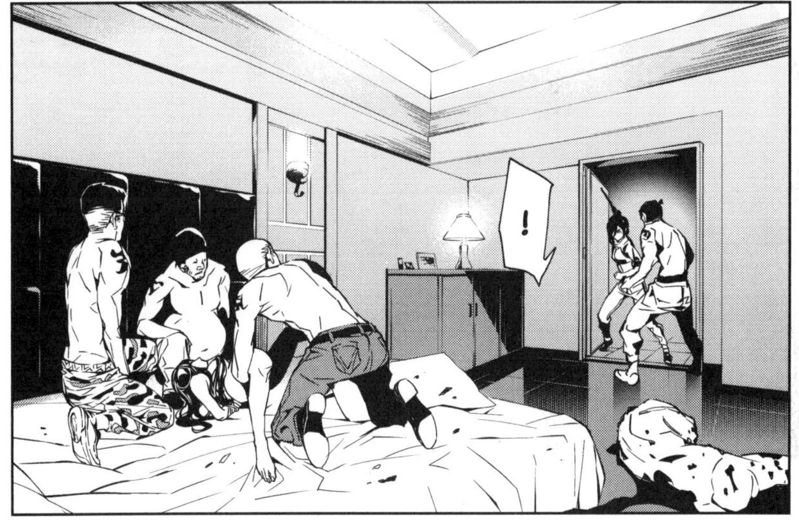
!

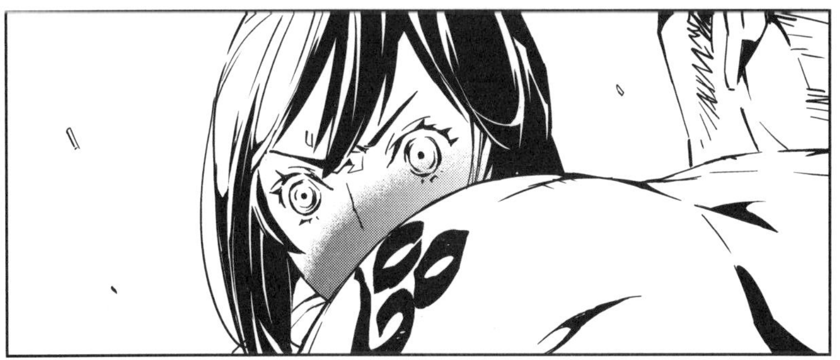
!

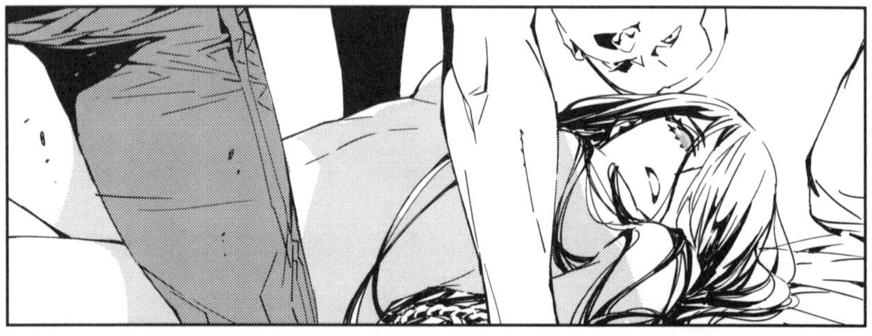

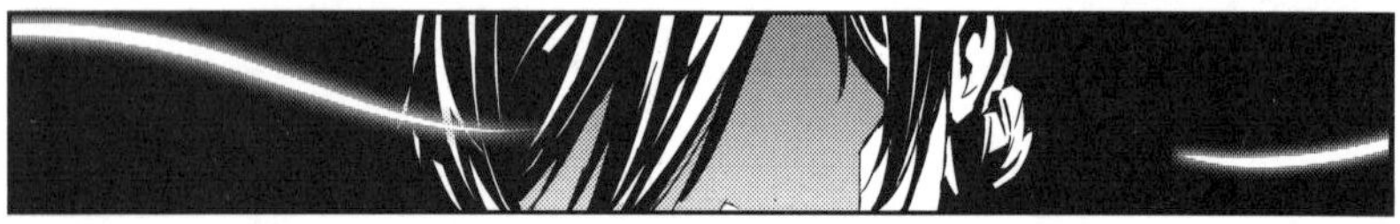

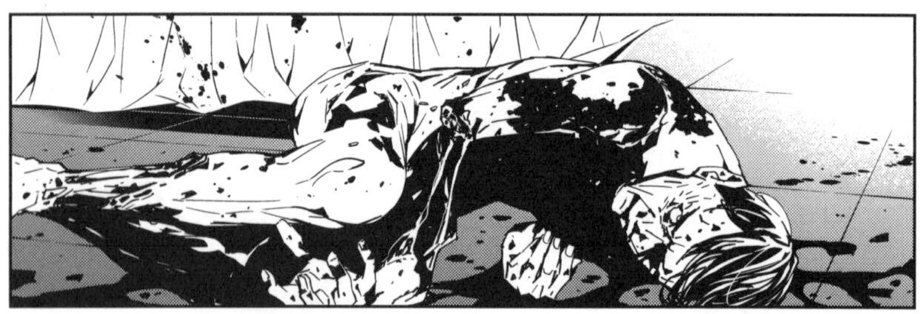

...
Knirsch
Jetzt wird mir alles klar ...

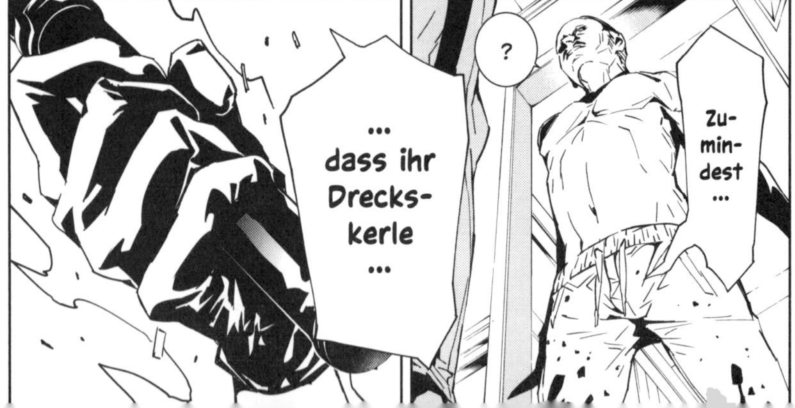

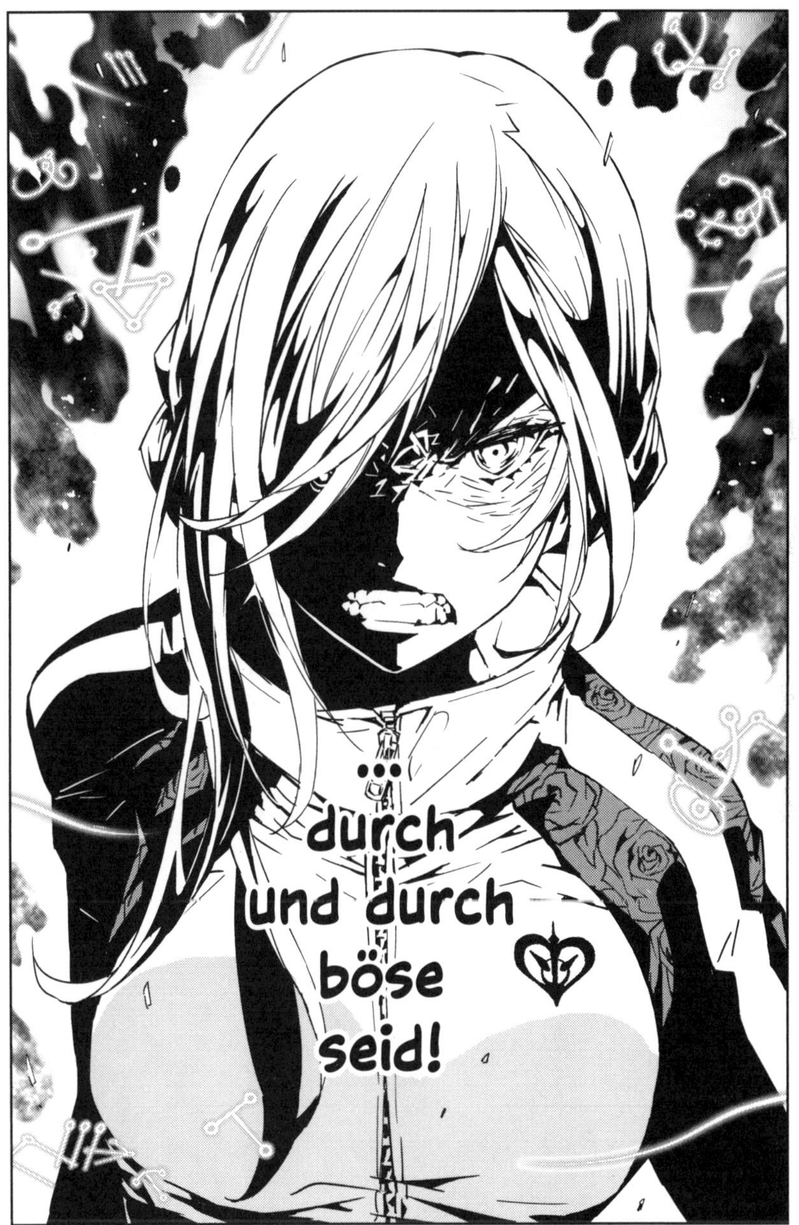
... durch und durch böse seid!

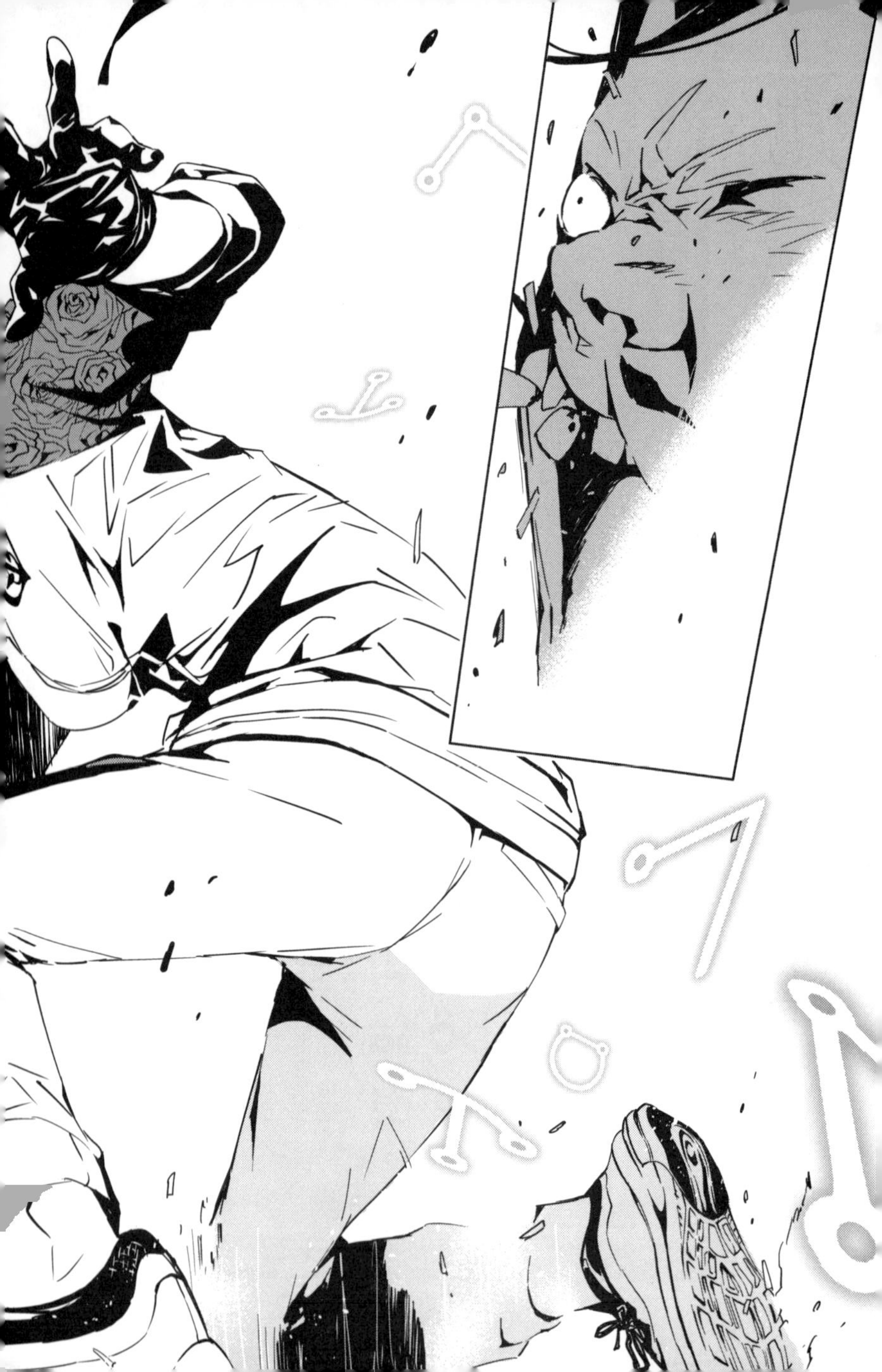

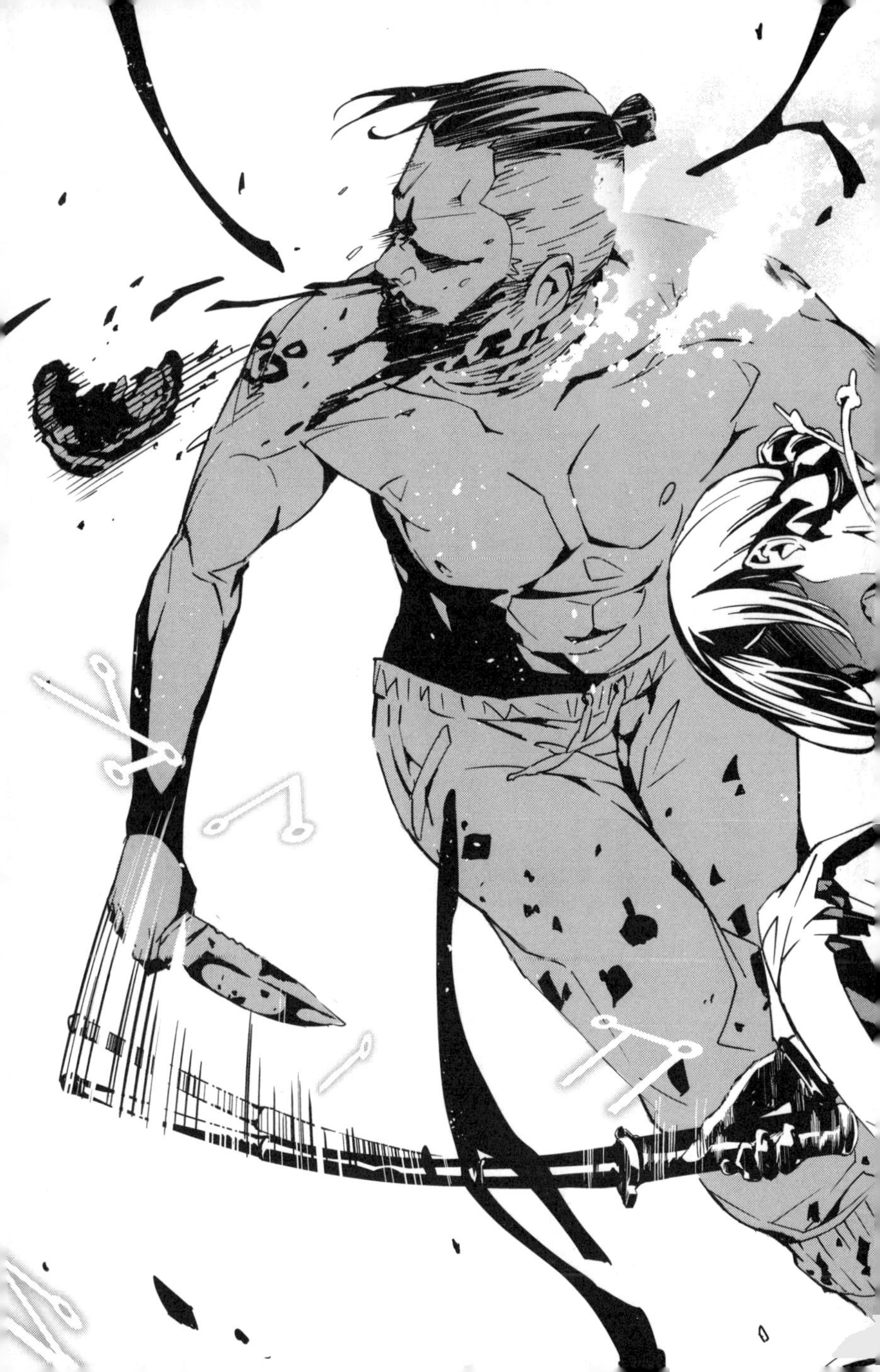

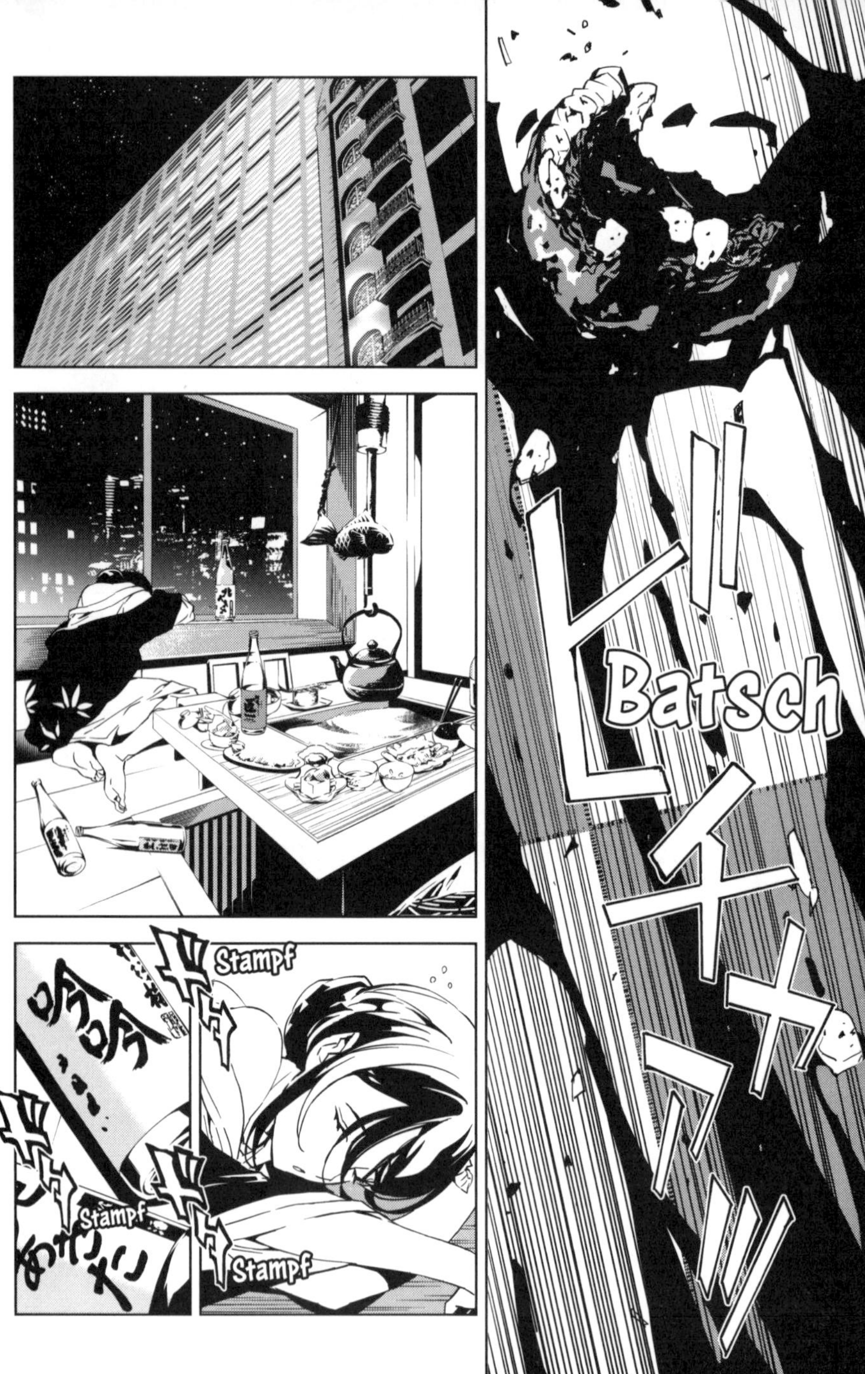
Stampf
Stampf
Stampf
Batsch

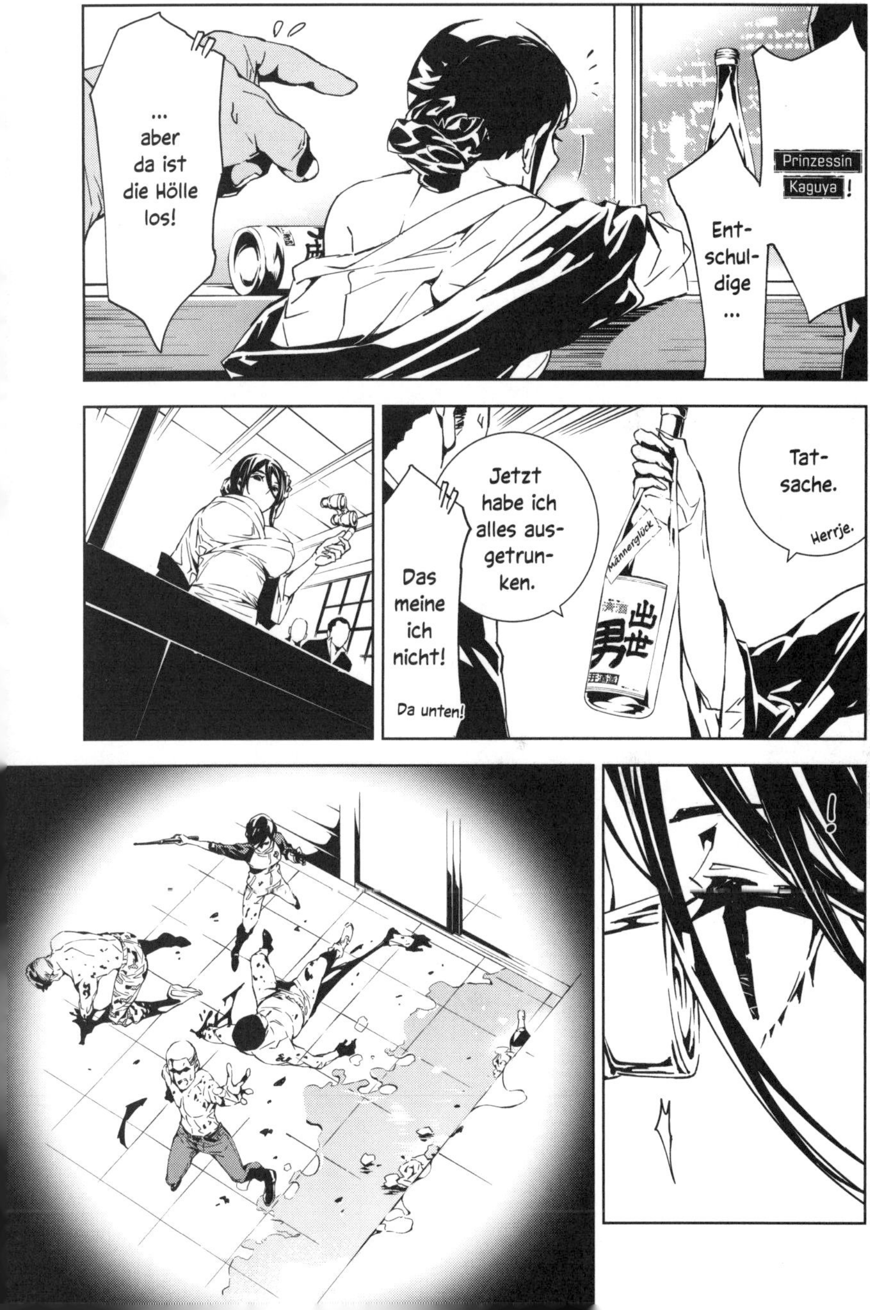

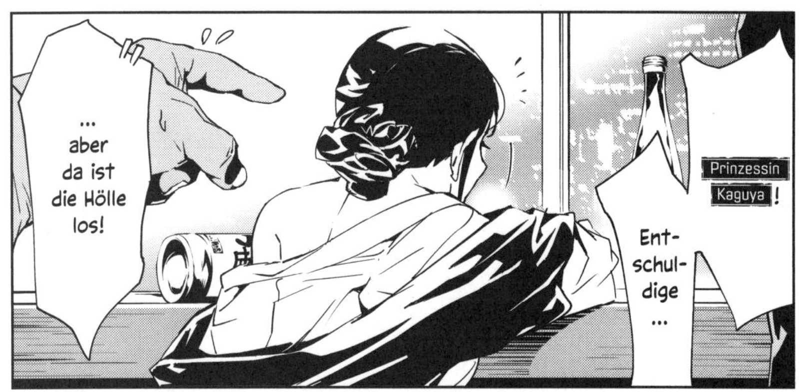
Prinzessin Kaguya!
Entschuldige ...
... aber da ist die Hölle los!

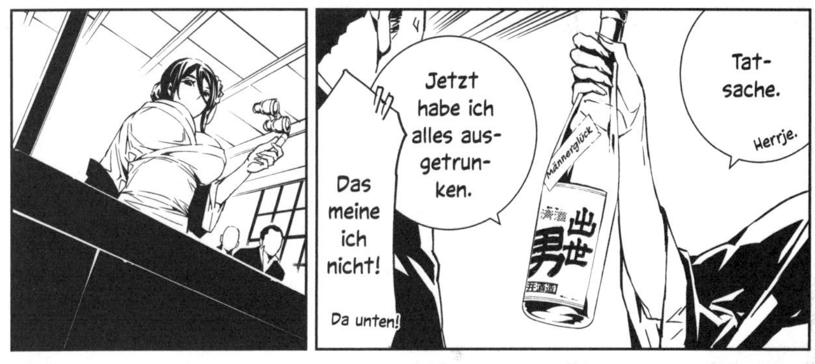
Tatsache.
Herrje.
Männerglück
Jetzt habe ich alles ausgetrunken.
Das meine ich nicht!
Da unten!

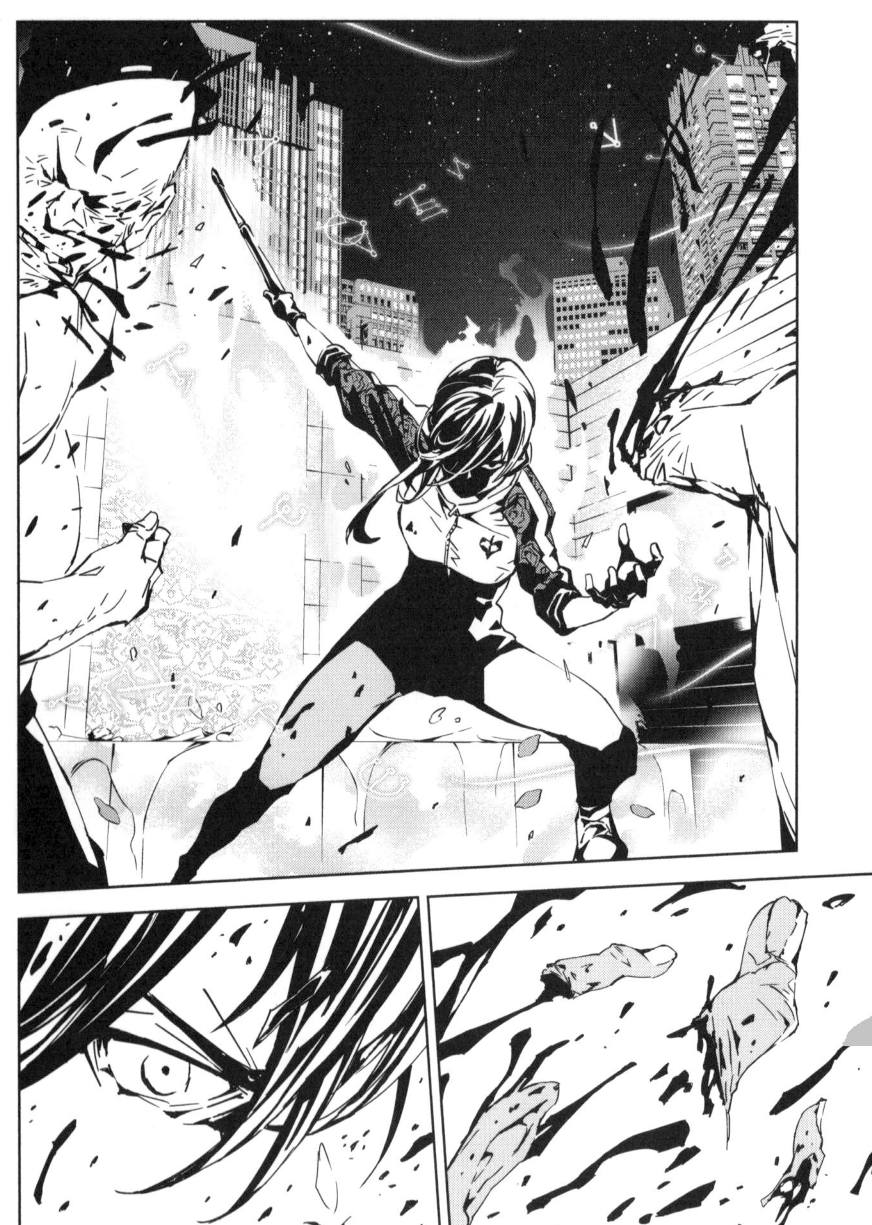

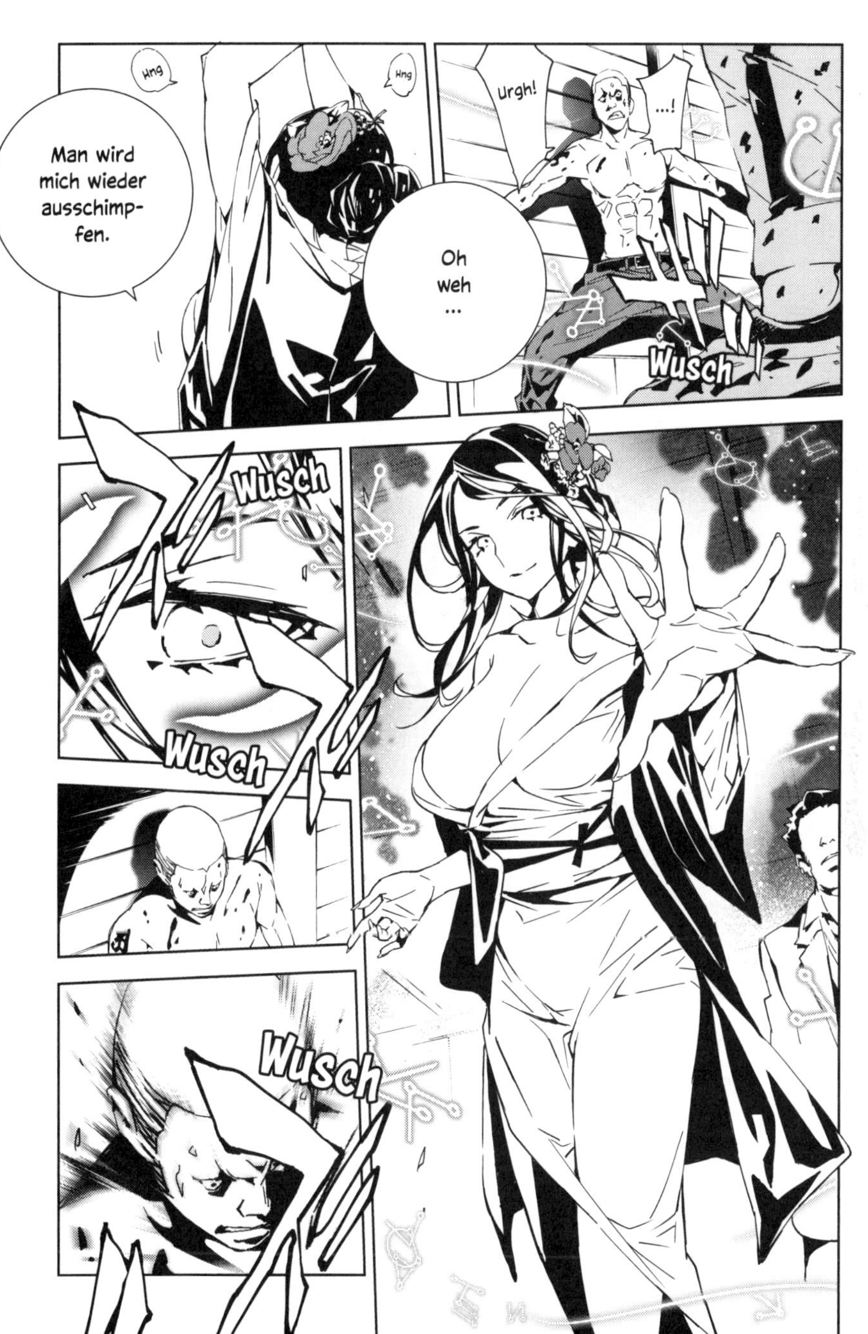
...!
Urgh!
Wusch
Hng
Hng
Oh weh ...
Man wird mich wieder ausschimp-fen.
Wusch
Wusch
Wusch

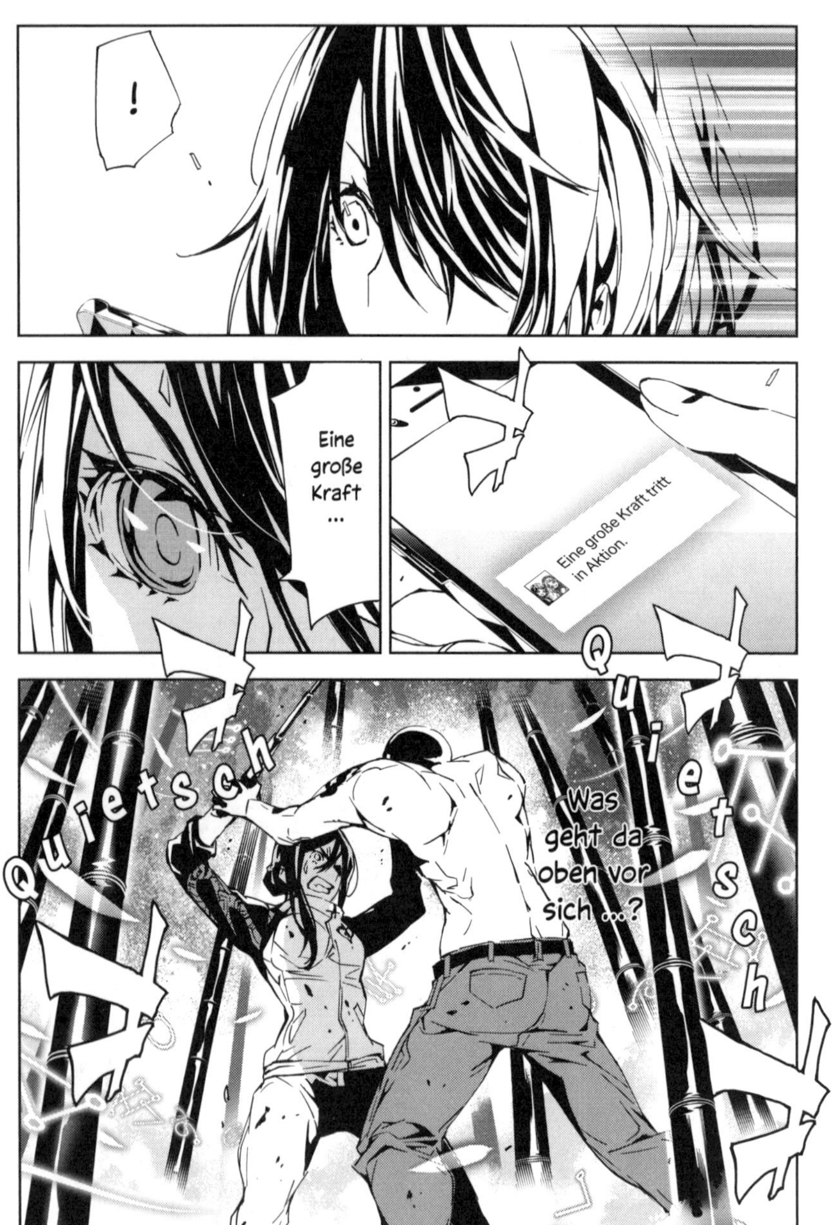
!
Eine große Kraft …
Eine große Kraft tritt in Aktion.
Quietsch
Quietsch
Was geht da oben vor sich …?

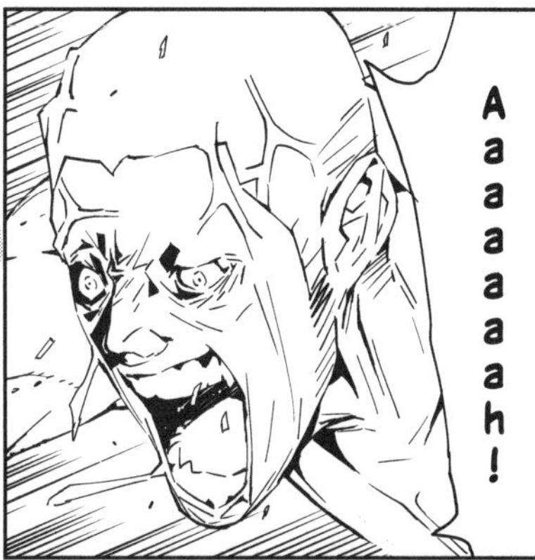
Aaaaaaaaah!

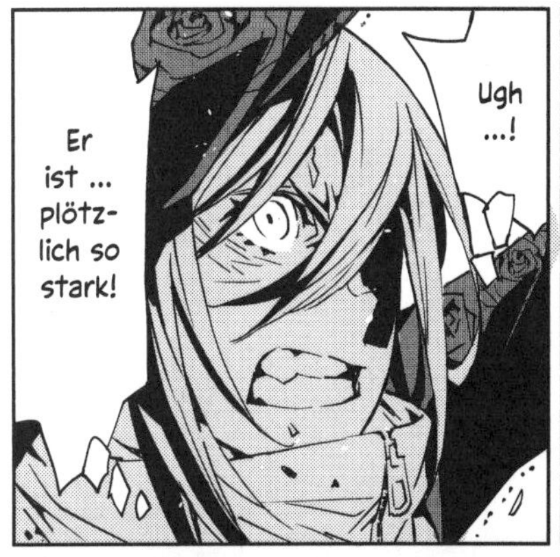
Ugh ...!
Er ist ... plötzlich so stark!

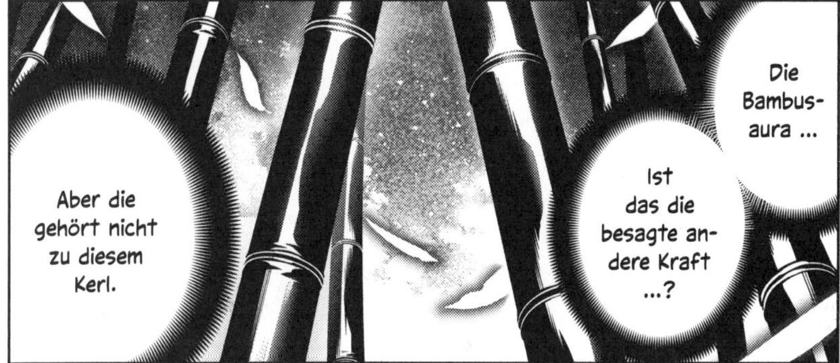
Die Bambusaura ...
Ist das die besagte andere Kraft ...?
Aber die gehört nicht zu diesem Kerl.

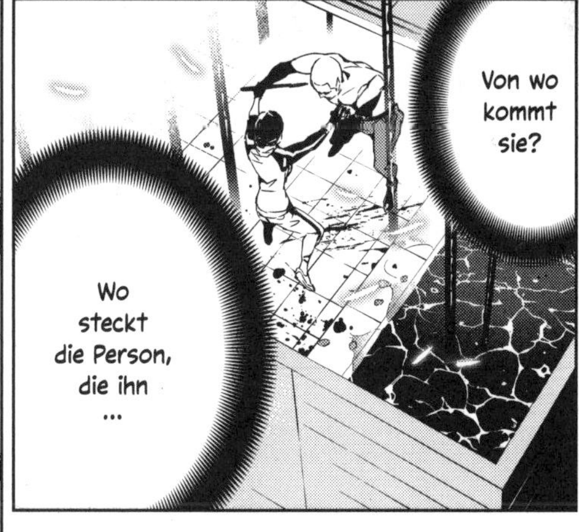
Von wo kommt sie?
Wo steckt die Person, die ihn ...

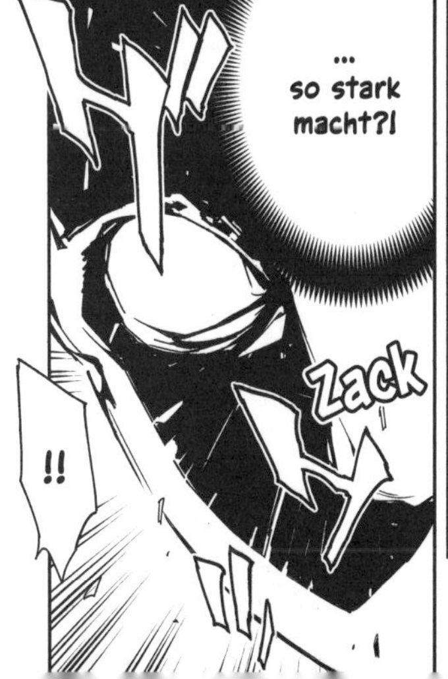
... so stark macht?!
Zack
!!

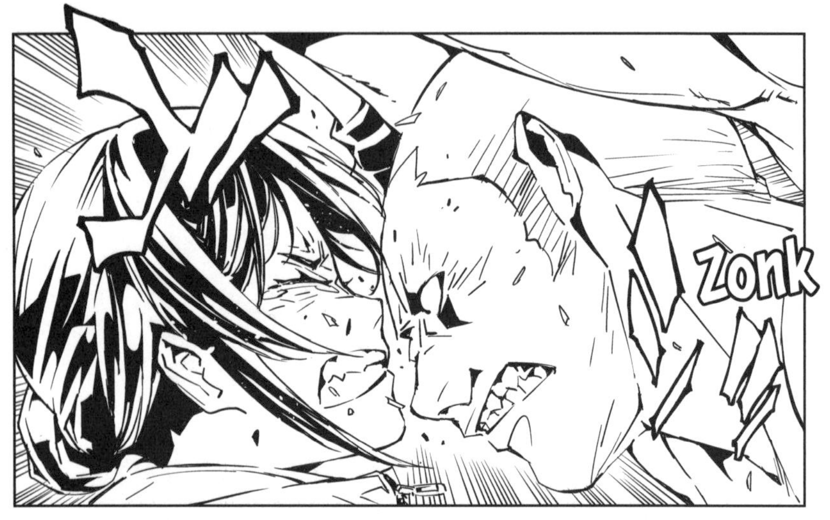
Zonk

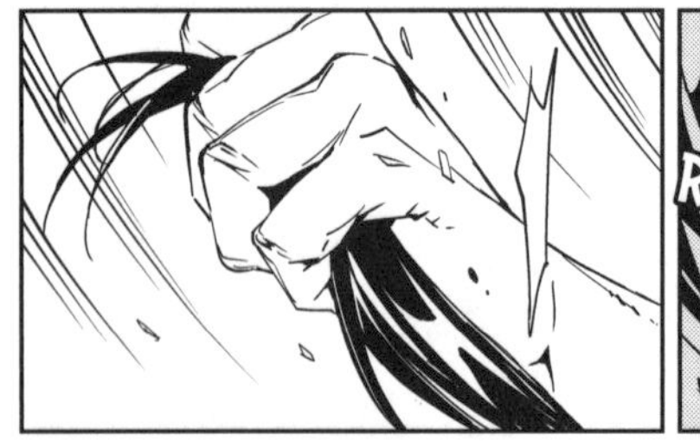

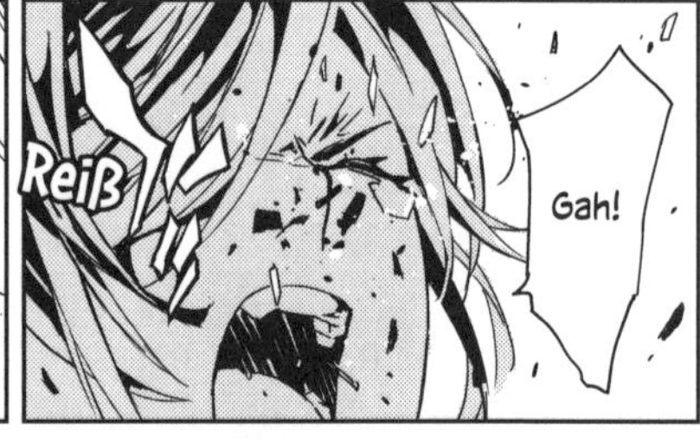
Reiß
Gah!

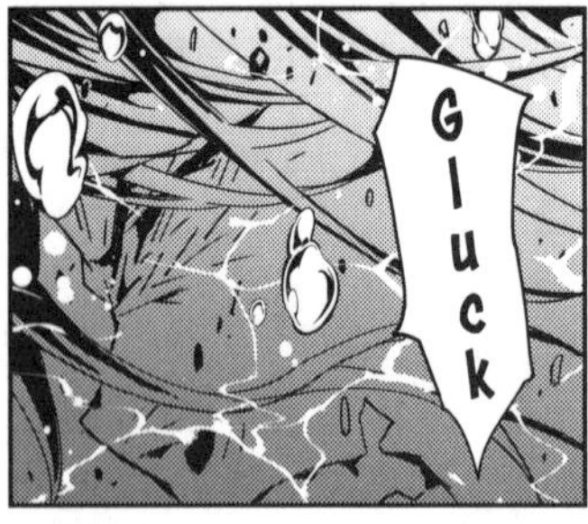
Gluck

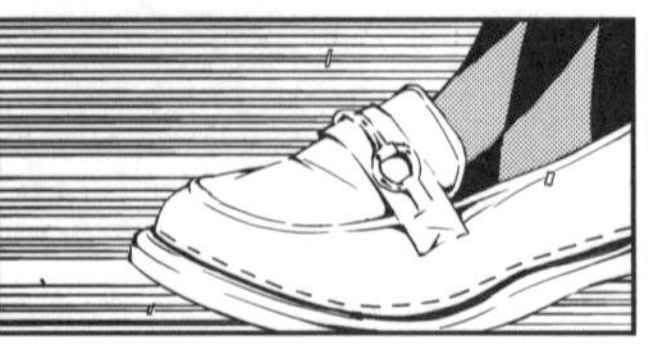

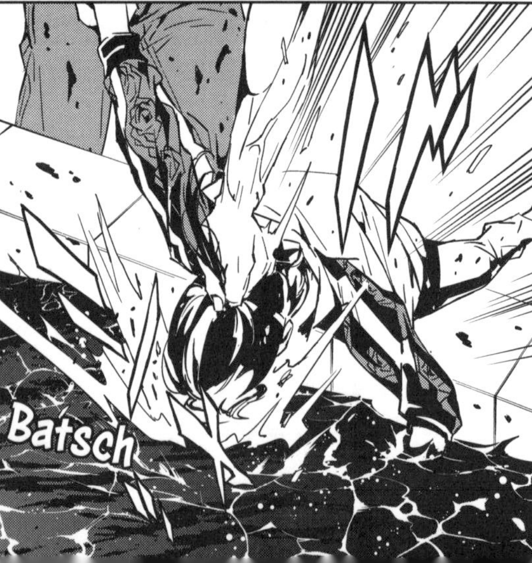
Batsch

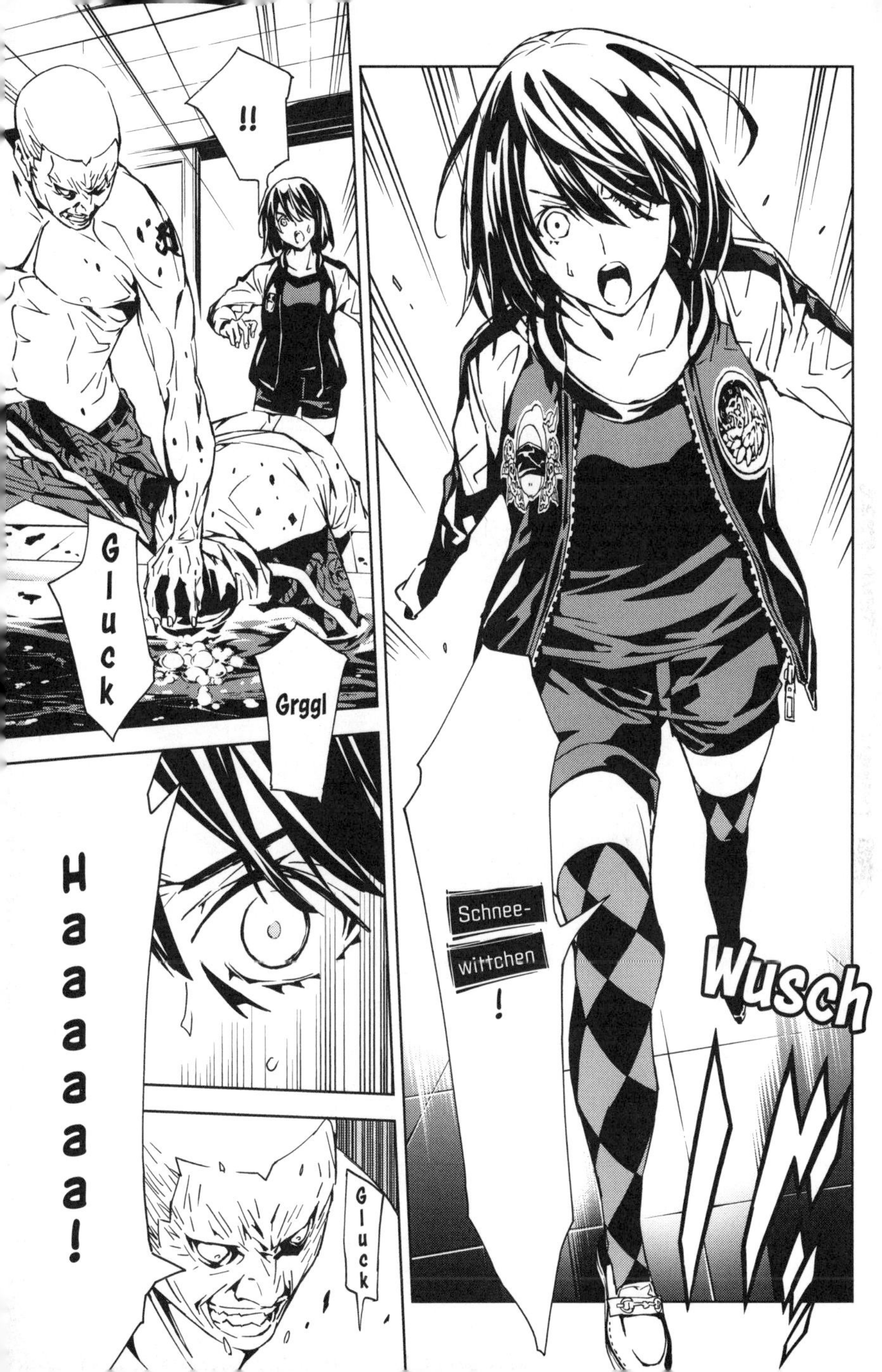

!!
Gluck
Grggl
Haaaaaaa!
Gluck
Schnee-
wittchen
!
Wusch

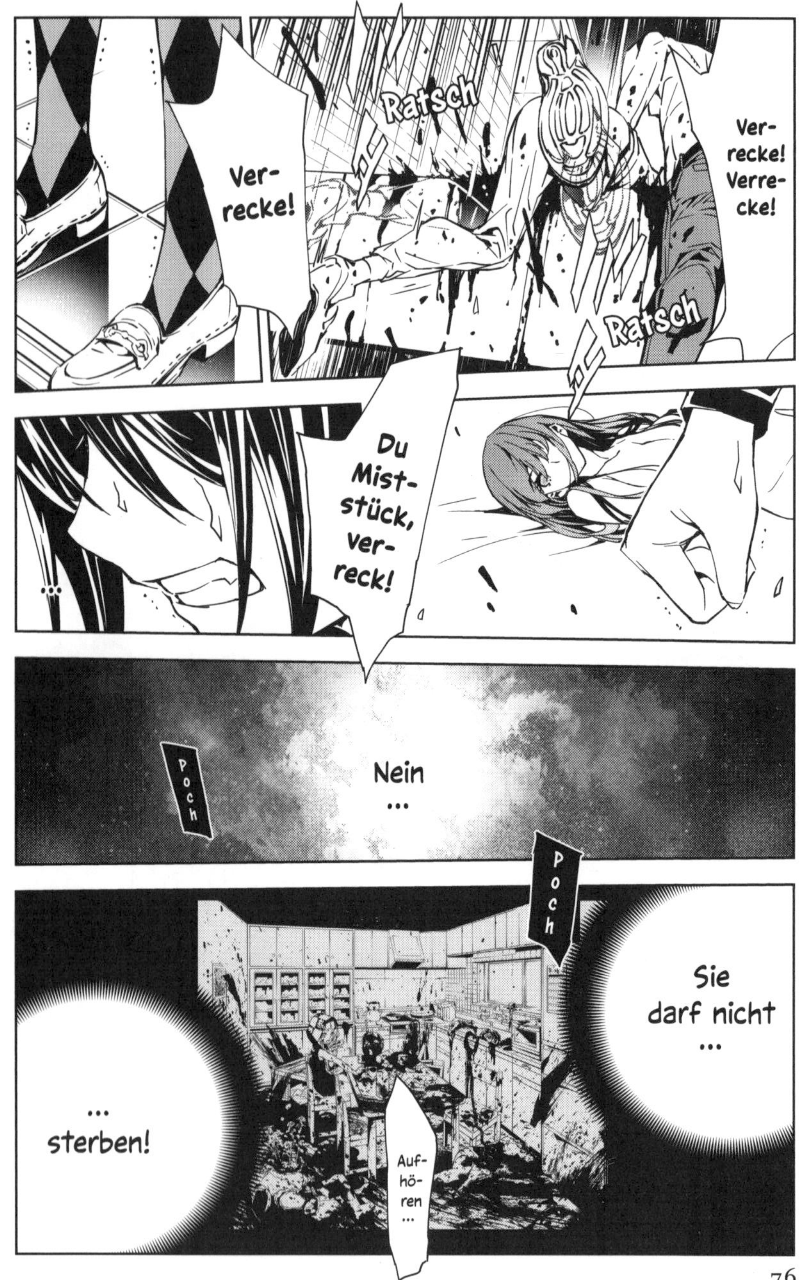
Verrecke! Verrecke!
Ratsch
Verrecke!
Ratsch
Du Miststück, verreck!
...
Poch
Nein ...
Poch
Sie darf nicht ...
Aufhören ...
... sterben!

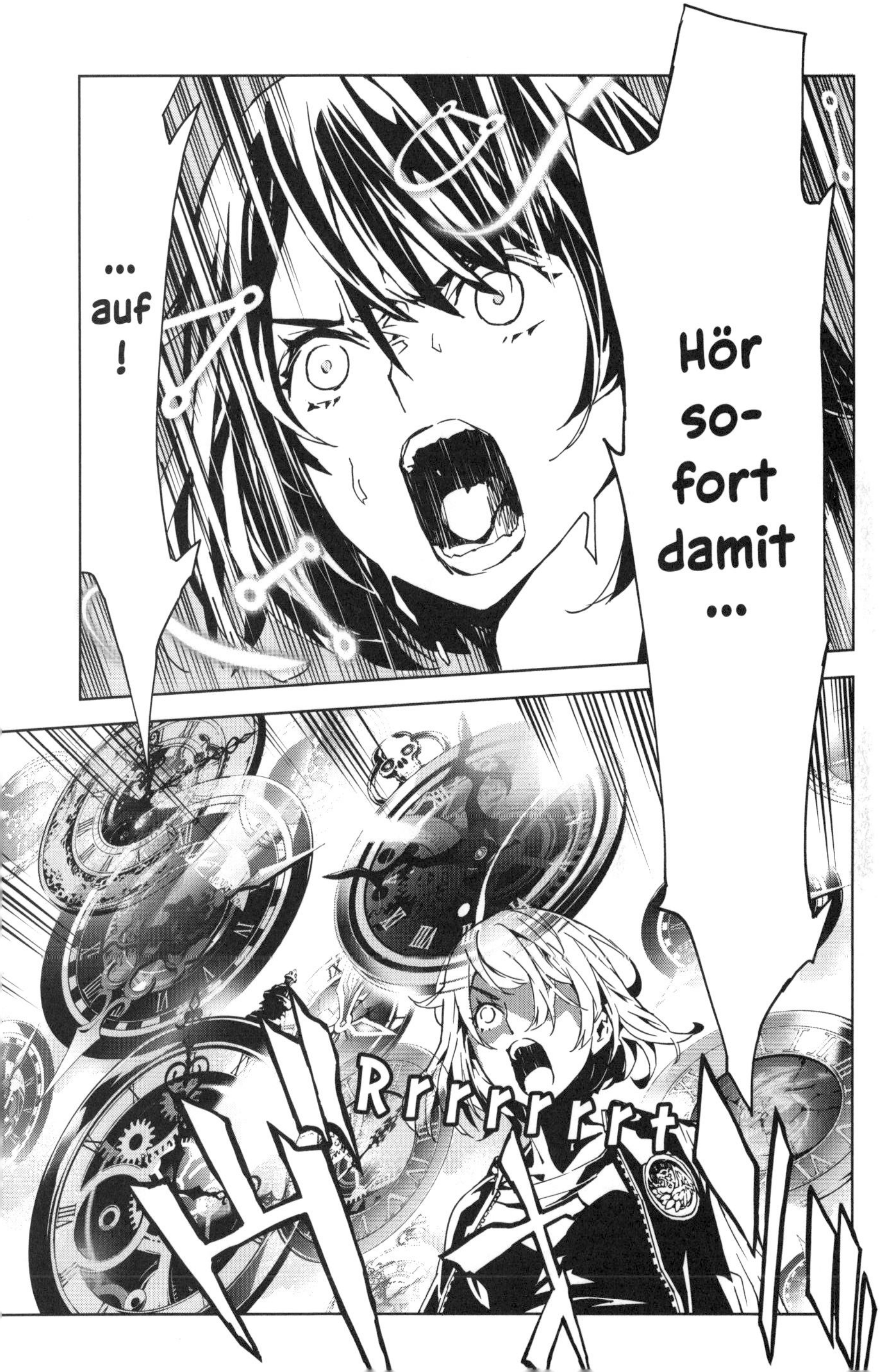
Hör so-fort damit …
… auf!
Rrrrrrrrt

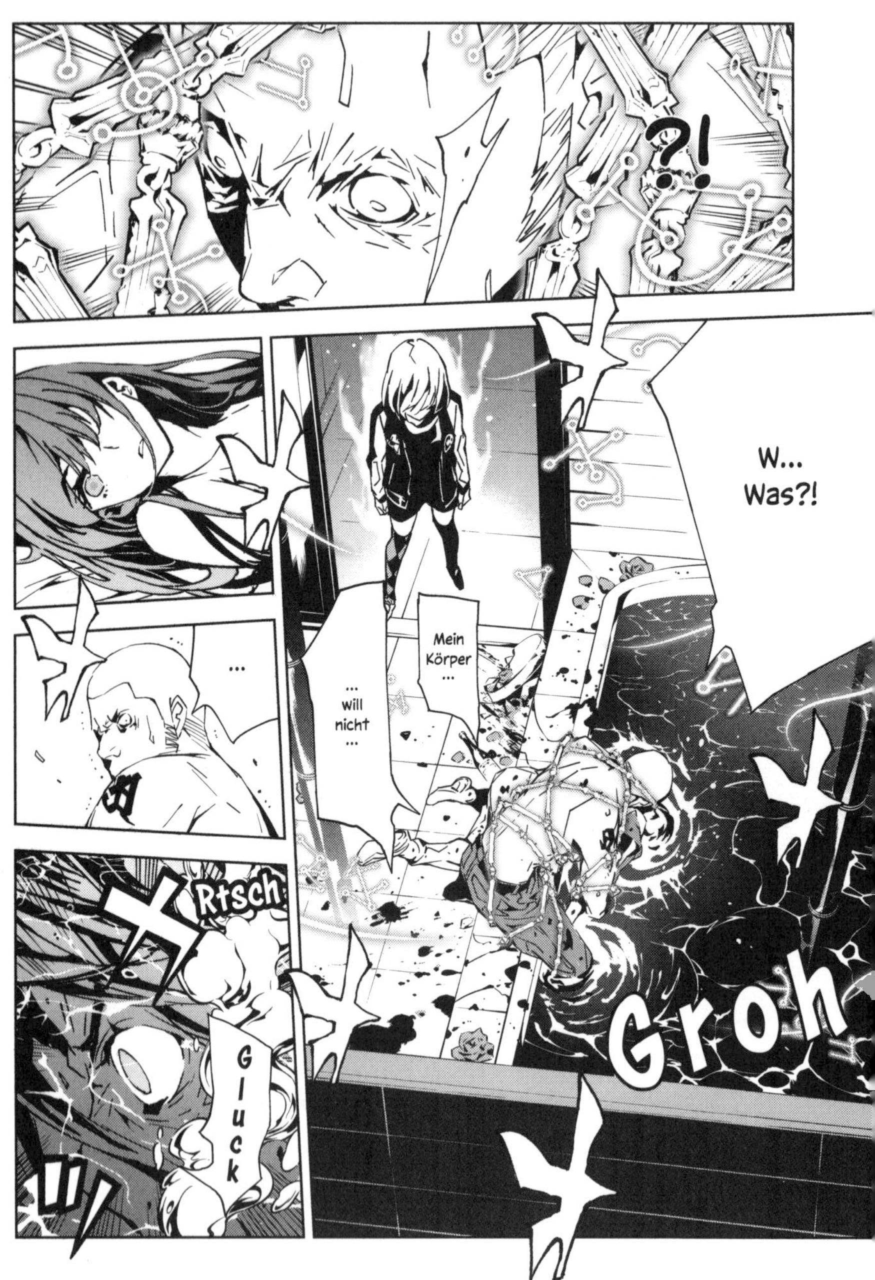
?!
W...
Was?!
...
Mein Körper ...
... will nicht ...
Rtsch
Groh
Gluck

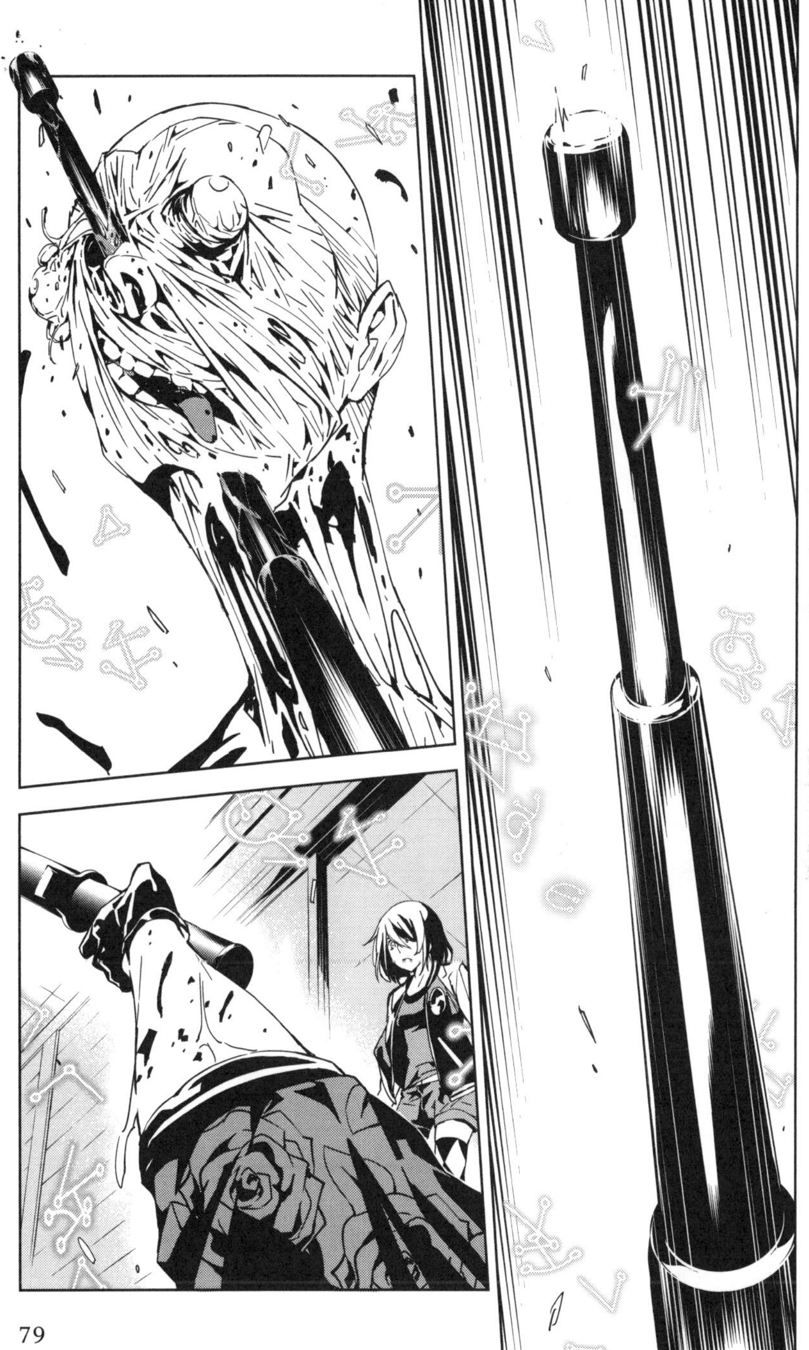

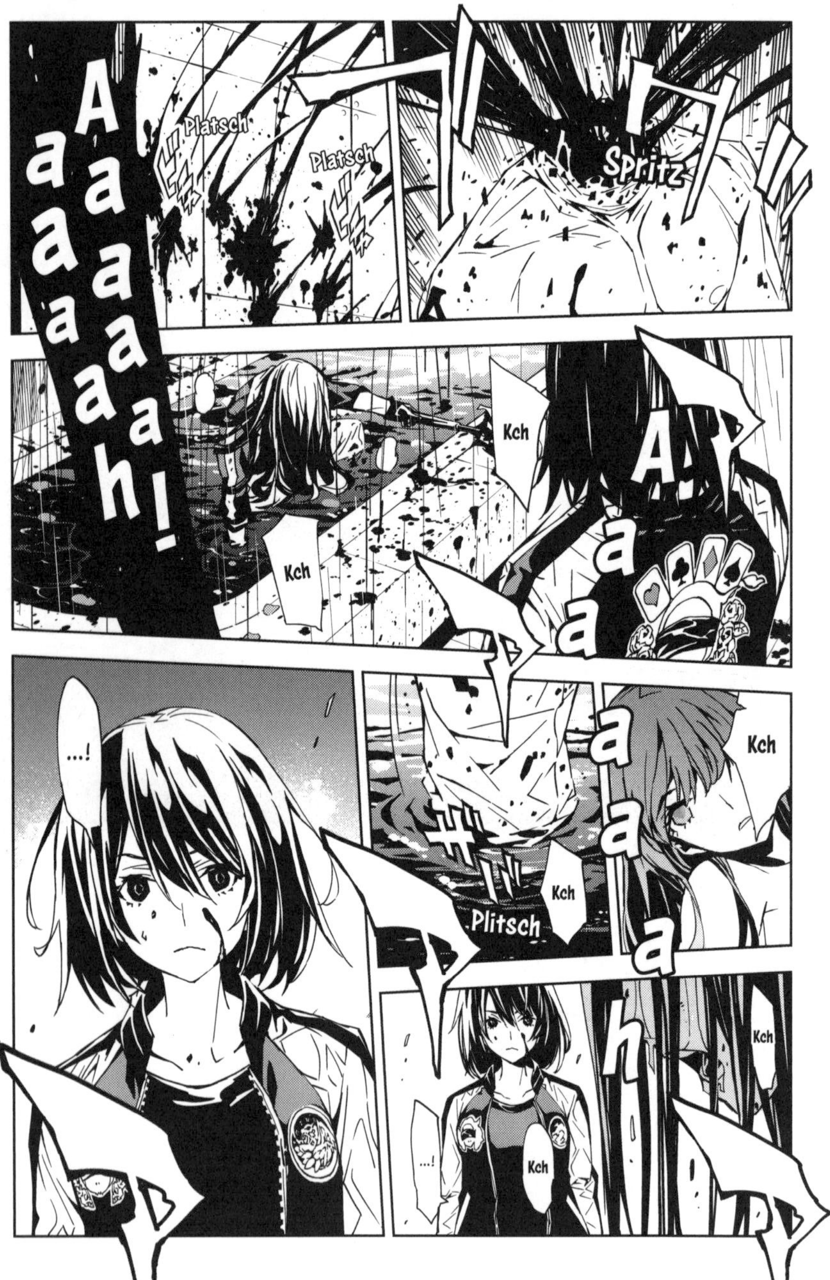

Spritz
Platsch
Platsch
Aaaaaaaaaah!
Kch
Kch
Aaaaaaaaah
Kch
...!
Kch
Plitsch
Kch
Kch
...!

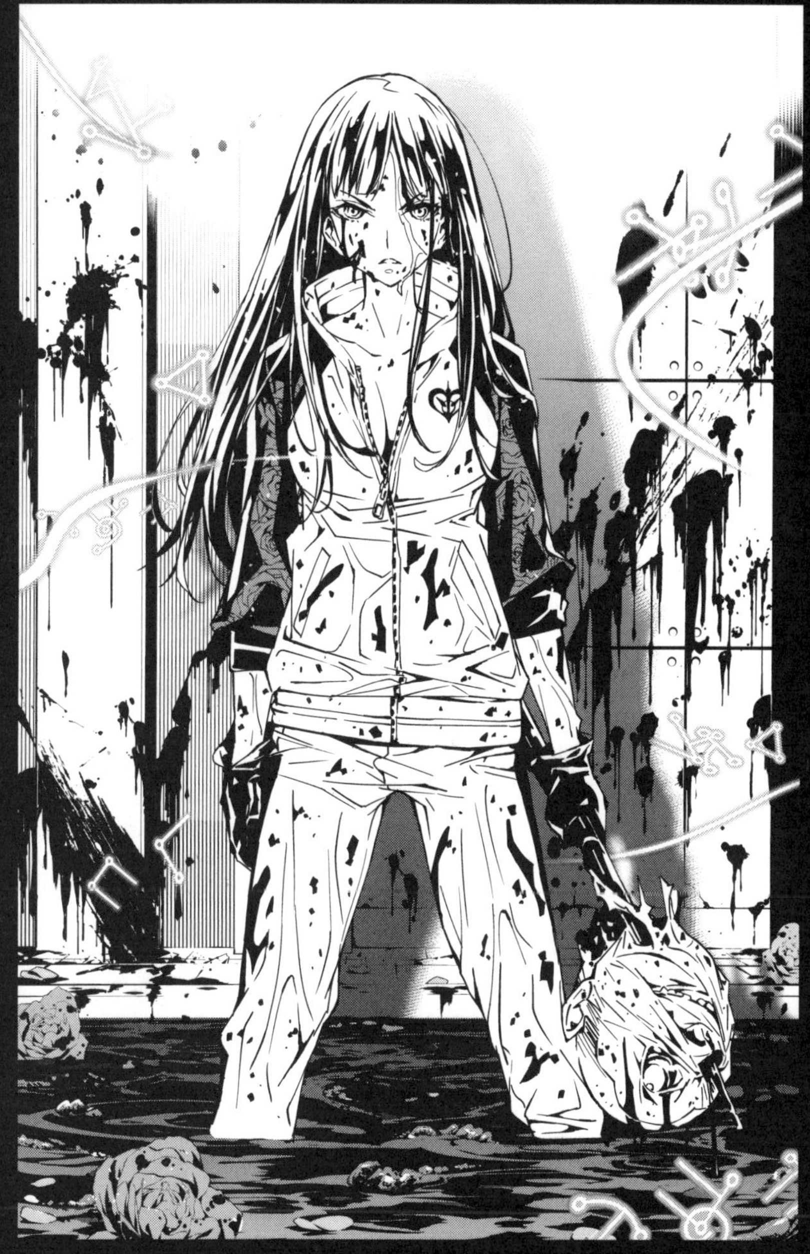

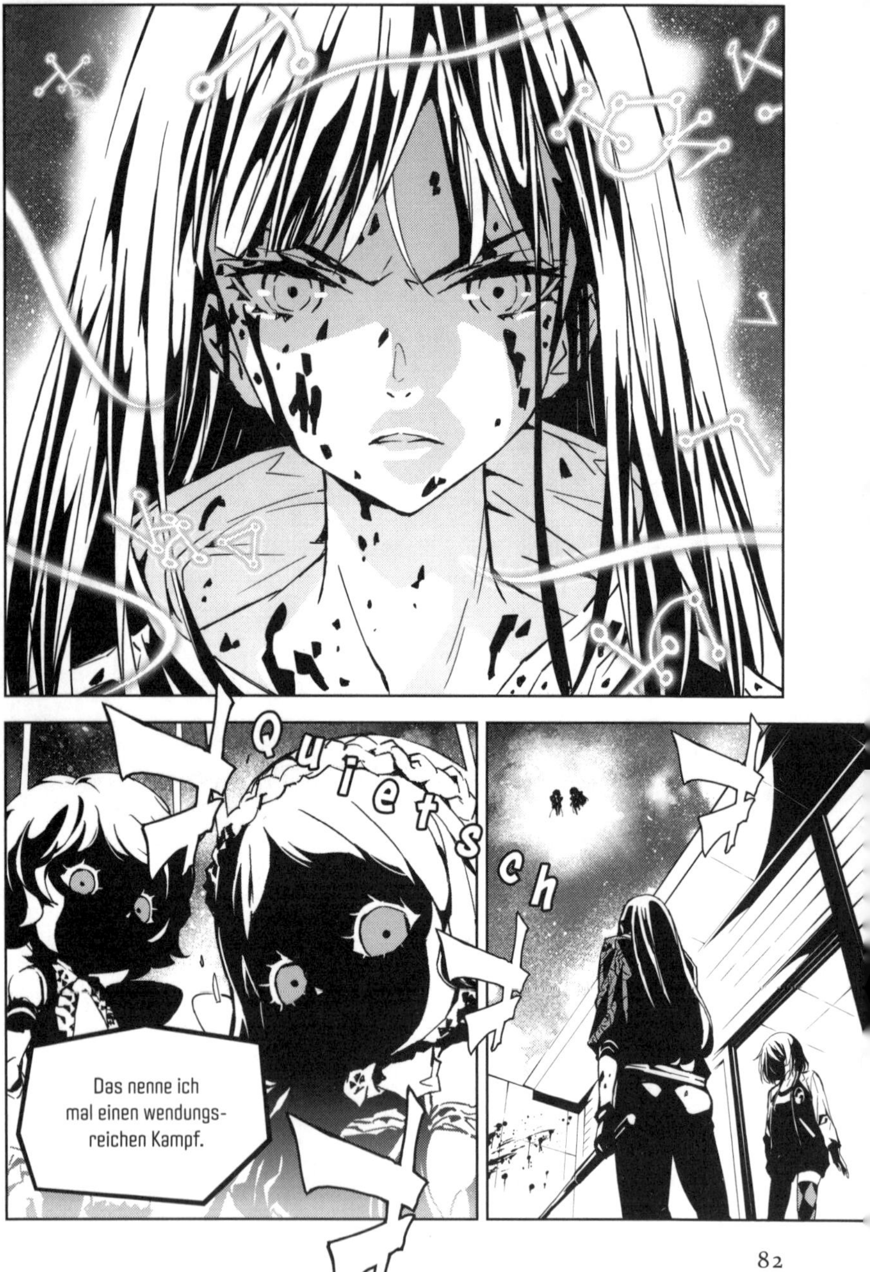

Quietsch
Das nenne ich
mal einen wendungs-
reichen Kampf.

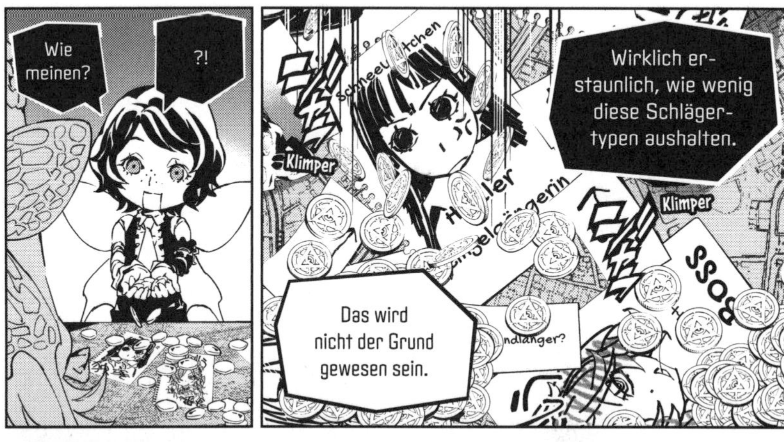
Wirklich erstaunlich, wie wenig diese Schlägertypen aushalten.
Klimper
Klimper
Das wird nicht der Grund gewesen sein.
?!
Wie meinen?

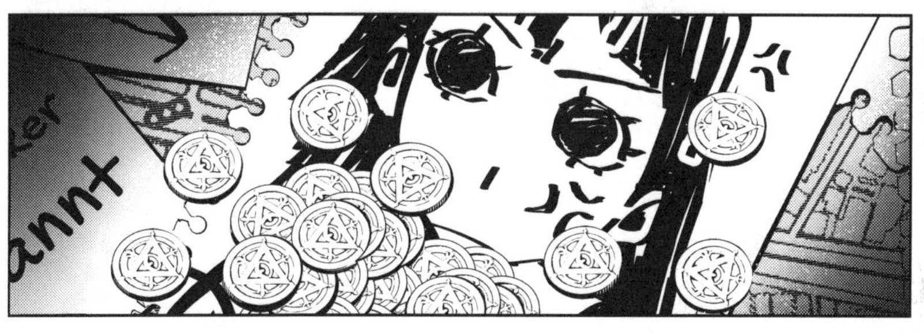

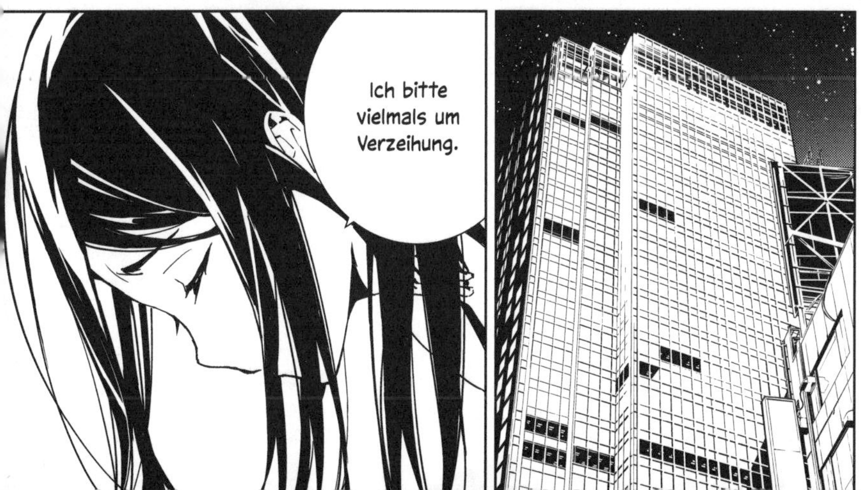
Ich bitte vielmals um Verzeihung.

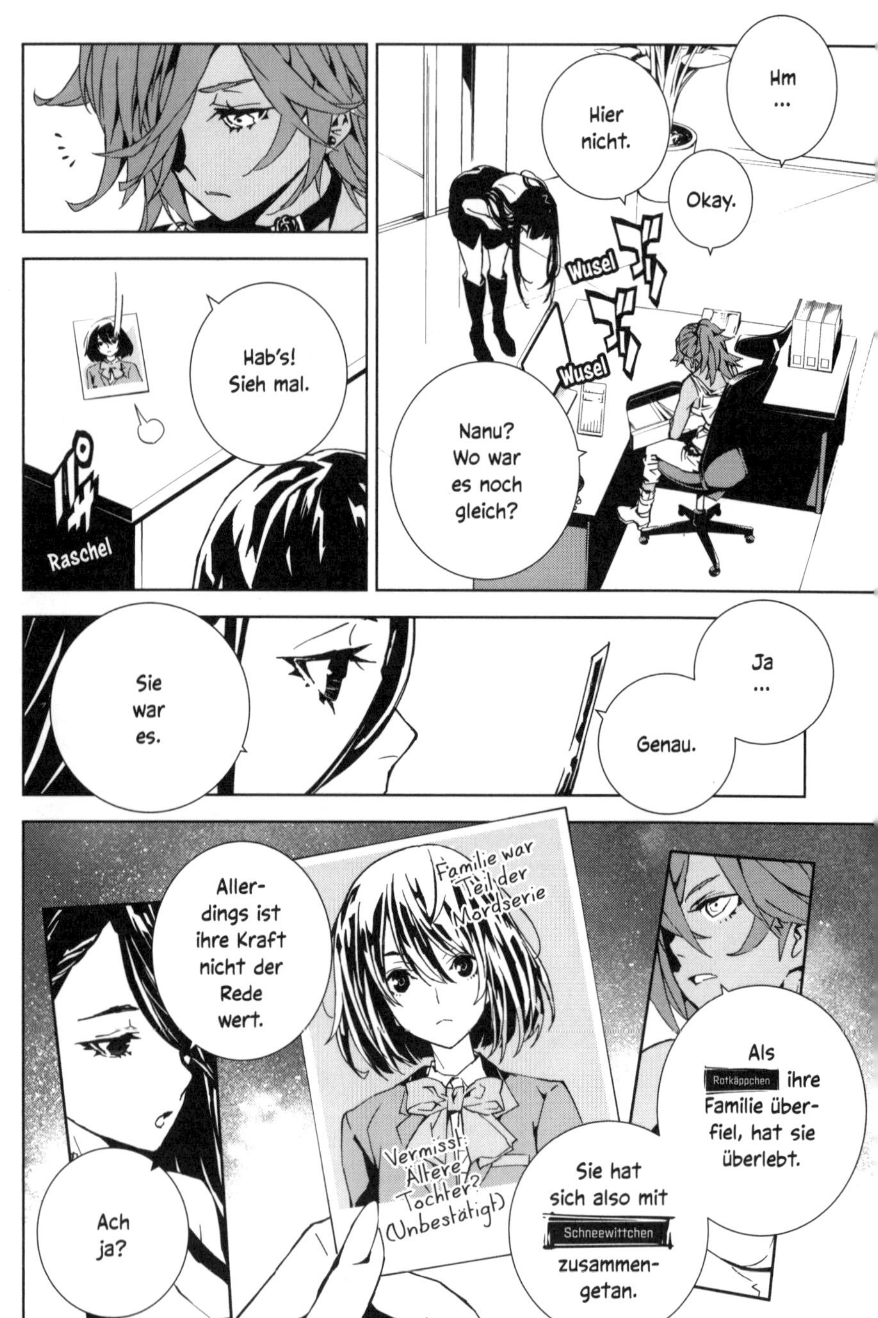
Hm ...
Hier nicht.
Okay.
Wusel
Wusel
Nanu? Wo war es noch gleich?
Hab's! Sieh mal.
Raschel
Ja ...
Genau.
Sie war es.
Als Rotkäppchen ihre Familie überfiel, hat sie überlebt.
Sie hat sich also mit Schneewittchen zusammengetan.
Familie war Teil der Mordserie
Vermisst: Ältere Tochter? (Unbestätigt)
Allerdings ist ihre Kraft nicht der Rede wert.
Ach ja?

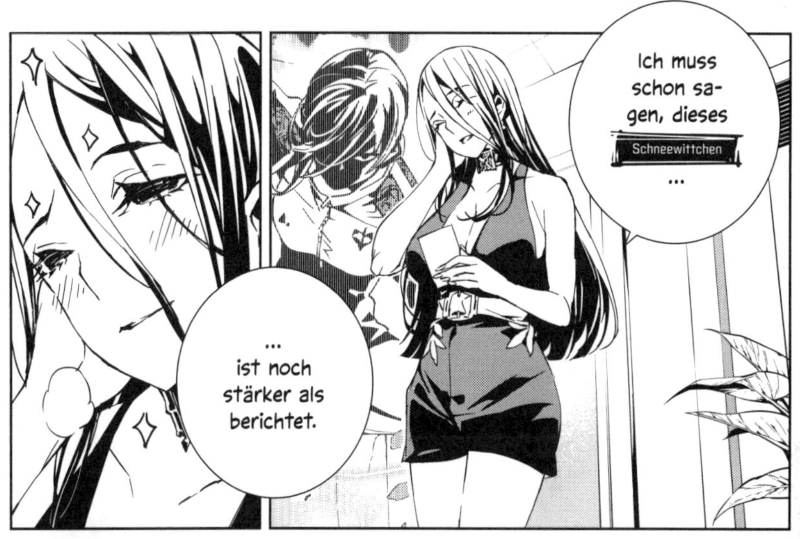
Ich muss schon sagen, dieses Schneewittchen ...
... ist noch stärker als berichtet.

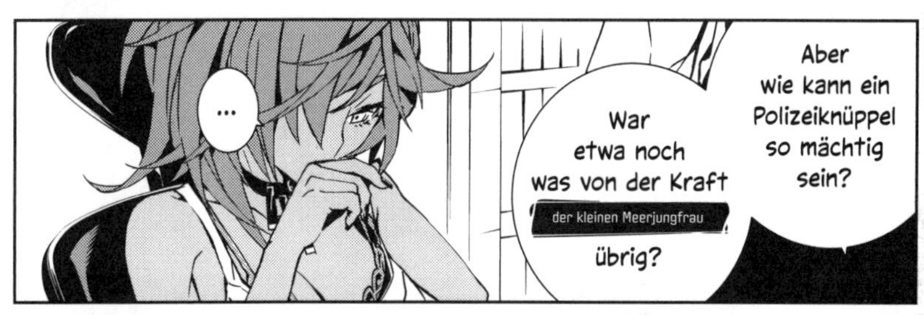
Aber wie kann ein Polizeiknüppel so mächtig sein?
War etwa noch was von der Kraft der kleinen Meerjungfrau übrig?
...

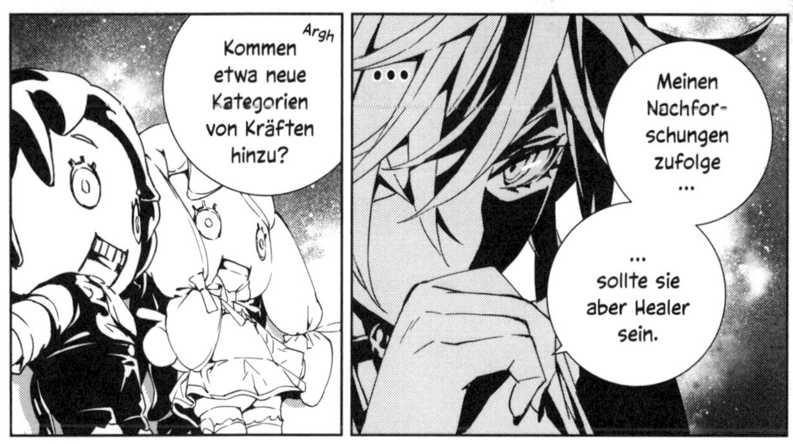
...
Meinen Nachforschungen zufolge ...
... sollte sie aber Healer sein.
Argh
Kommen etwa neue Kategorien von Kräften hinzu?

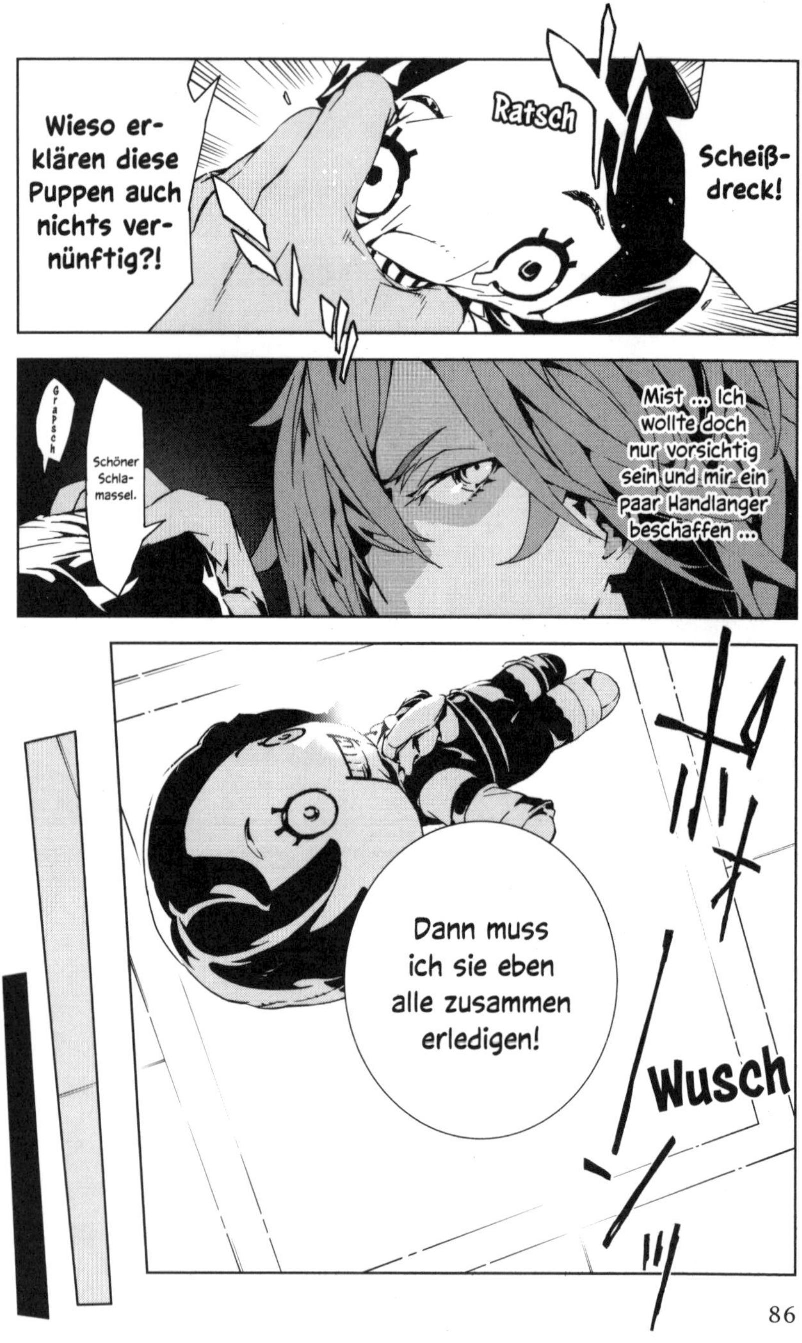

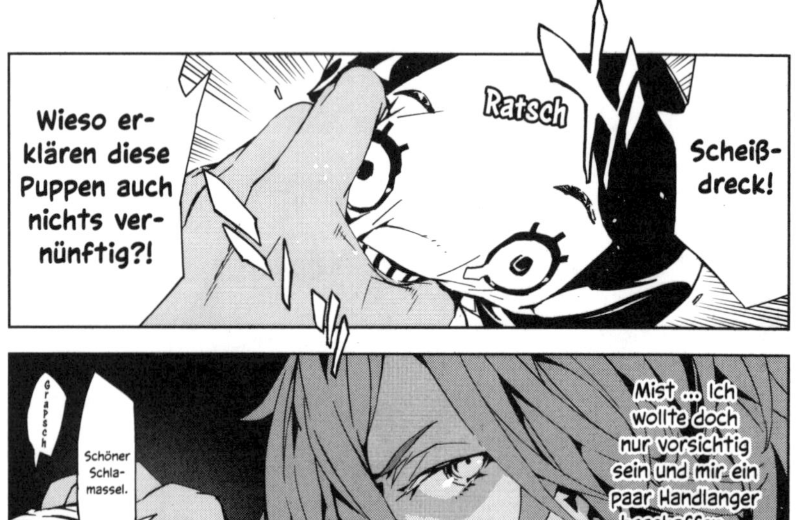

Wusch

Dann muss ich sie eben alle zusammen erledigen!

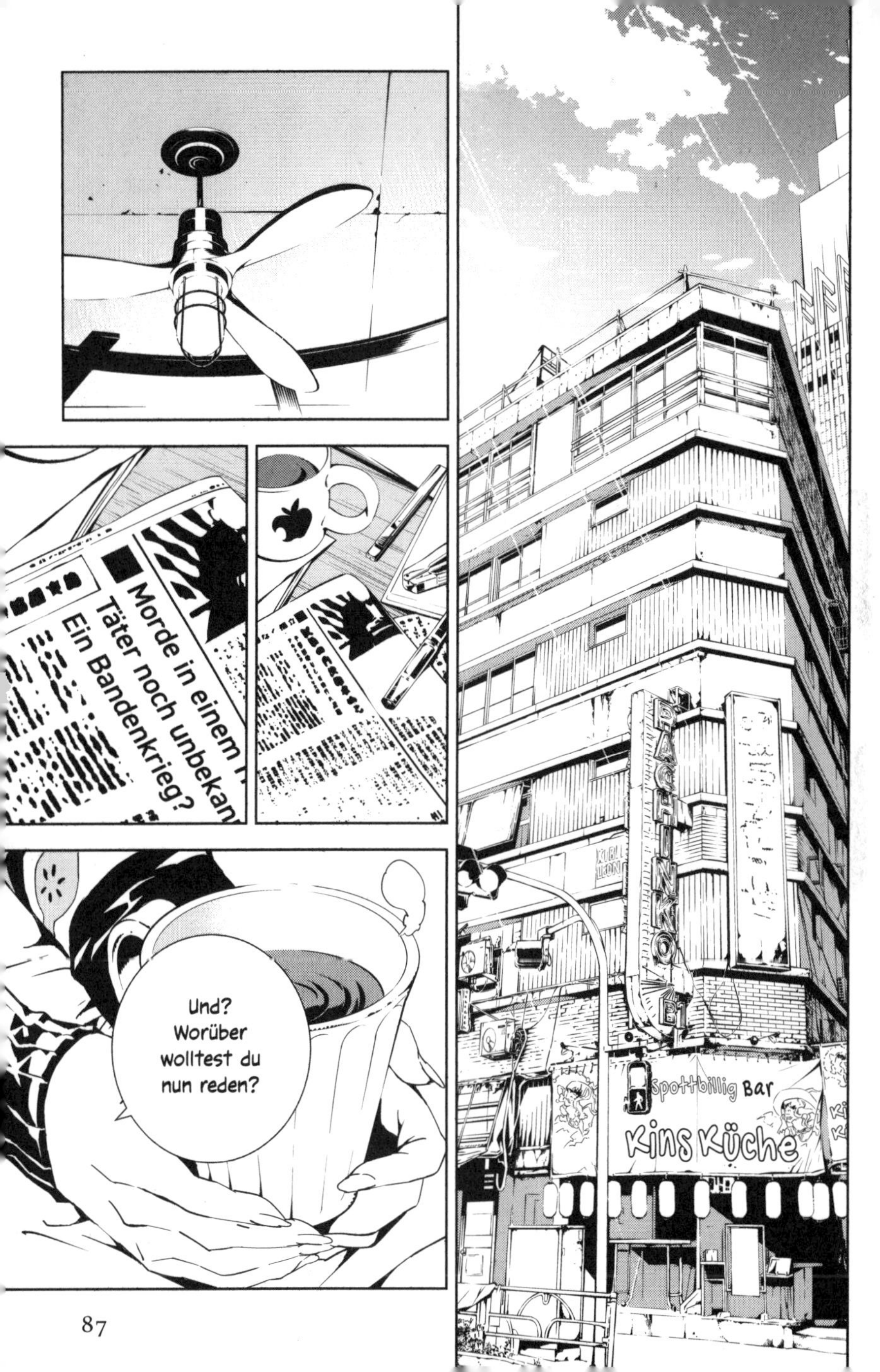

PACHINKO
B1
Spottbillig Bar
Kins Küche

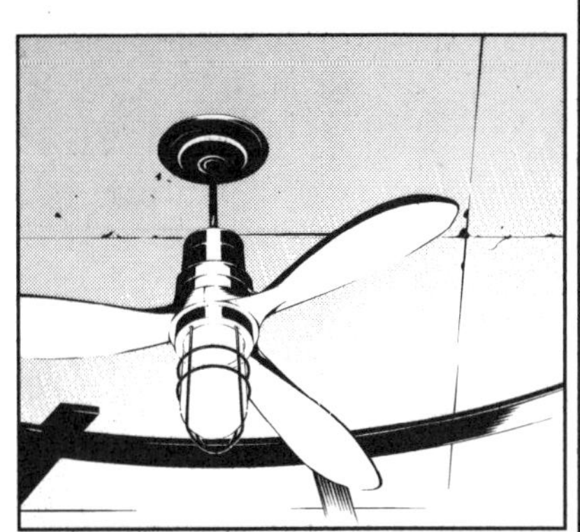

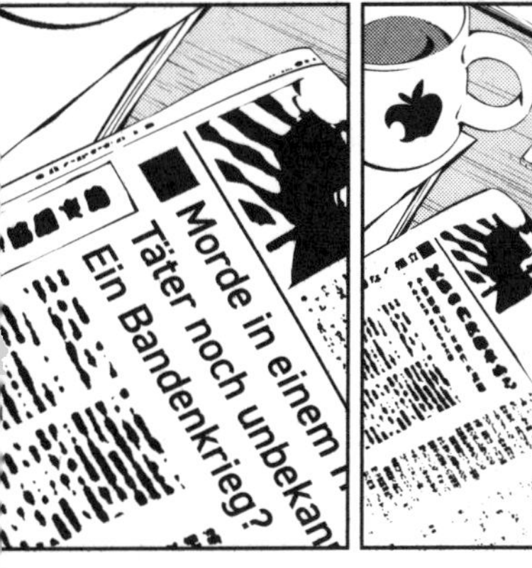
Morde in einem
Täter noch unbekan
Ein Bandenkrieg?

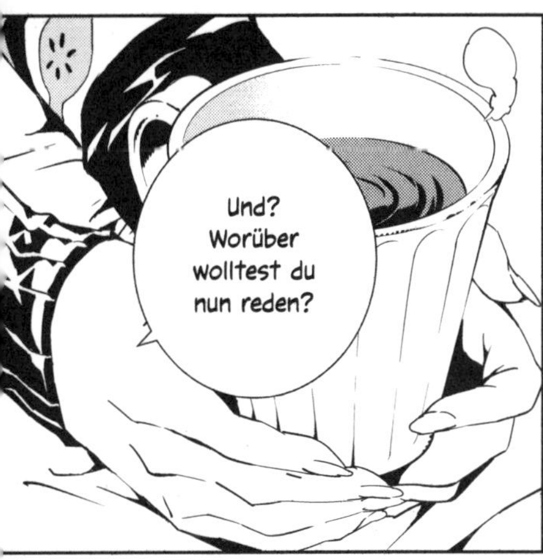
Und? Worüber wolltest du nun reden?

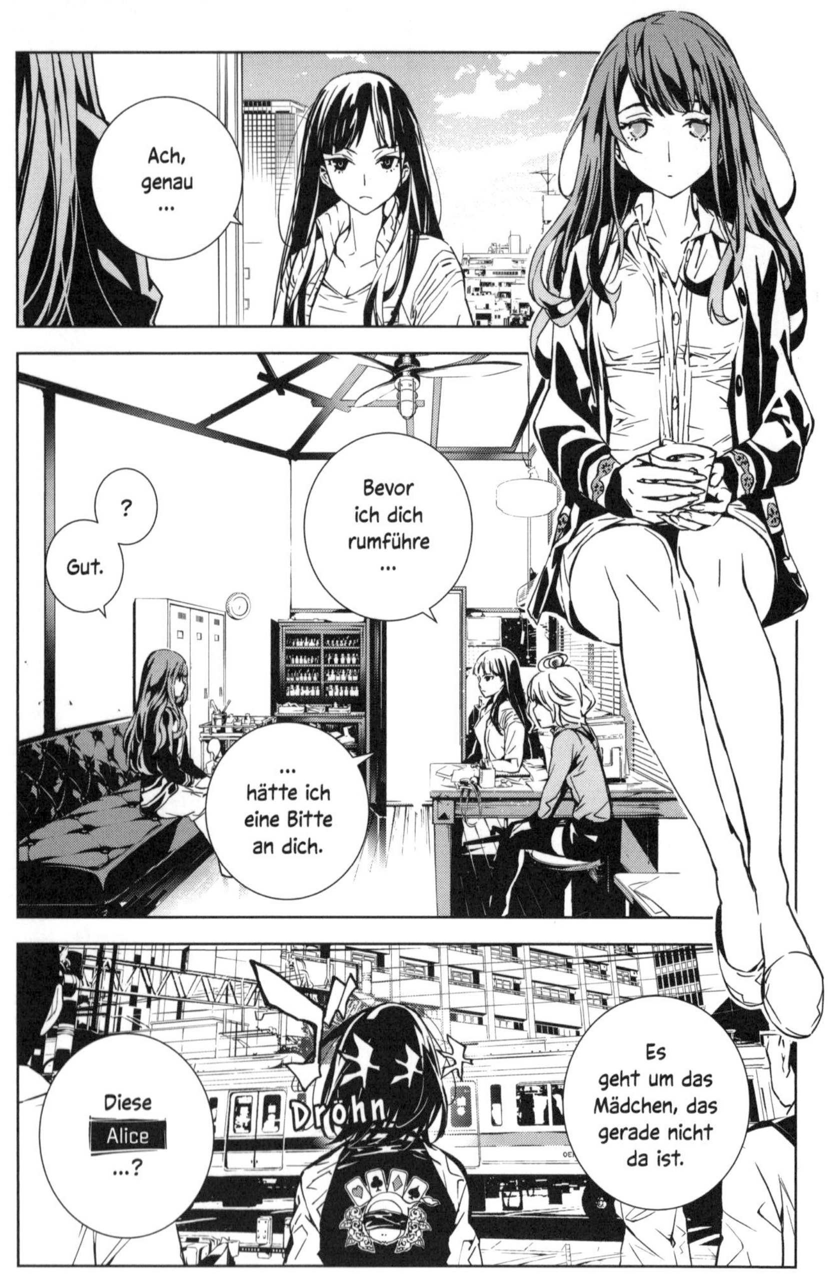
Ach, genau ...
Bevor ich dich rumführe ...
... hätte ich eine Bitte an dich.
?
Gut.
Es geht um das Mädchen, das gerade nicht da ist.
Dröhn
Diese Alice ...?

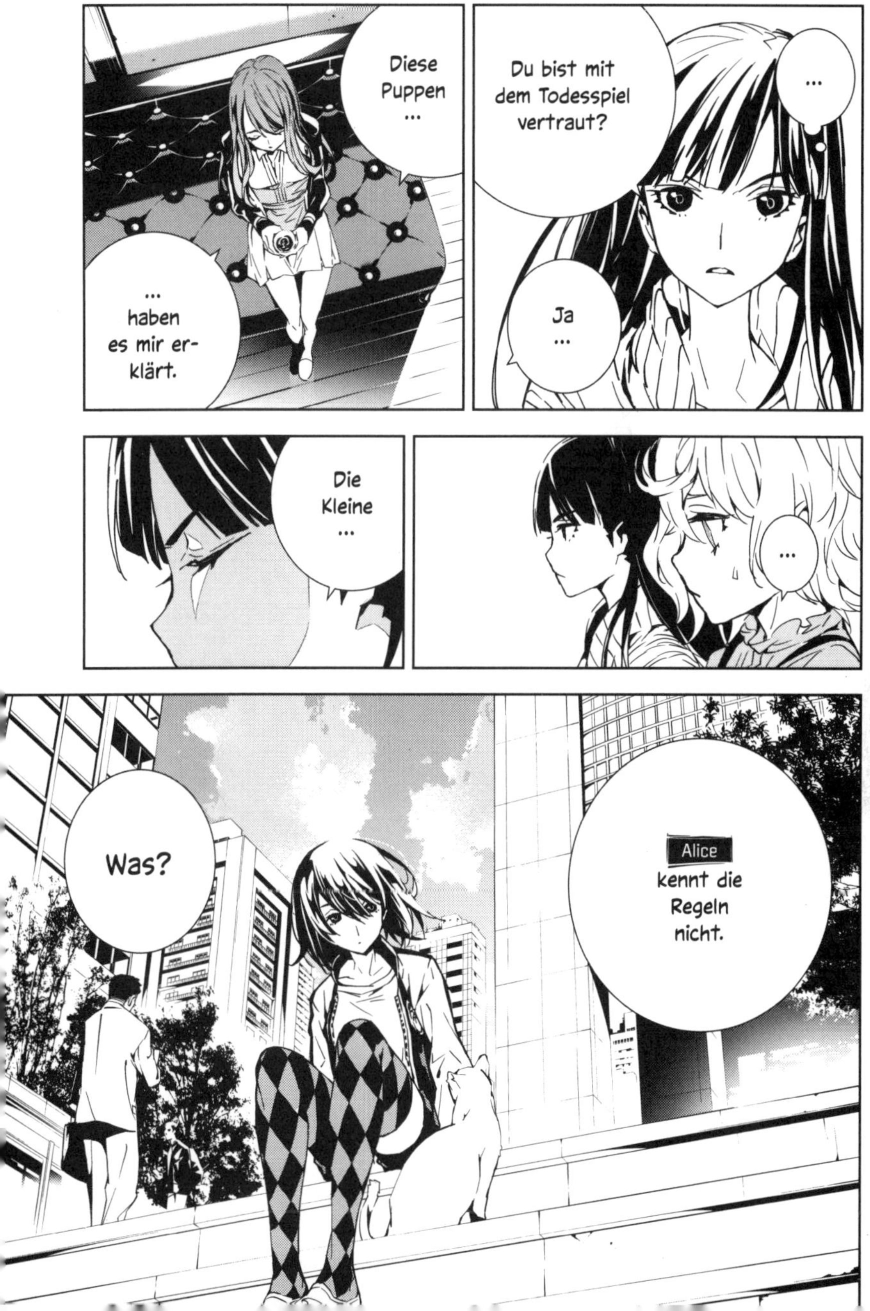

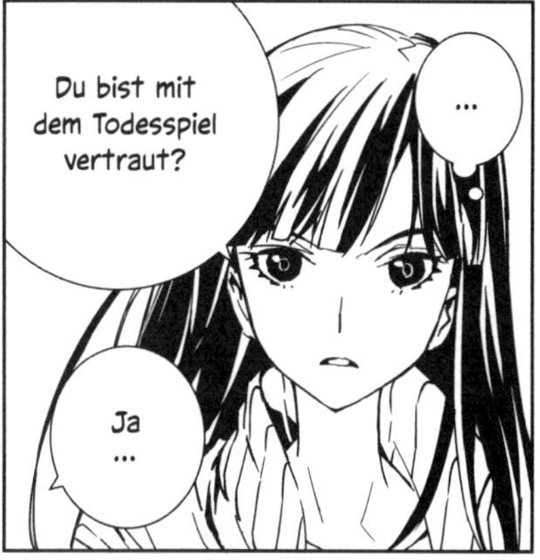

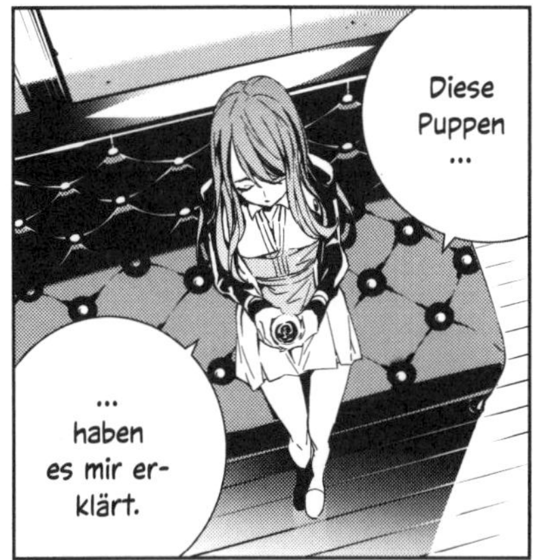

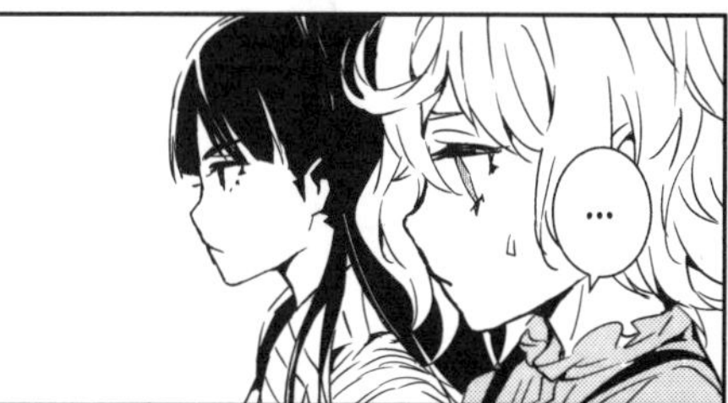

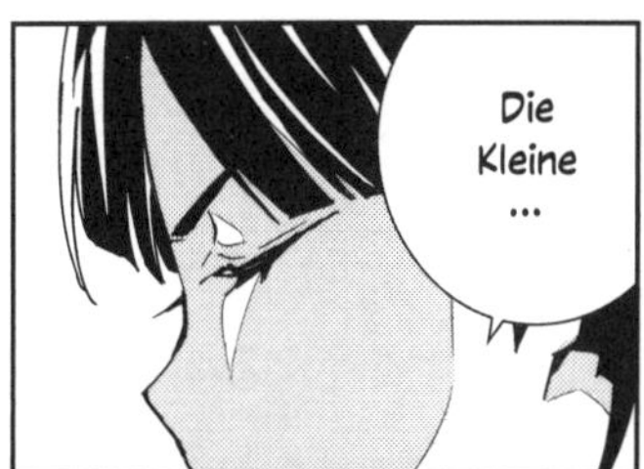

Alice kennt die Regeln nicht.

Was?

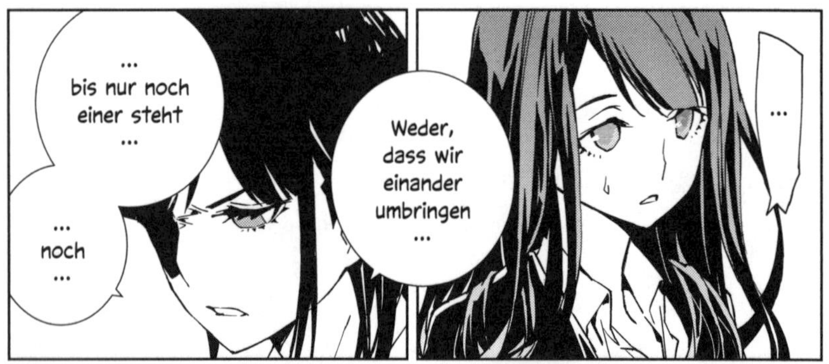

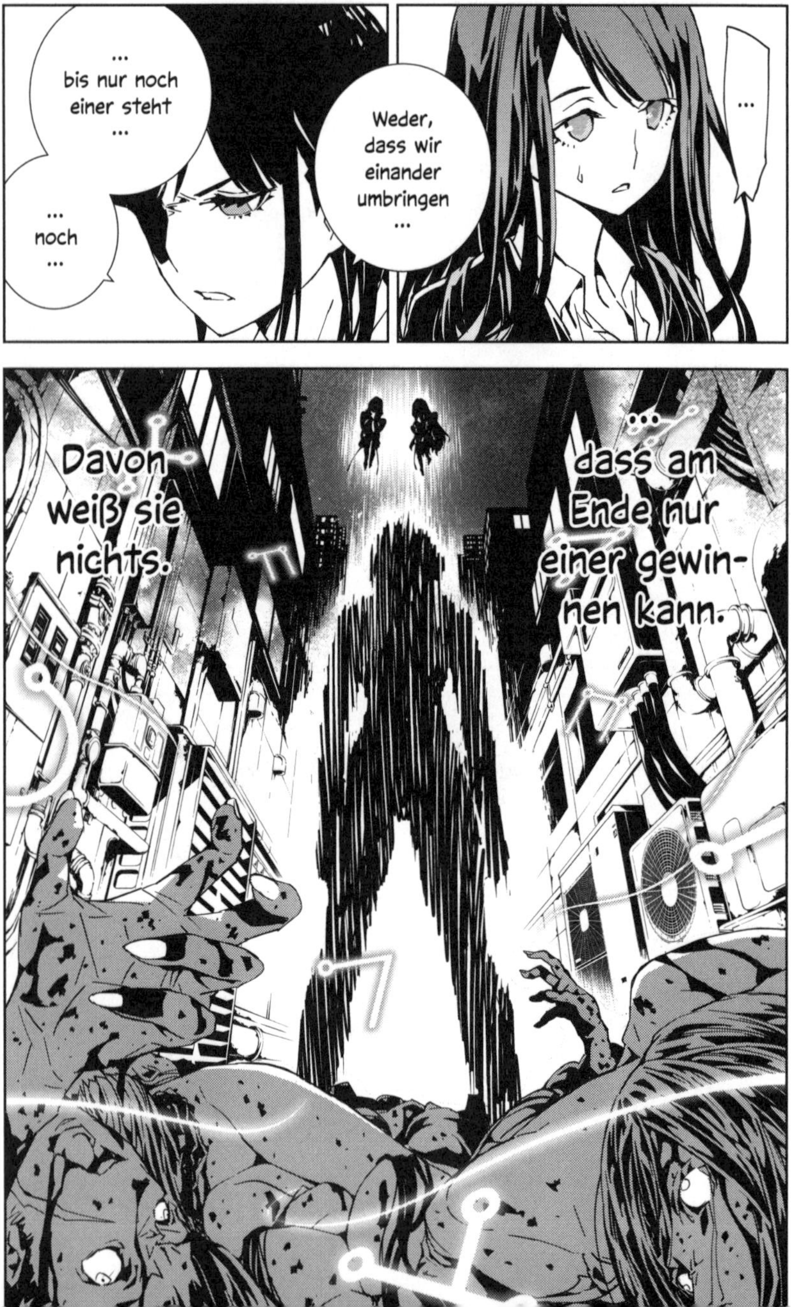

... dass am Ende nur einer gewinnen kann.

Davon weiß sie nichts.

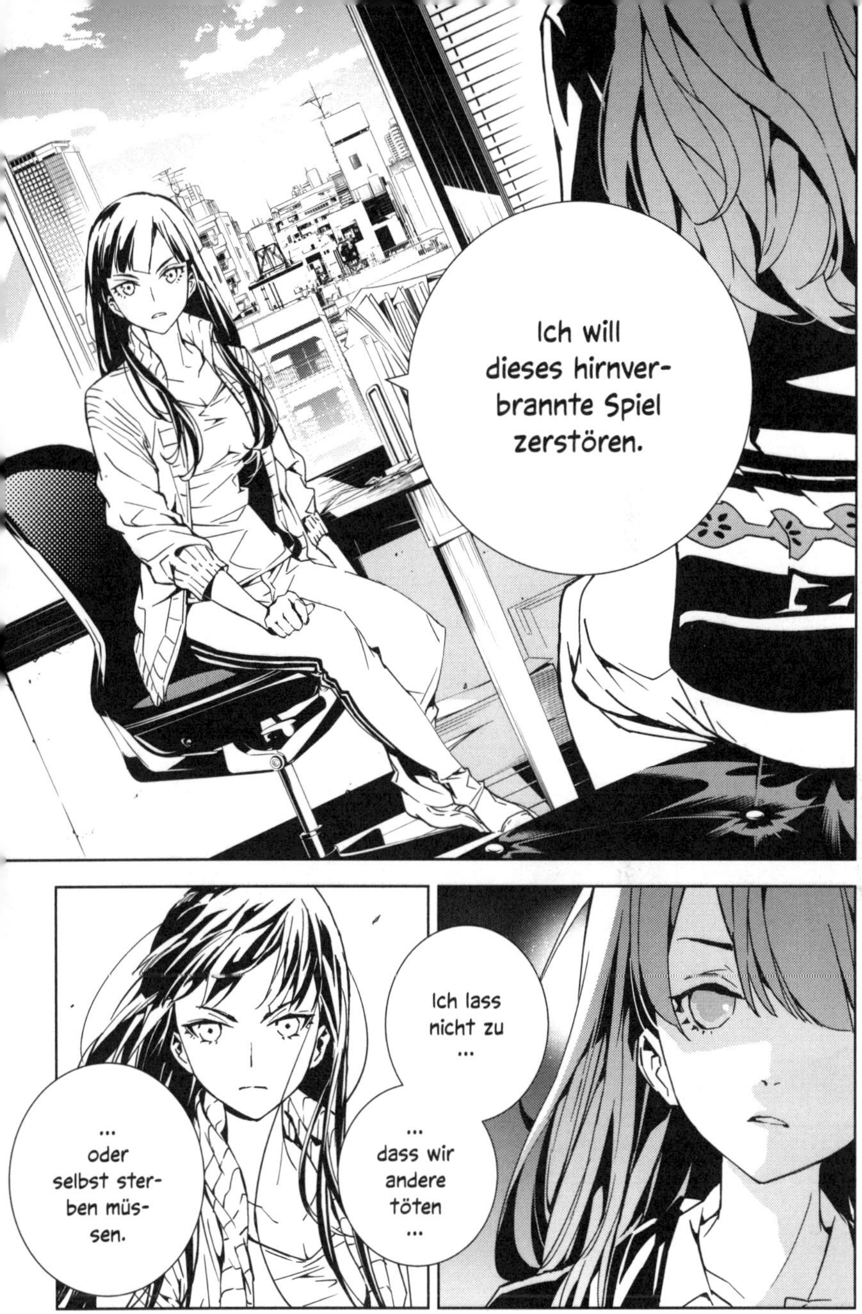

Ich will dieses hirnverbrannte Spiel zerstören.

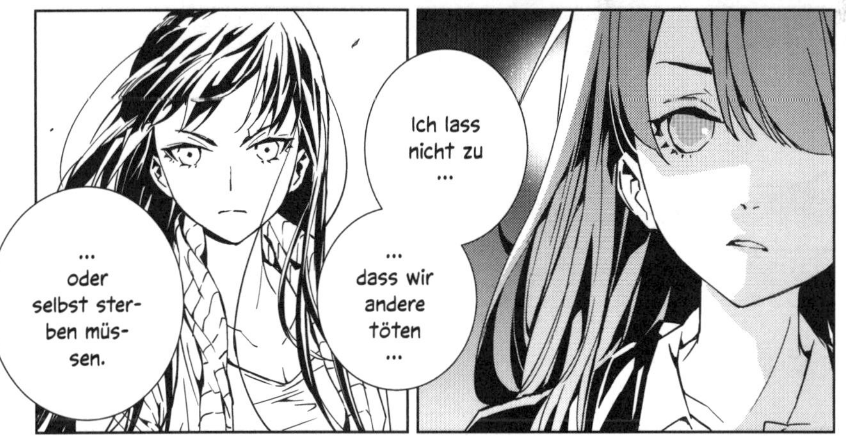

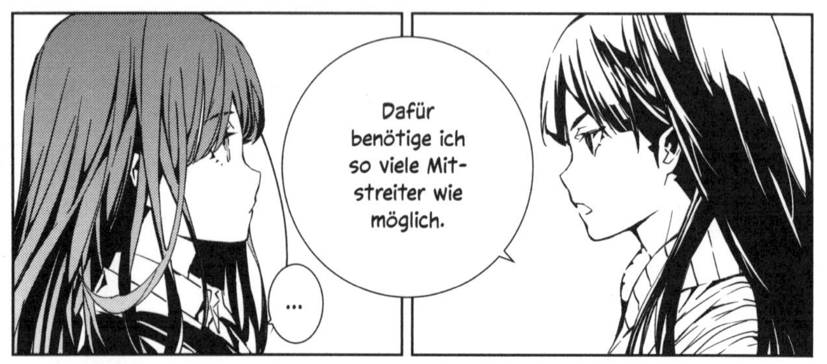
Dafür benötige ich so viele Mitstreiter wie möglich.
...

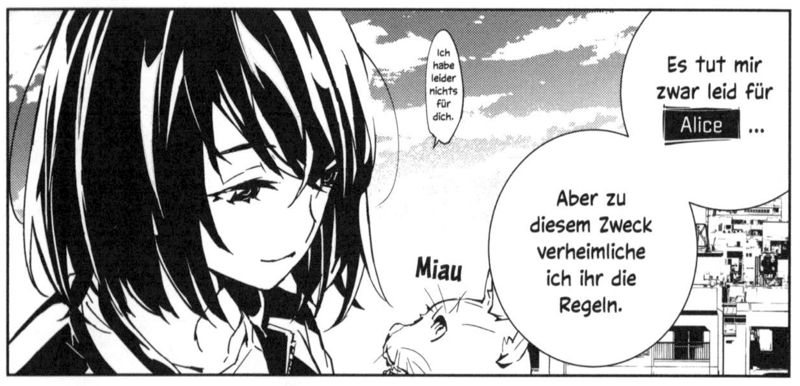
Es tut mir zwar leid für Alice ...
Aber zu diesem Zweck verheimliche ich ihr die Regeln.
Miau
Ich habe leider nichts für dich.

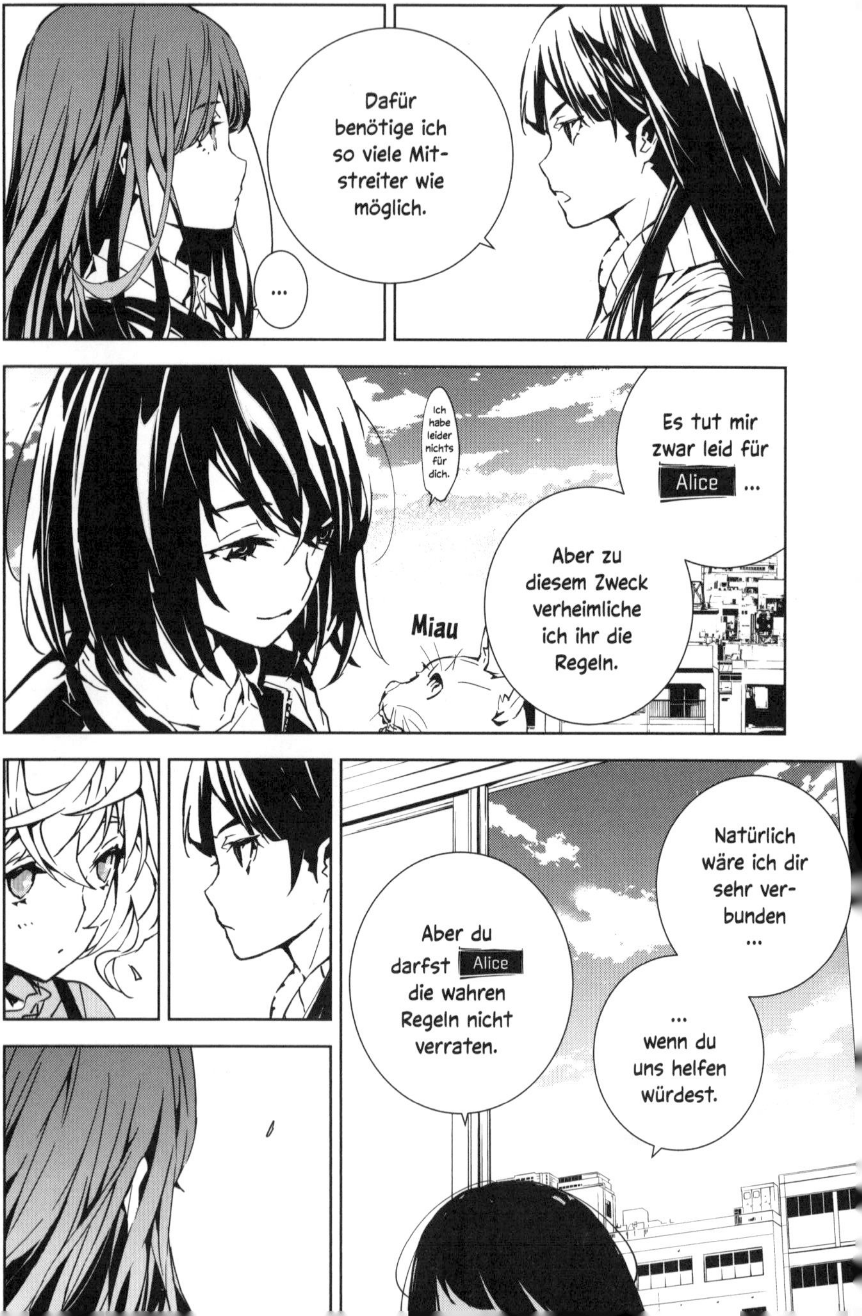

Natürlich wäre ich dir sehr verbunden ...
... wenn du uns helfen würdest.
Aber du darfst Alice die wahren Regeln nicht verraten.

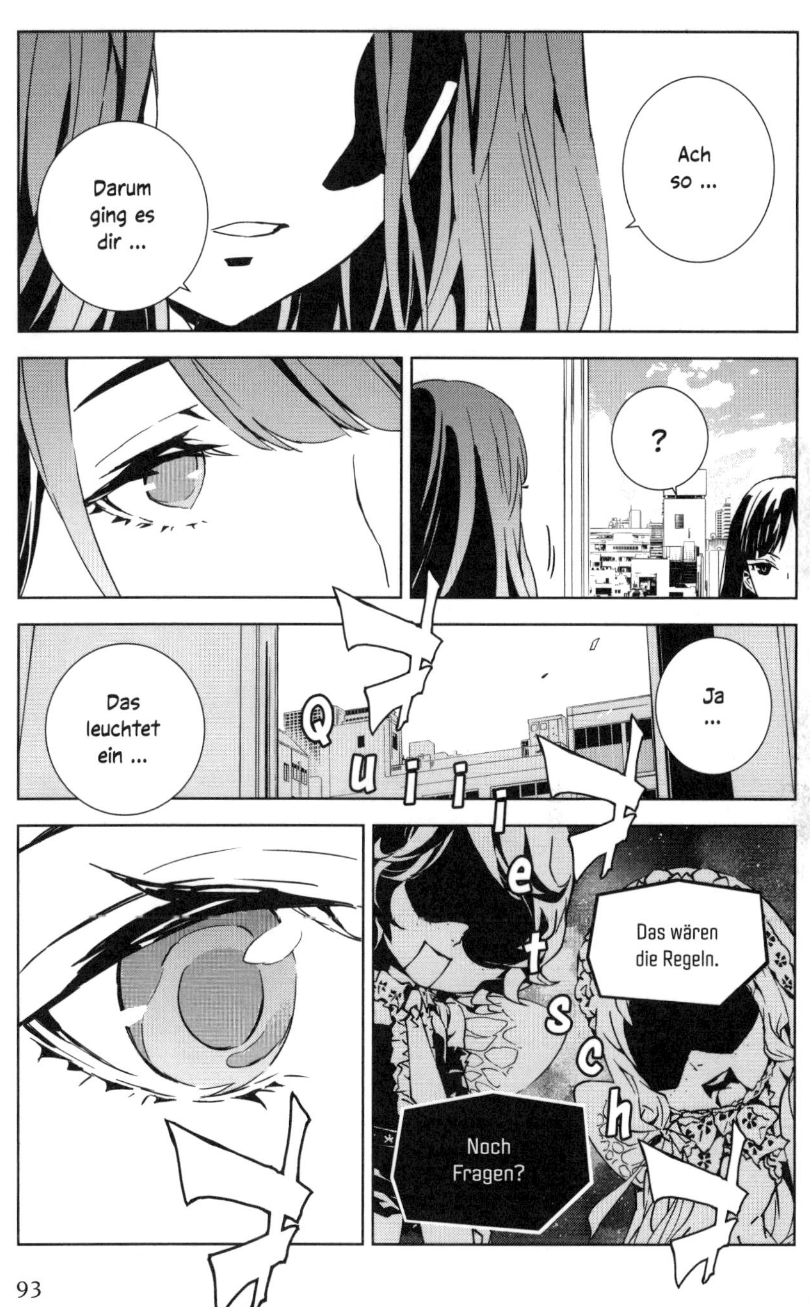
Ach so ...
Darum ging es dir ...
?
Ja ...
Das leuchtet ein ...
Quiiietsch
Das wären die Regeln.
Noch Fragen?

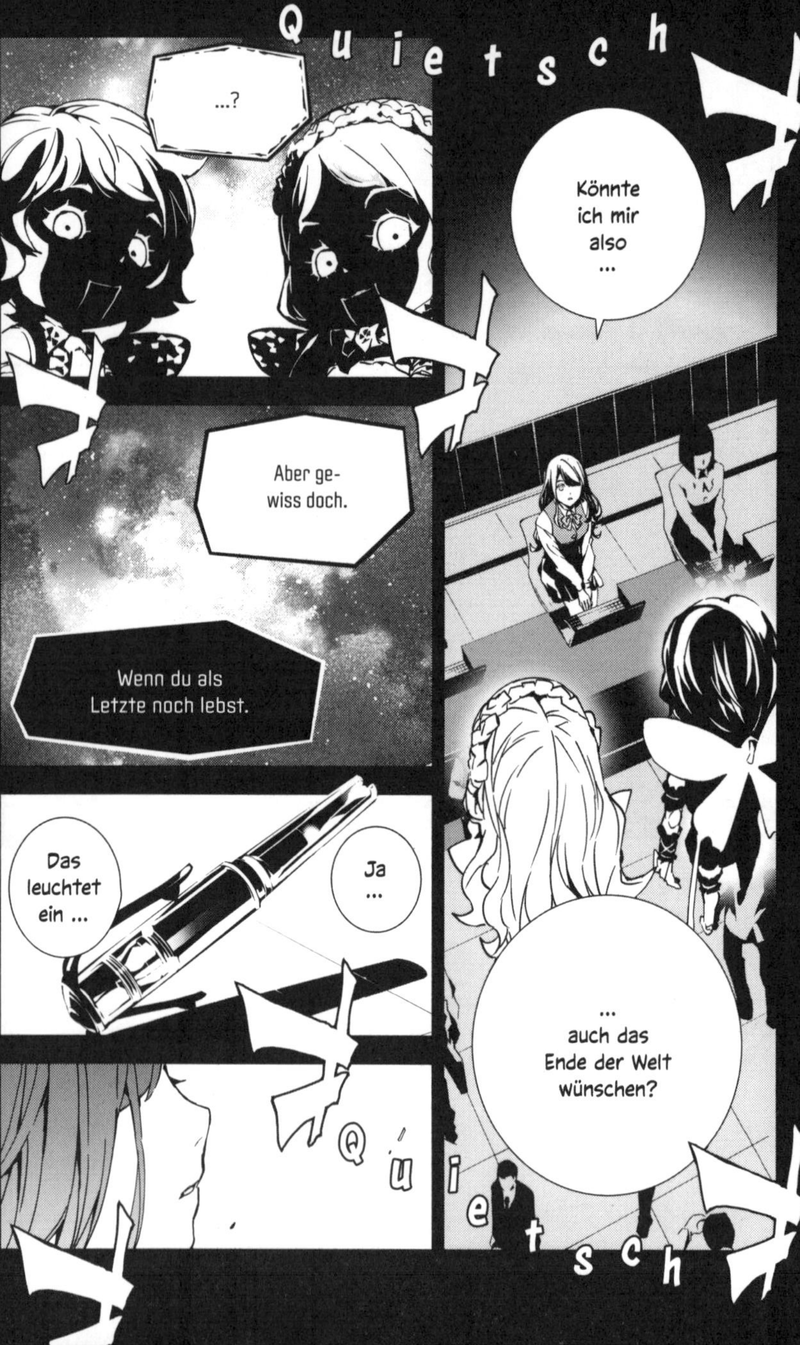
Quietsch
Könnte ich mir also ...
...?
Aber gewiss doch.
Wenn du als Letzte noch lebst.
Ja ...
Das leuchtet ein ...
... auch das Ende der Welt wünschen?
Quietsch

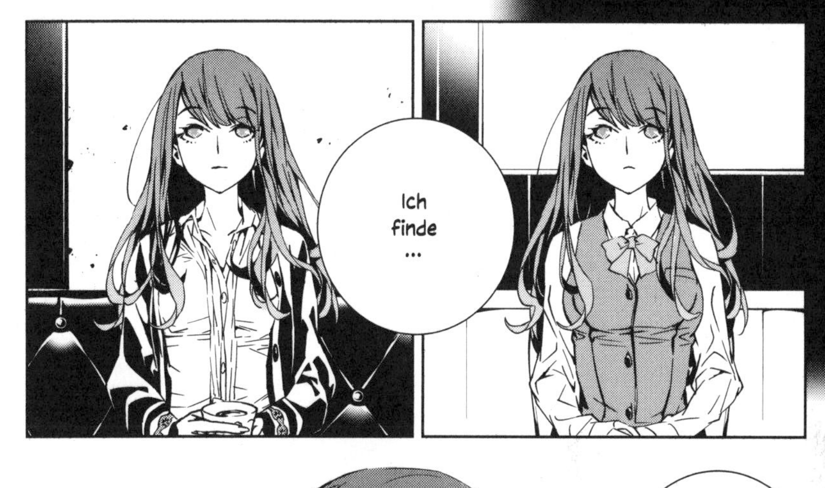

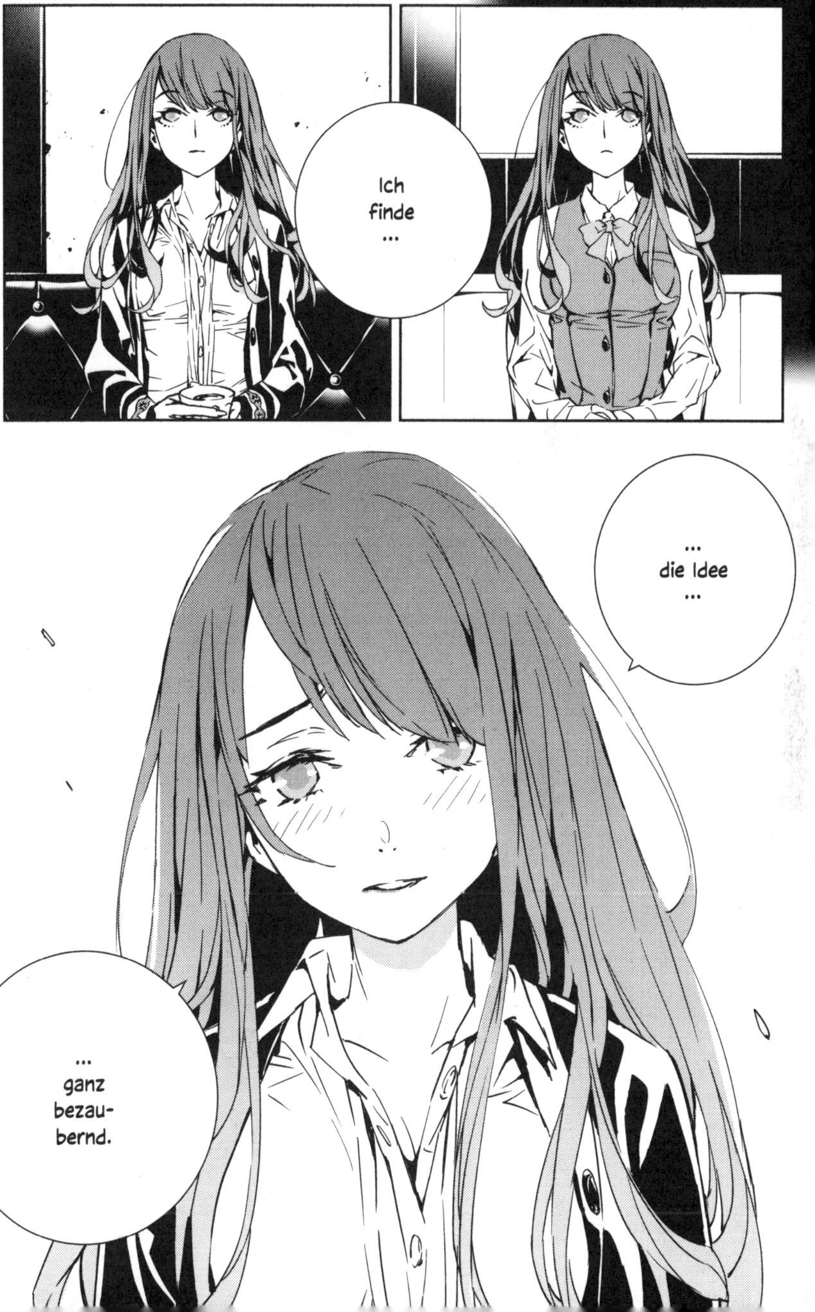

... die Idee ...

... ganz bezau-bernd.

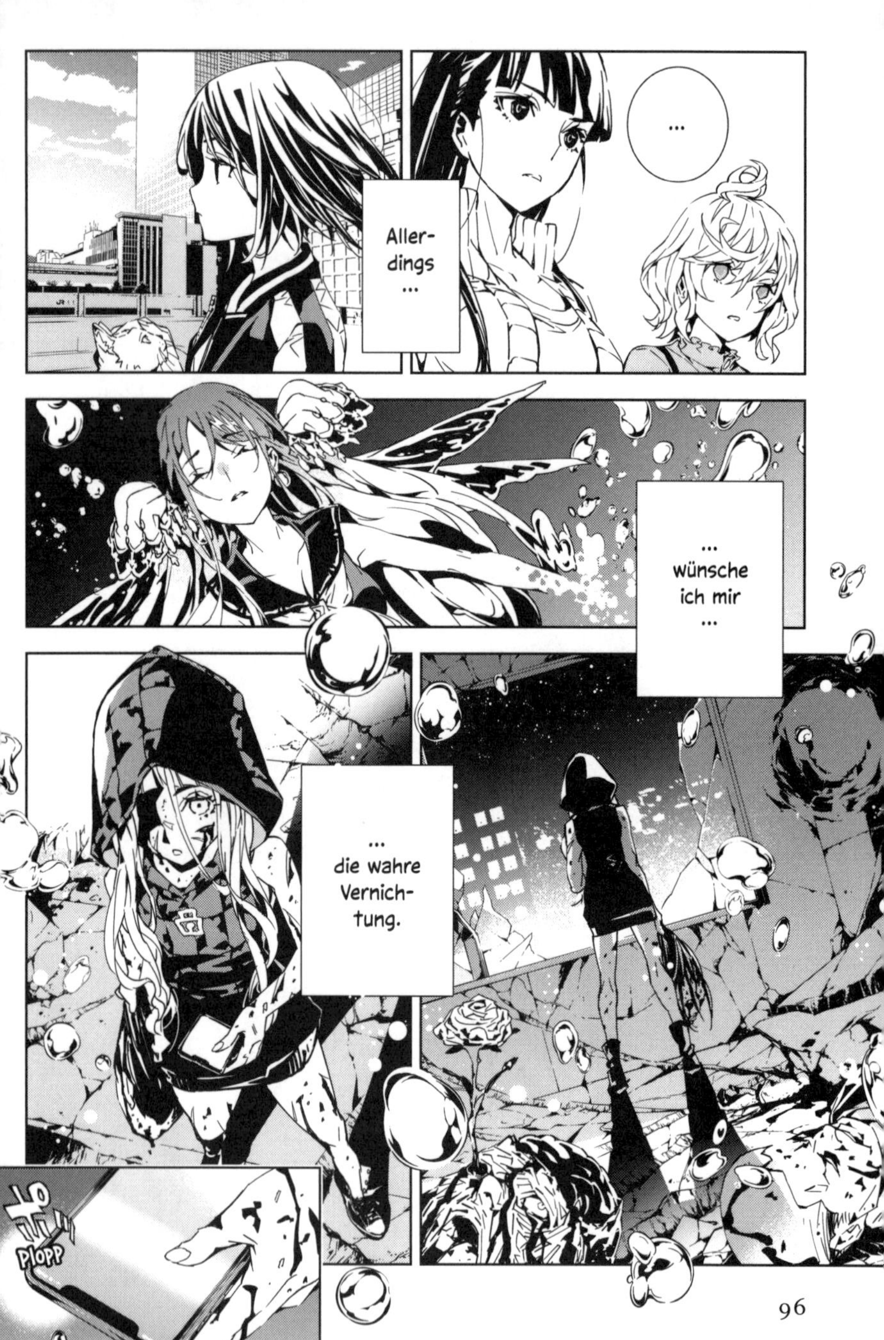
...
Aller-
dings
...
...
wünsche
ich mir
...
...
die wahre
Vernich-
tung.
PLOPP

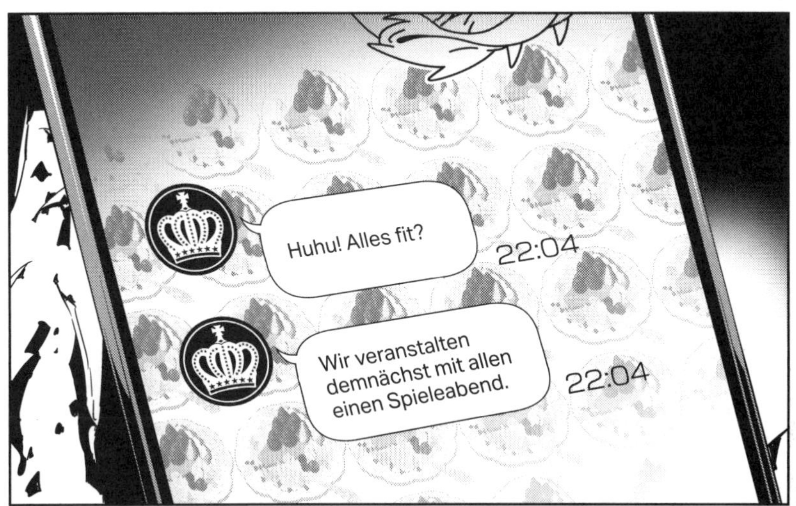

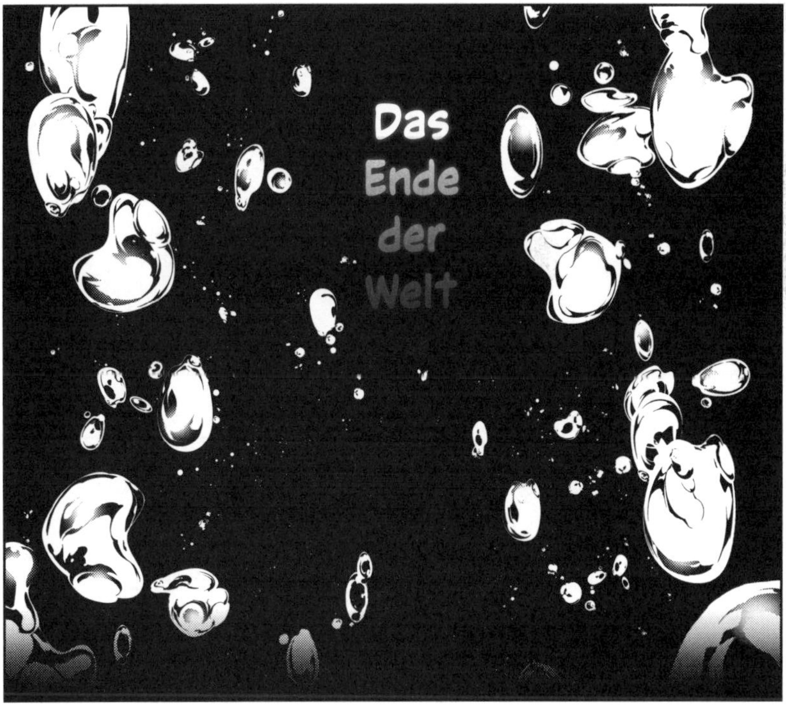

Das Ende der Welt

SINoALICE®

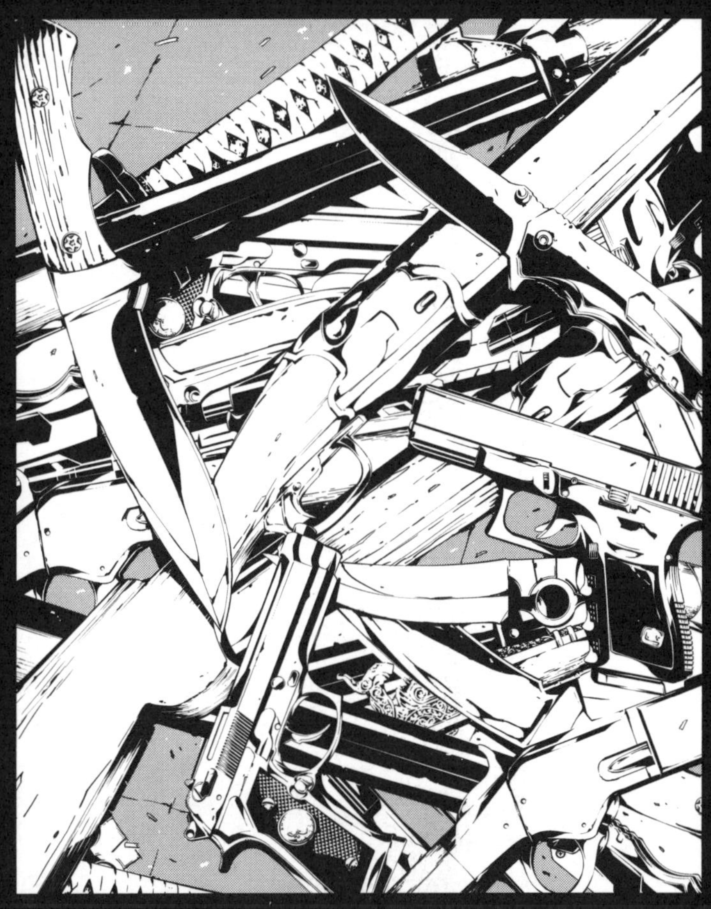

SINoALICE®

Kapitel 10: »Traum eines Blutbads (Teil 1)«

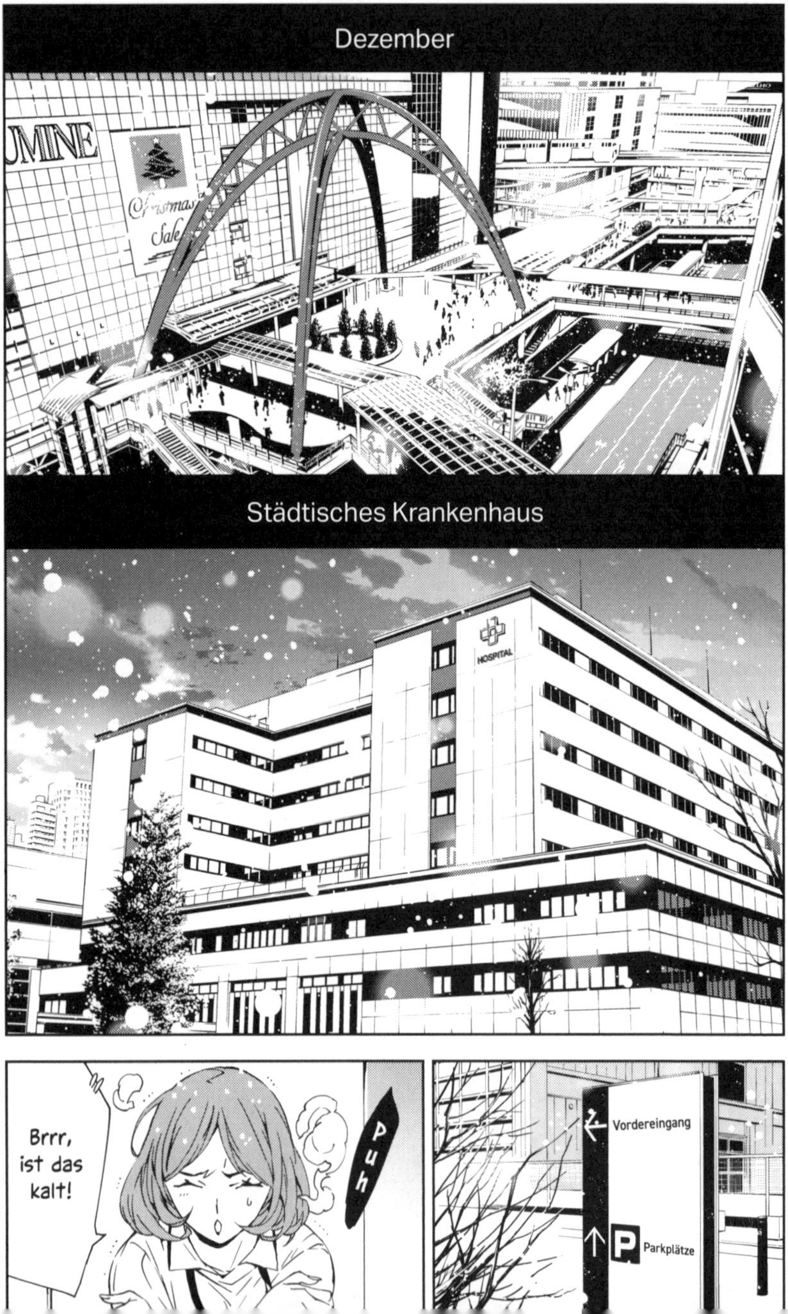

Dezember

Städtisches Krankenhaus

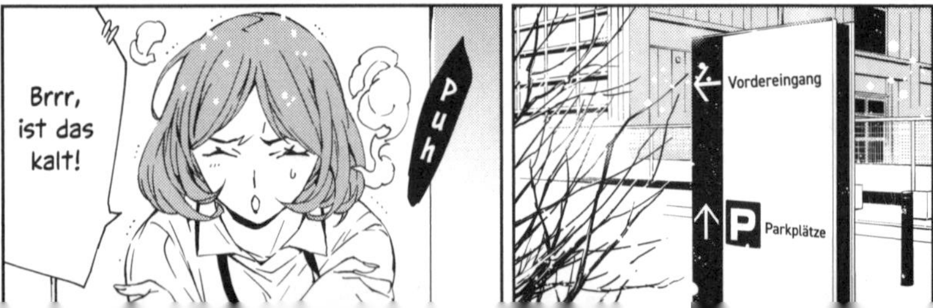

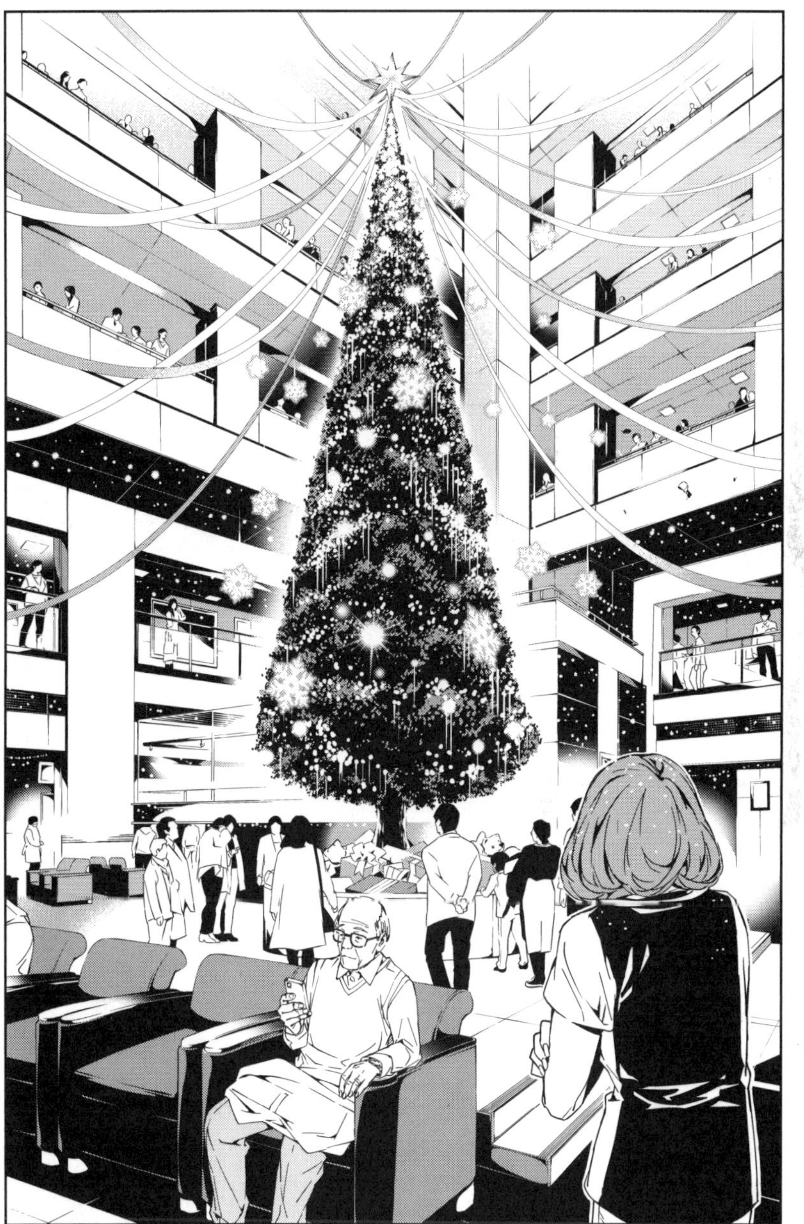

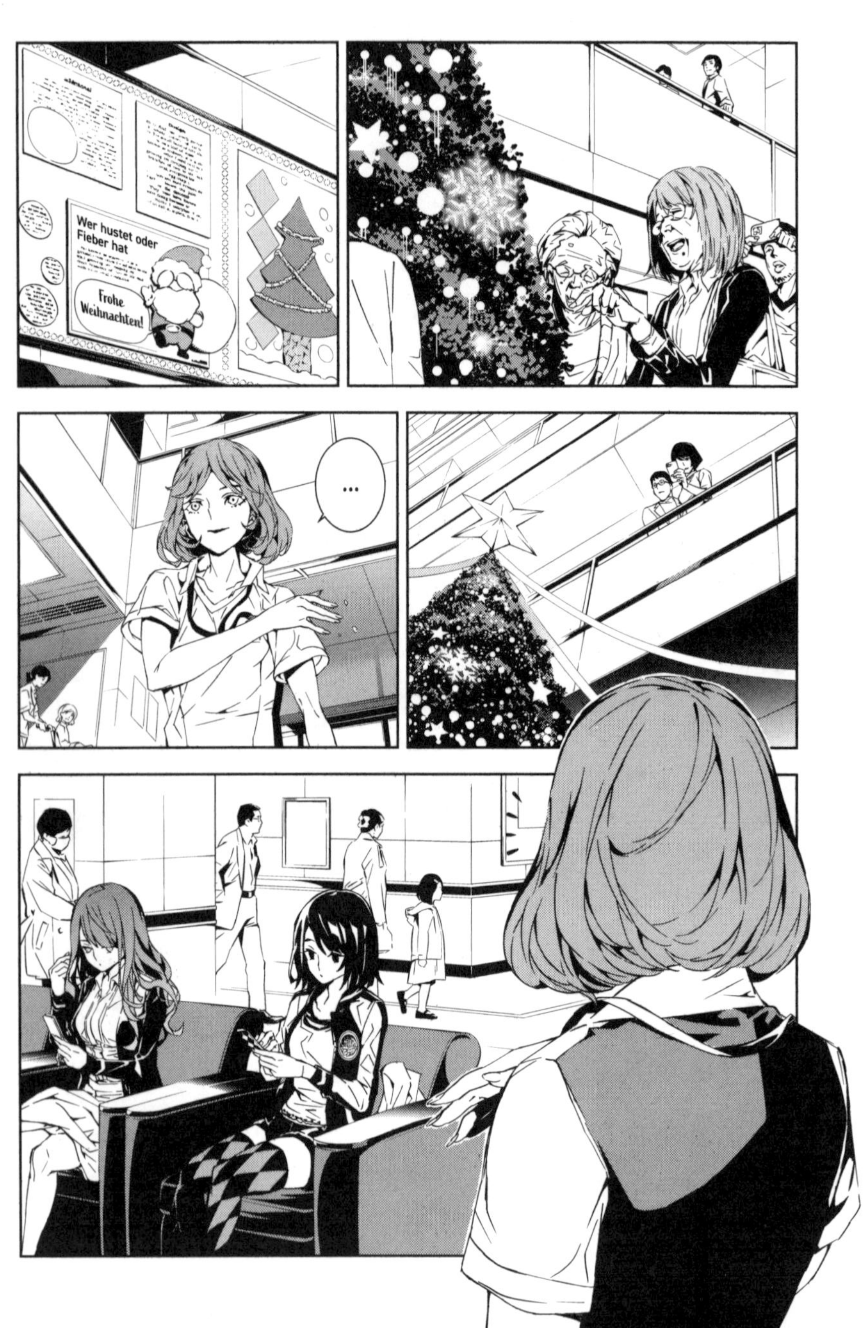
Wer hustet oder Fieber hat
Frohe Weihnachten!
...

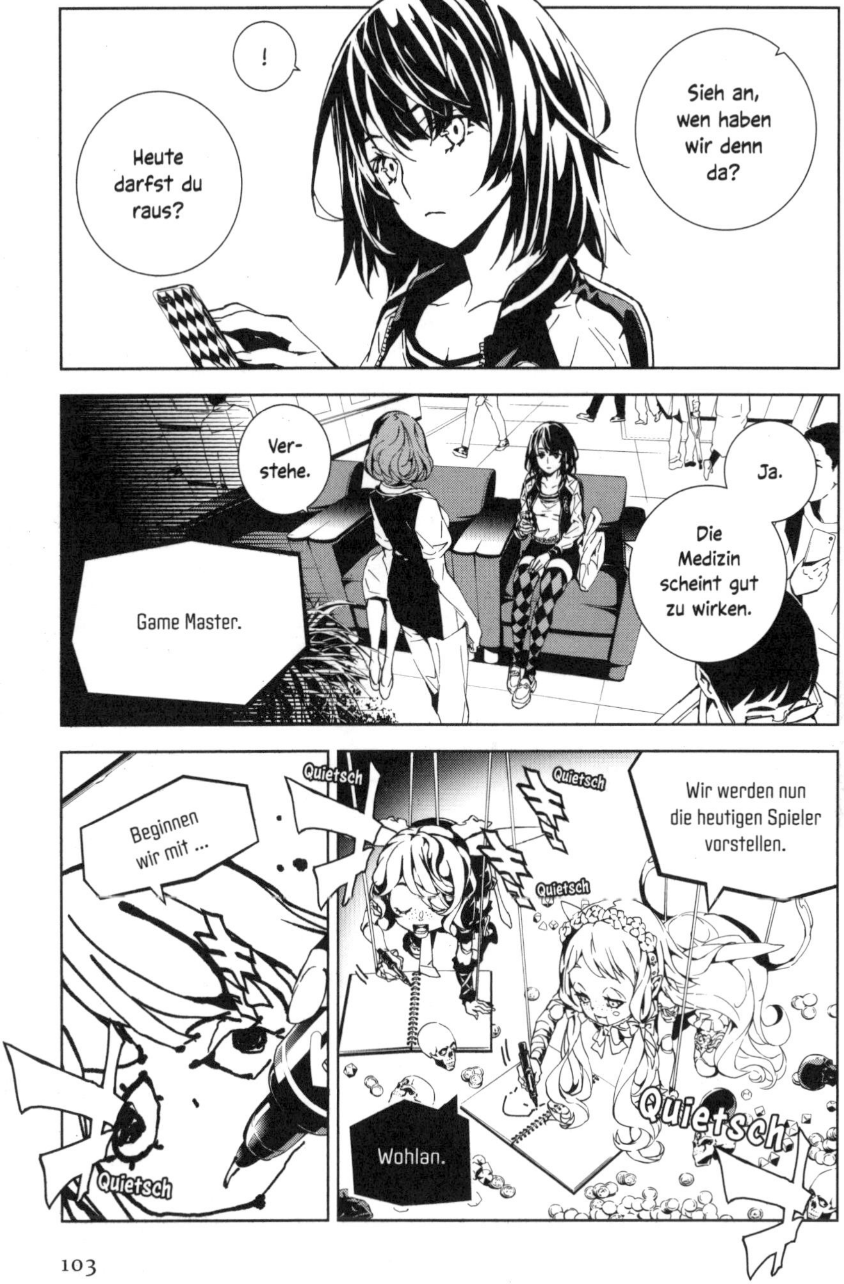

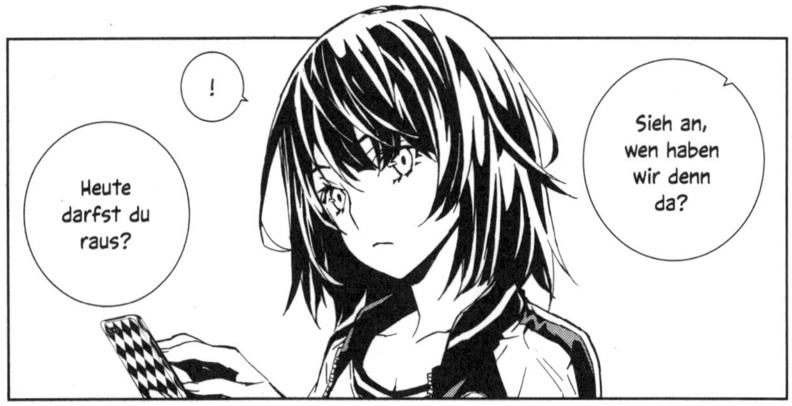

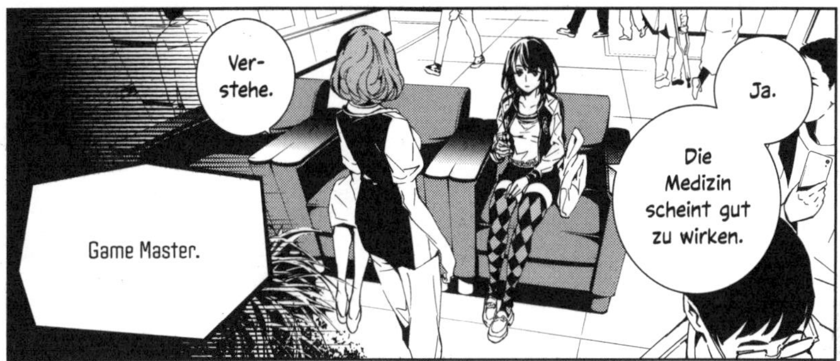

Quietsch
Wir werden nun die heutigen Spieler vorstellen.
Quietsch
Quietsch
Quietsch
Wohlan.
Quietsch
Beginnen wir mit ...
Quietsch

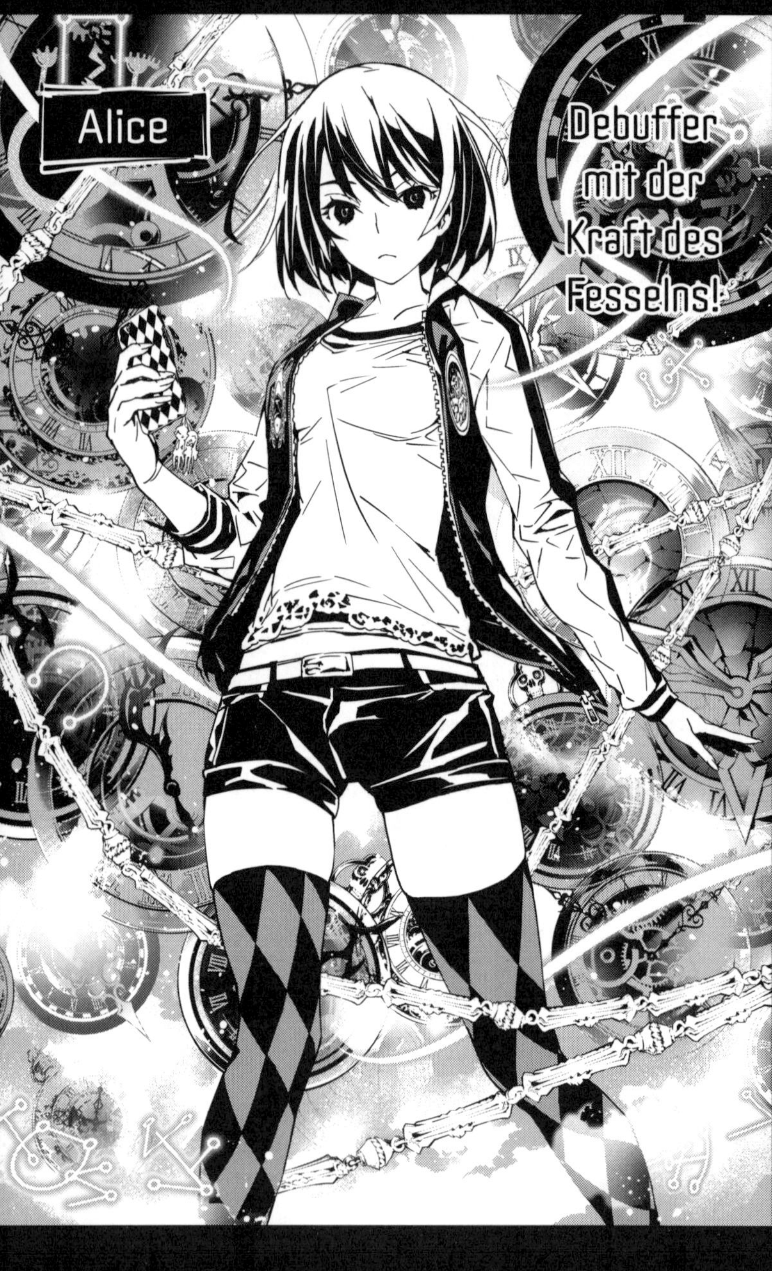
Alice
Debuffer mit der Kraft des Fesselns!

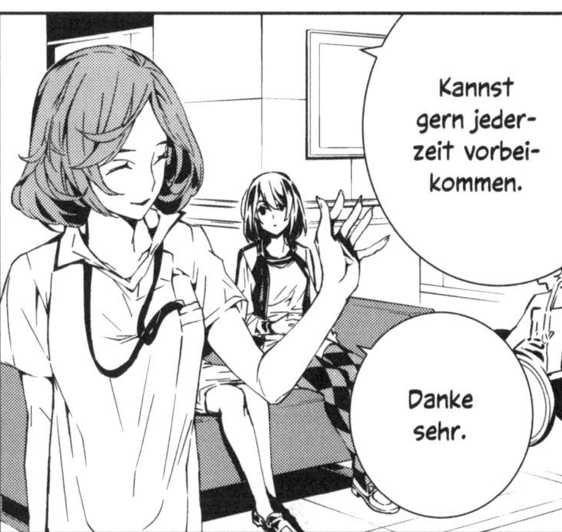
Kannst gern jederzeit vorbeikommen.
Danke sehr.

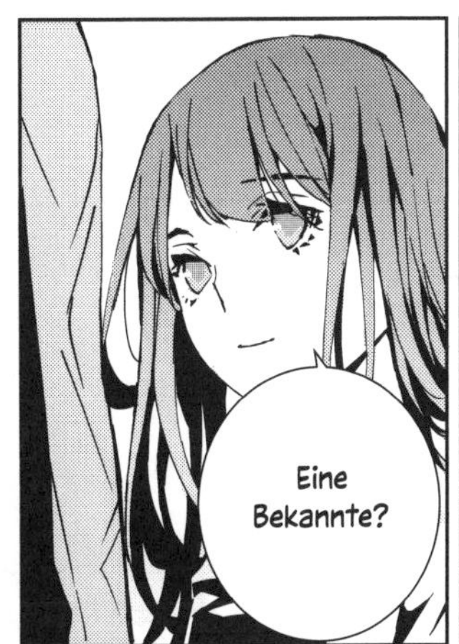
Eine Bekannte?

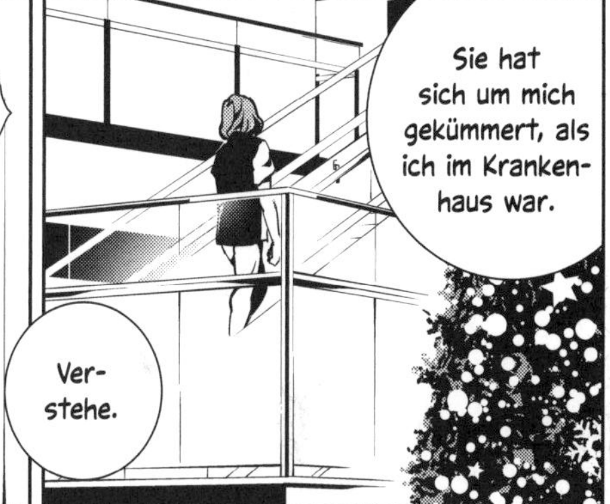
Sie hat sich um mich gekümmert, als ich im Krankenhaus war.
Verstehe.

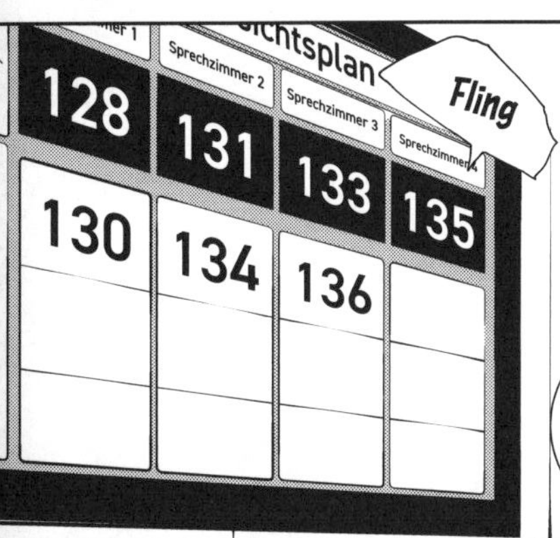
ichtsplan
Sprechzimmer 2
Sprechzimmer 3
Sprechzimmer 4
128
131
133
135
130
134
136
Fling

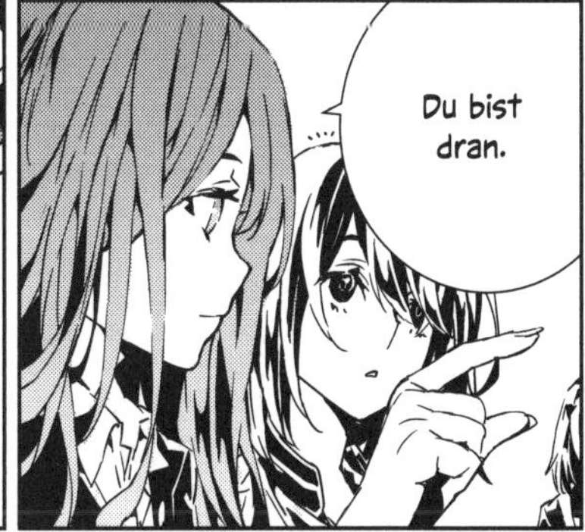
Du bist dran.

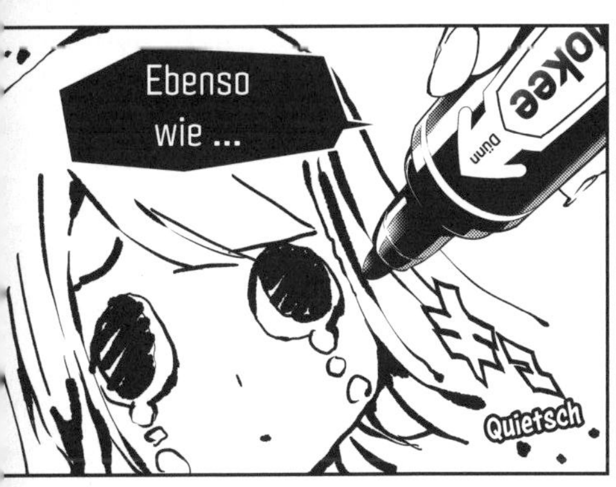
Ebenso wie ...
Dünn
Quietsch

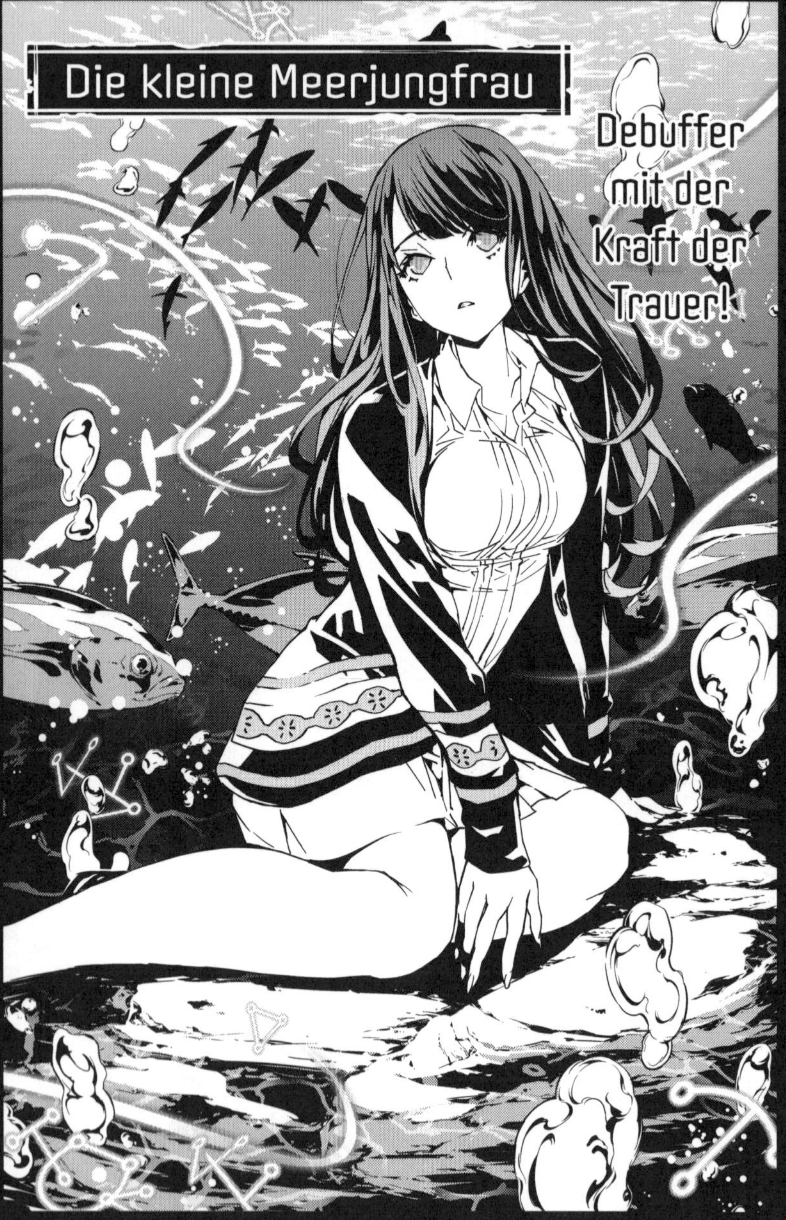
Die kleine Meerjungfrau
Debuffer mit der Kraft der Trauer!

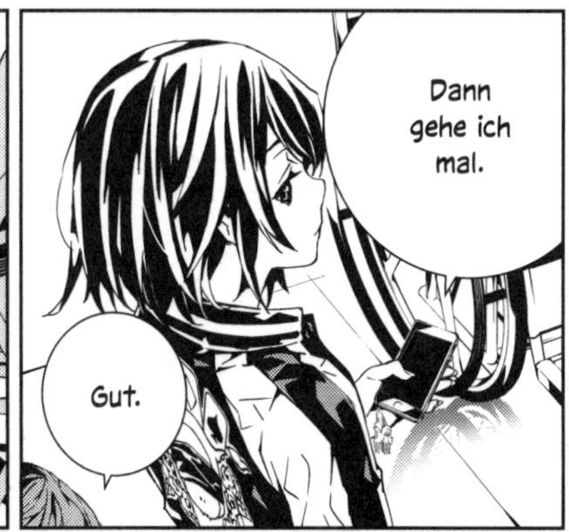
Dann gehe ich mal.
Gut.

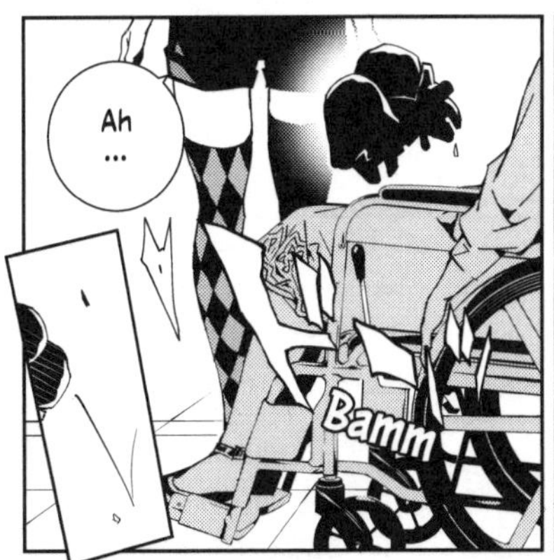
Ah ...
Bamm

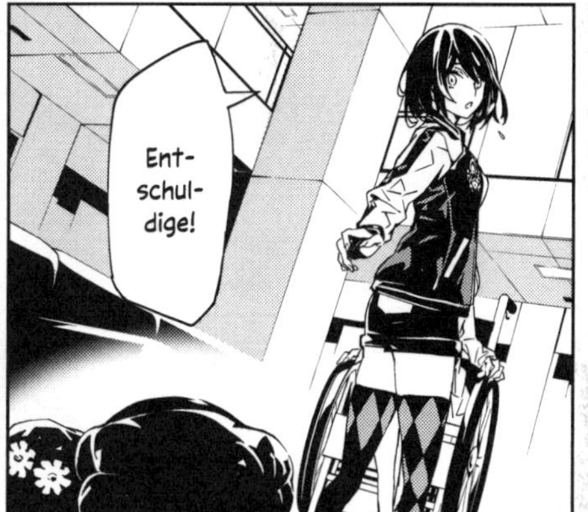
Ent-schul-dige!

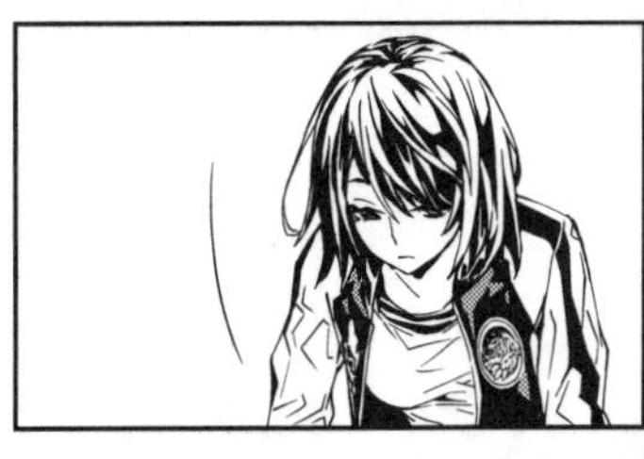

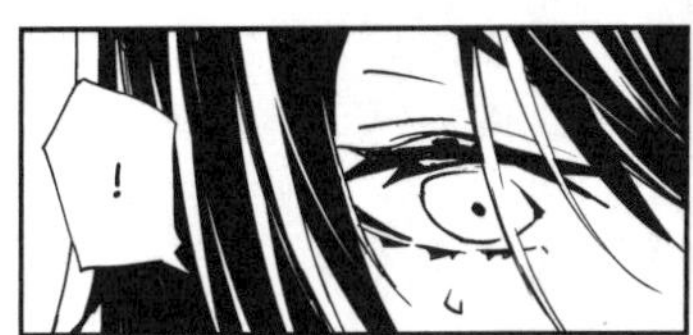
!

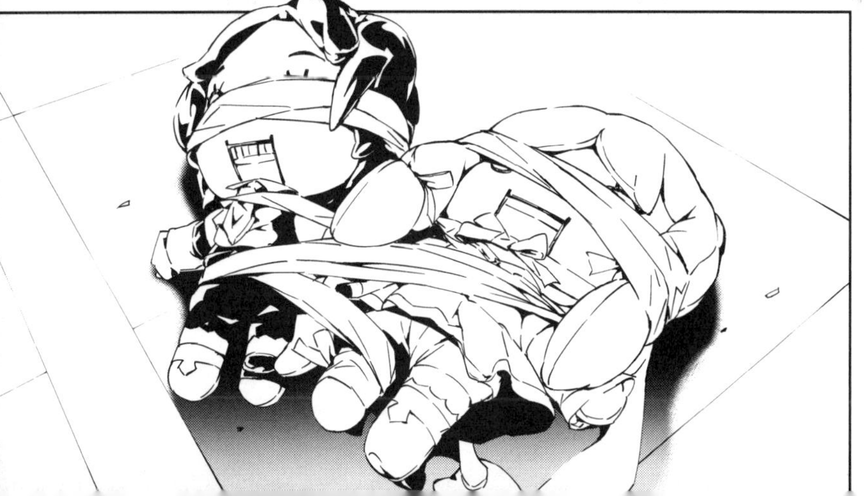

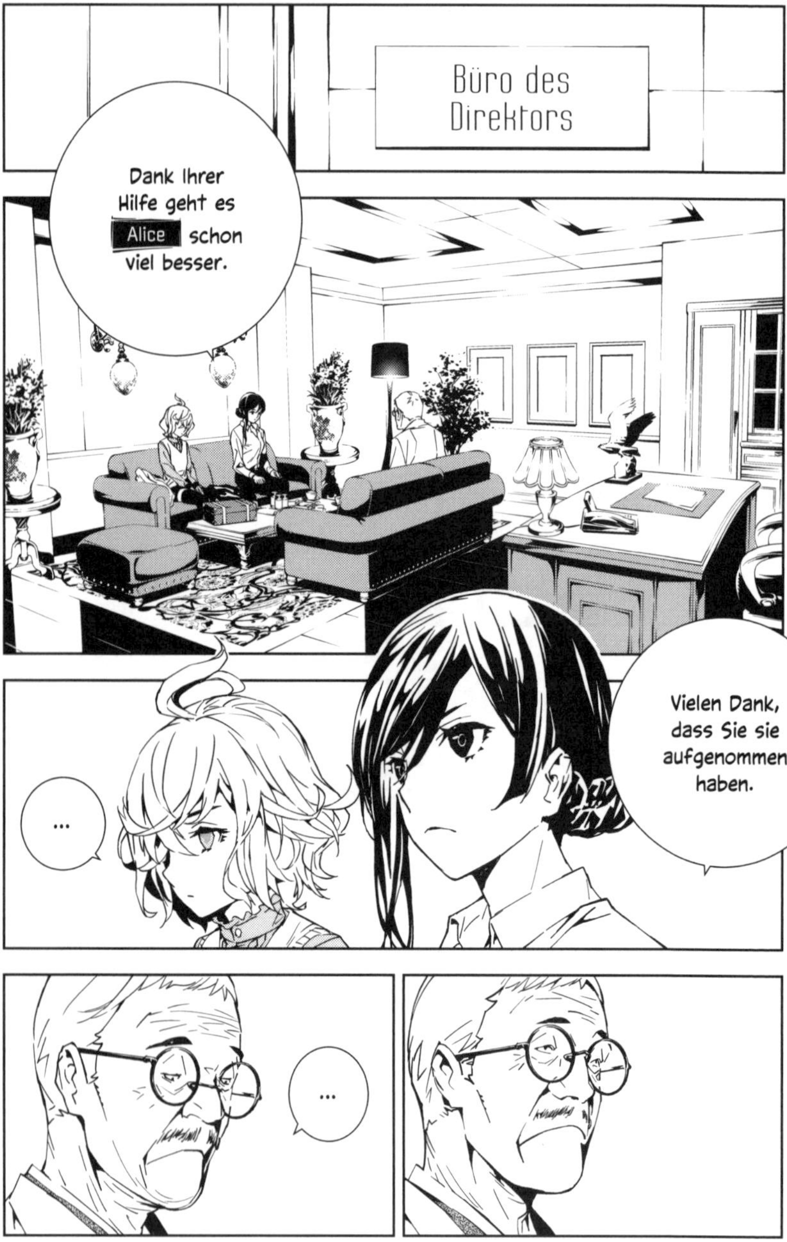

Büro des Direktors

Dank Ihrer Hilfe geht es Alice schon viel besser.

Vielen Dank, dass Sie sie aufgenommen haben.

...

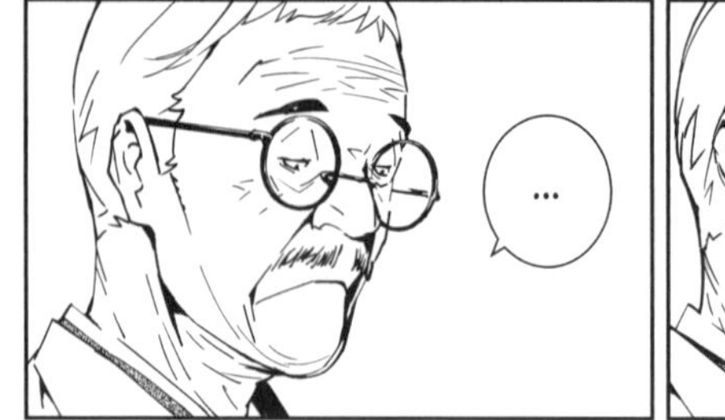

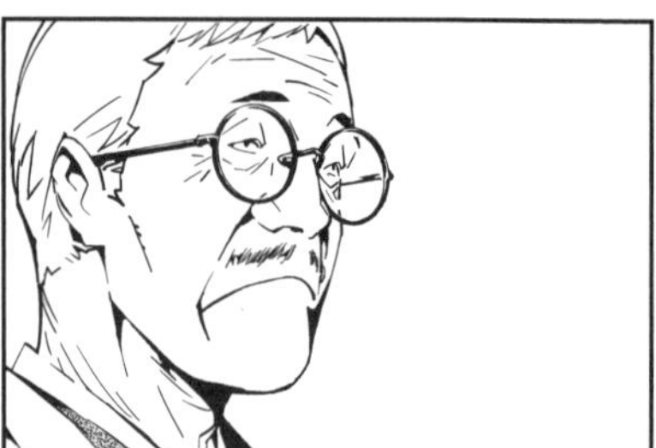

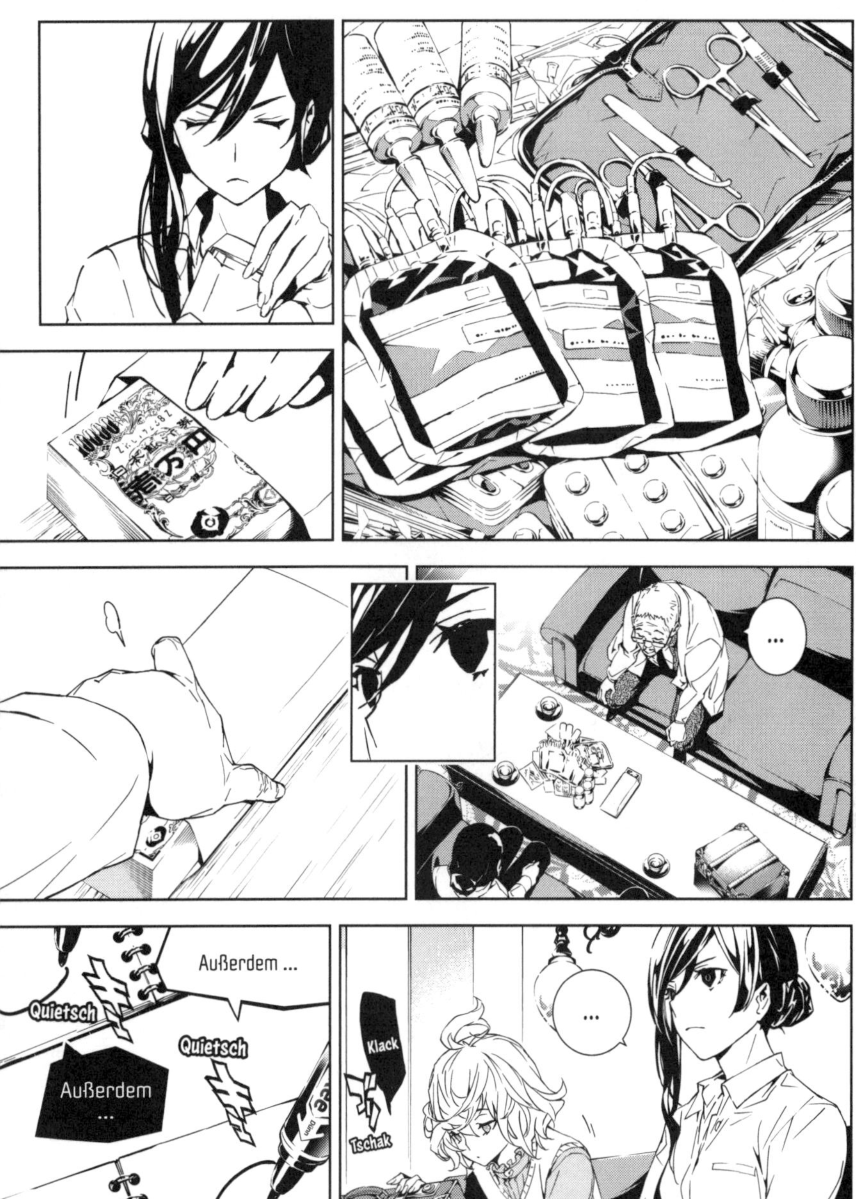

...
Klack
Tschak
...
Außerdem ...
Quietsch
Quietsch
Außerdem ...

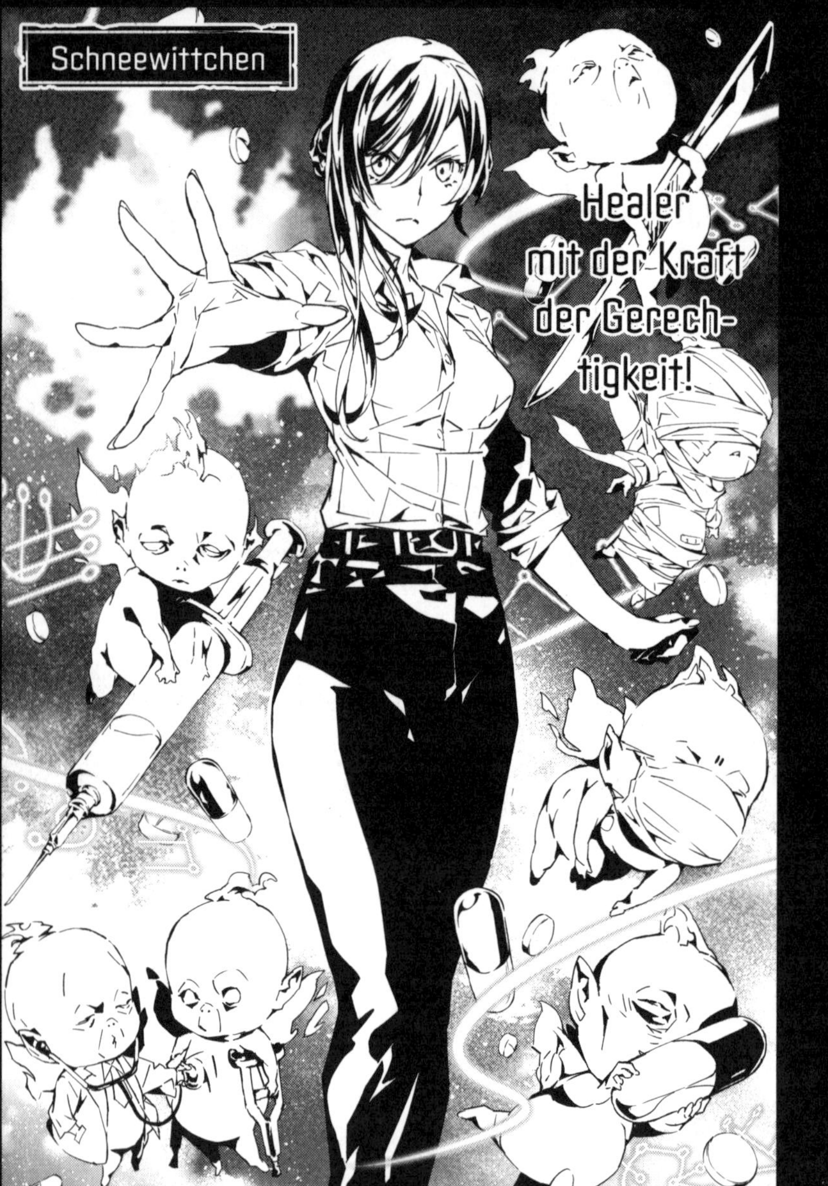

Schneewittchen

Healer
mit der Kraft
der Gerech-
tigkeit!

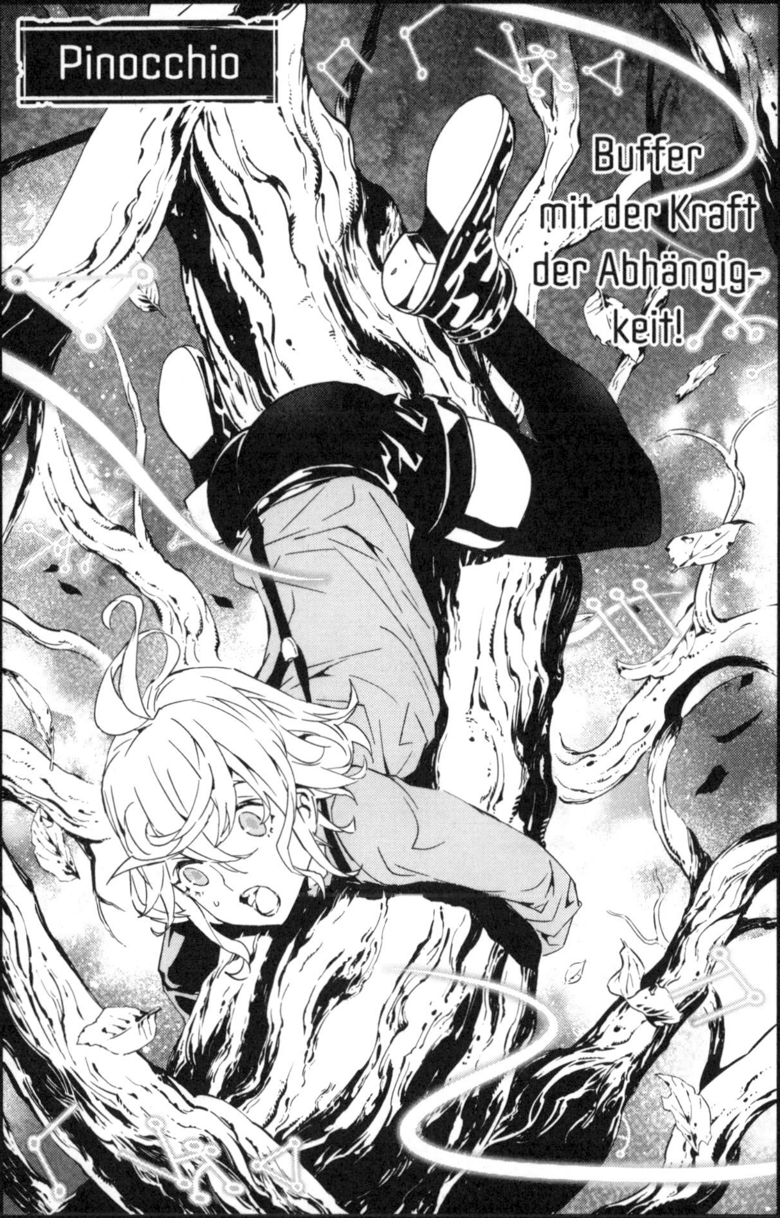

Pinocchio

Buffer
mit der Kraft
der Abhängig-
keit!

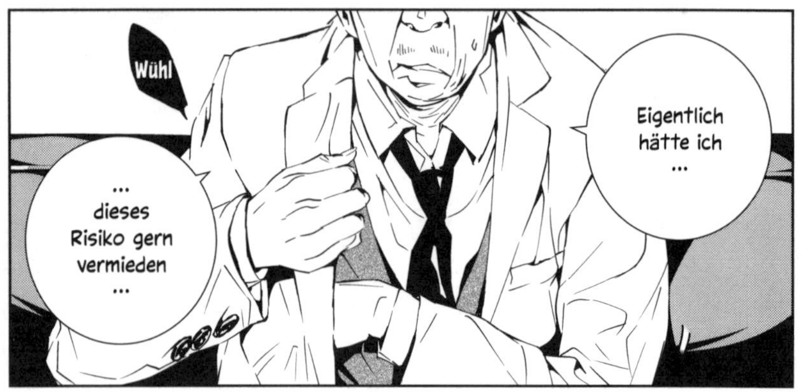
Eigentlich hätte ich ...
Wühl
... dieses Risiko gern vermieden ...

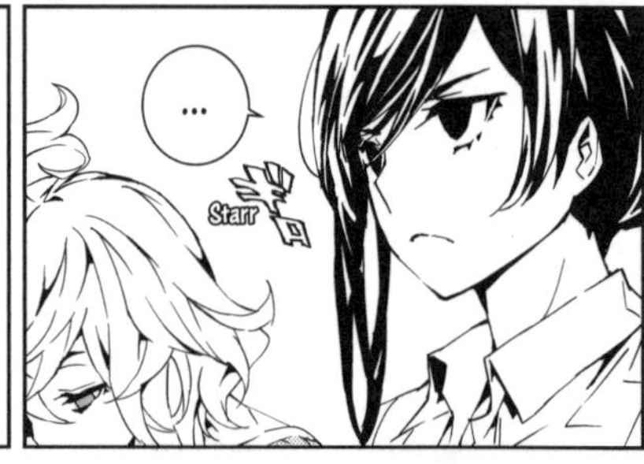
...
Starr

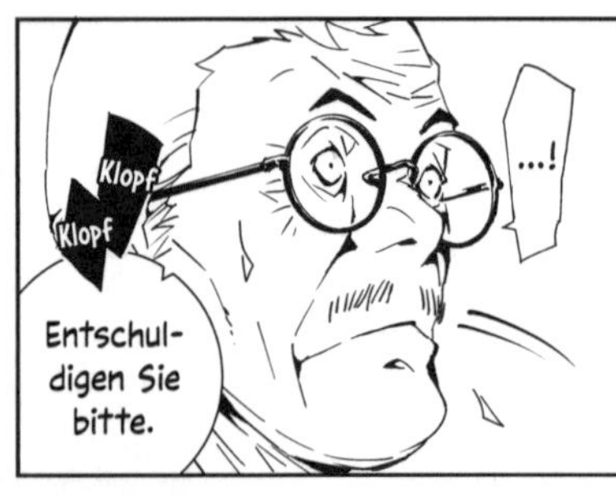
...!
Klopf
Klopf
Entschul-digen Sie bitte.

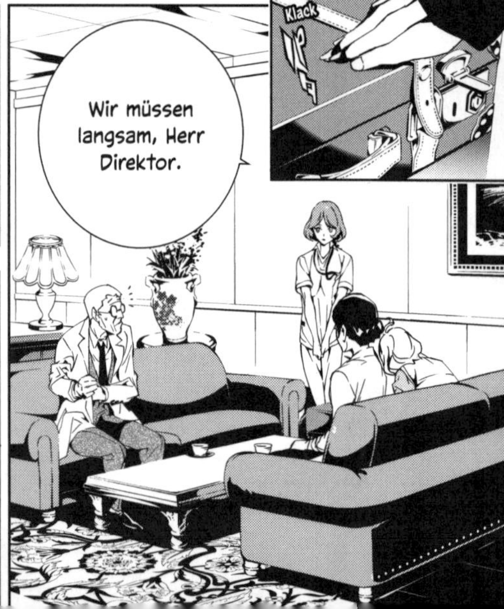
Klack
Wir müssen langsam, Herr Direktor.

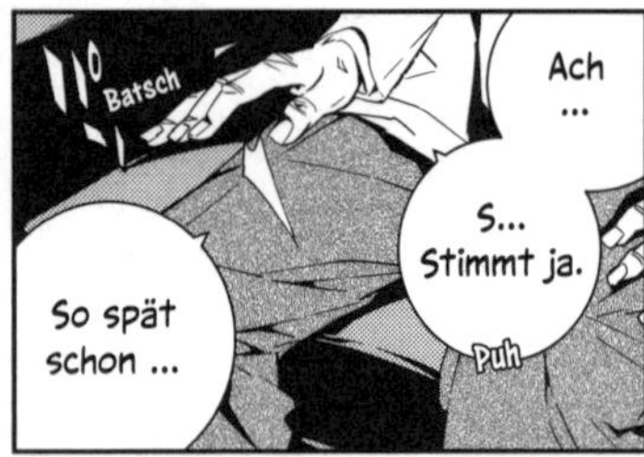
Ach ...
Batsch
S... Stimmt ja.
Puh
So spät schon ...

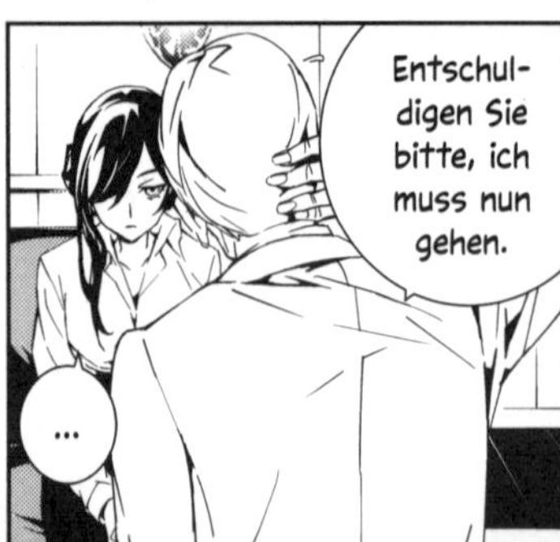
Entschul-digen Sie bitte, ich muss nun gehen.
...

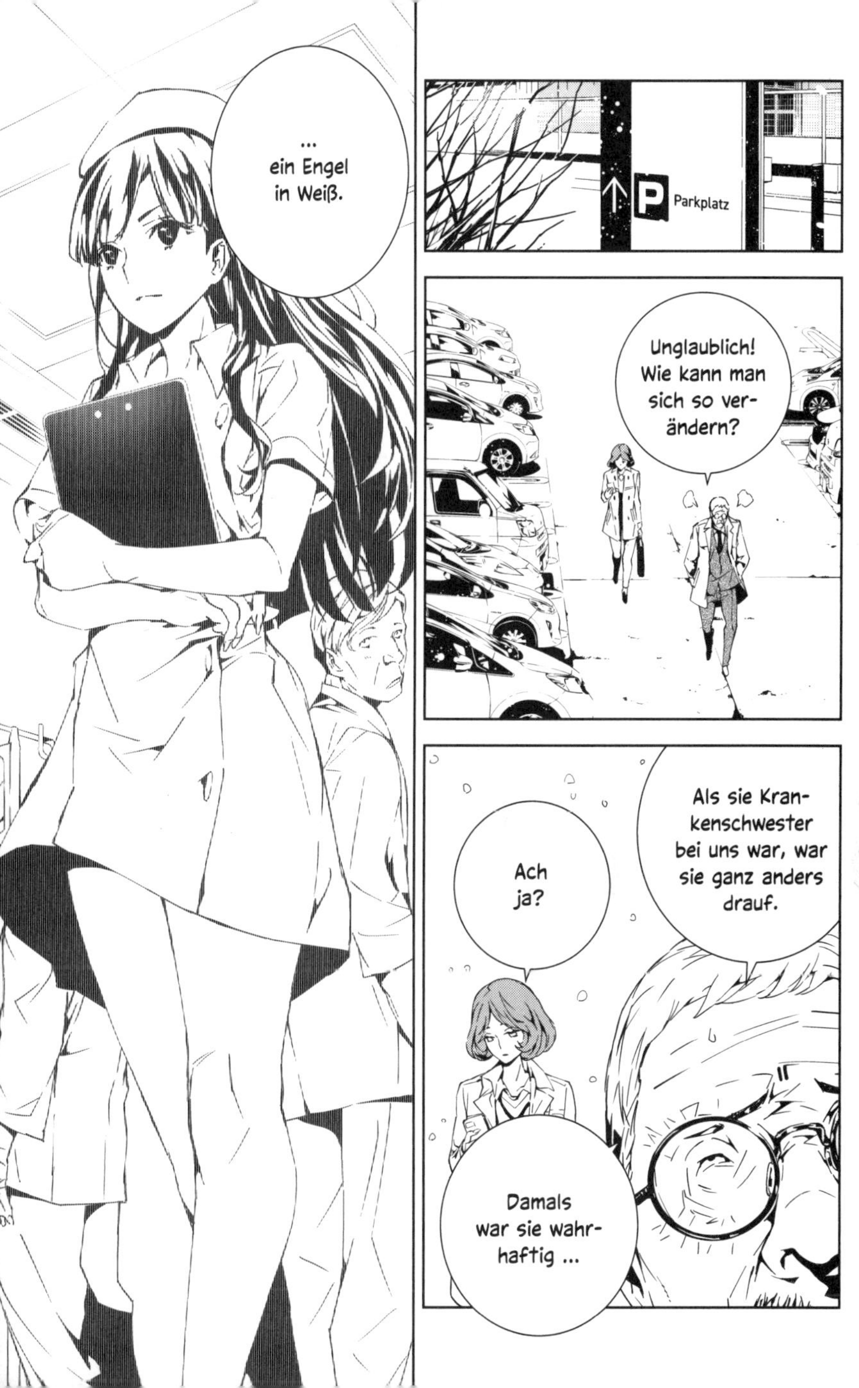
Parkplatz
Unglaublich! Wie kann man sich so verändern?
Als sie Krankenschwester bei uns war, war sie ganz anders drauf.
Ach ja?
Damals war sie wahrhaftig ...
... ein Engel in Weiß.

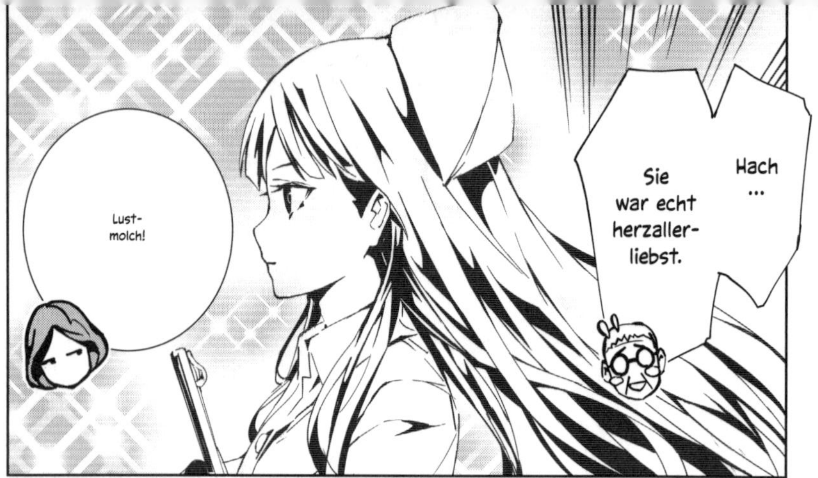
Hach ...
Sie war echt herzallerliebst.
Lust-molch!

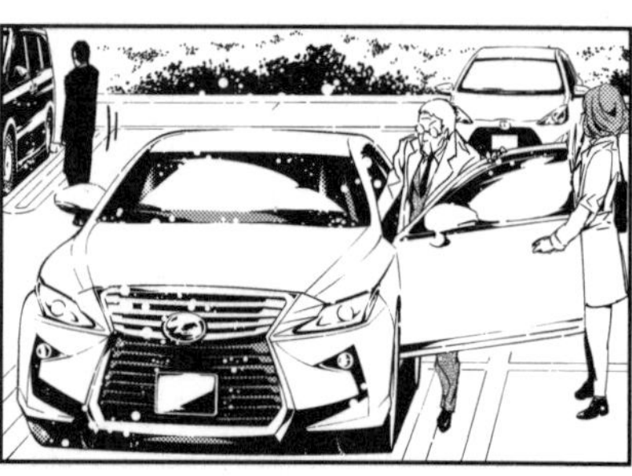

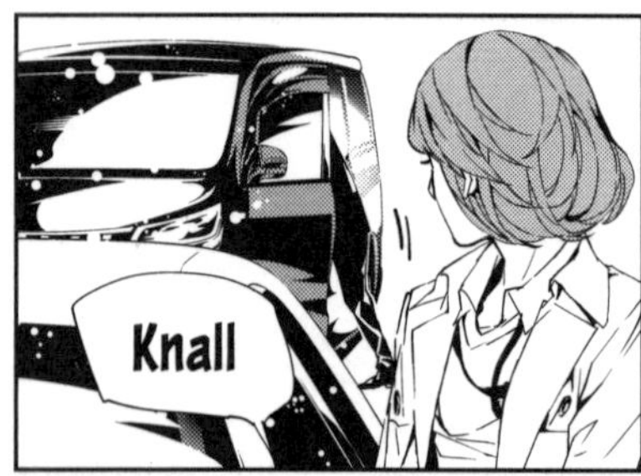
Knall

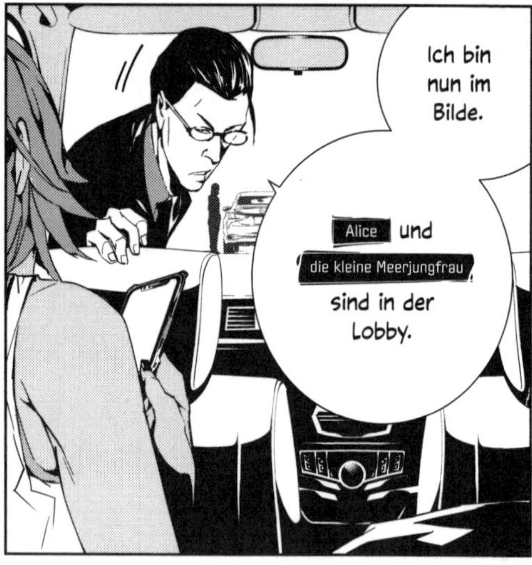
Ich bin nun im Bilde.
Alice und die kleine Meerjungfrau sind in der Lobby.

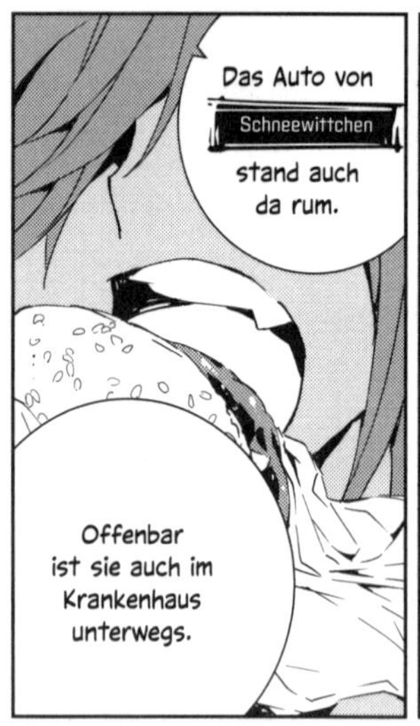
Das Auto von Schneewittchen stand auch da rum.
Offenbar ist sie auch im Krankenhaus unterwegs.

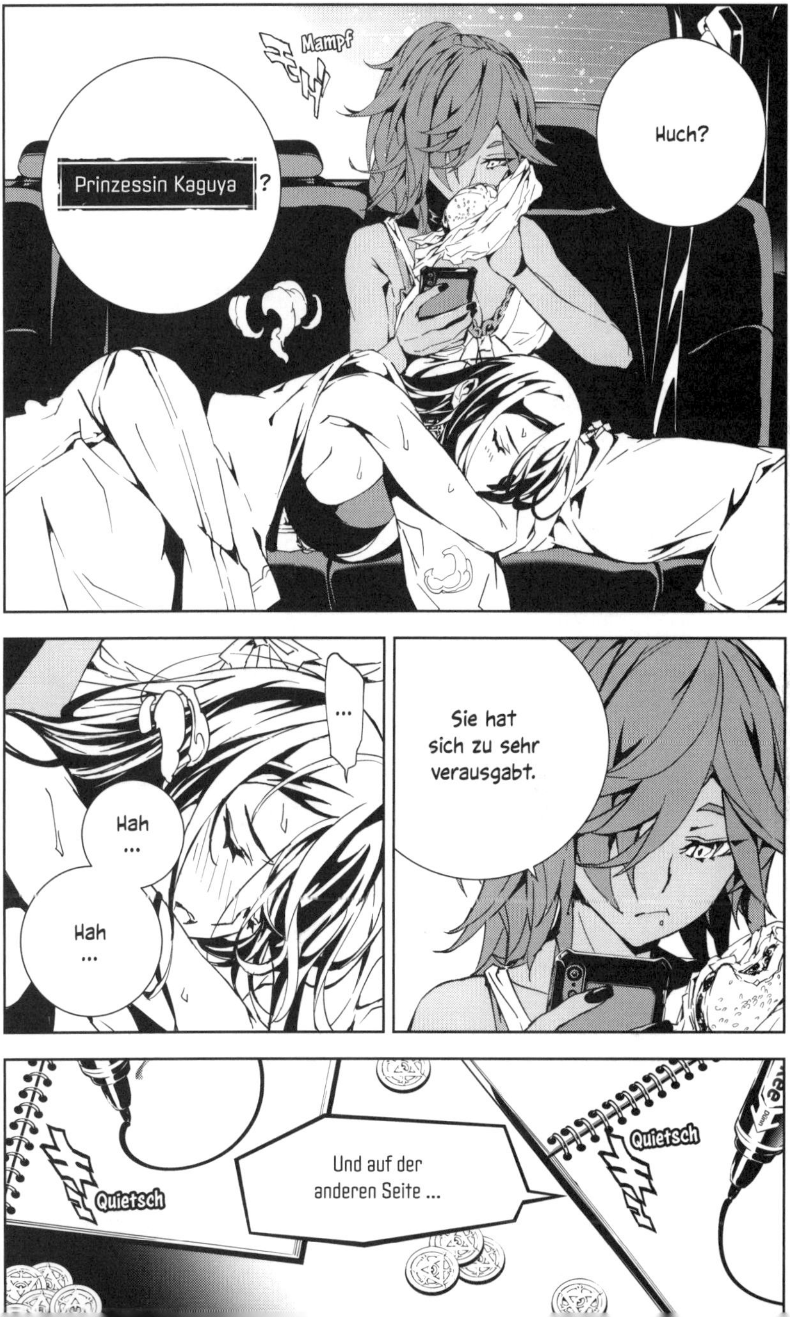

Huch?
Mampf
Prinzessin Kaguya ?

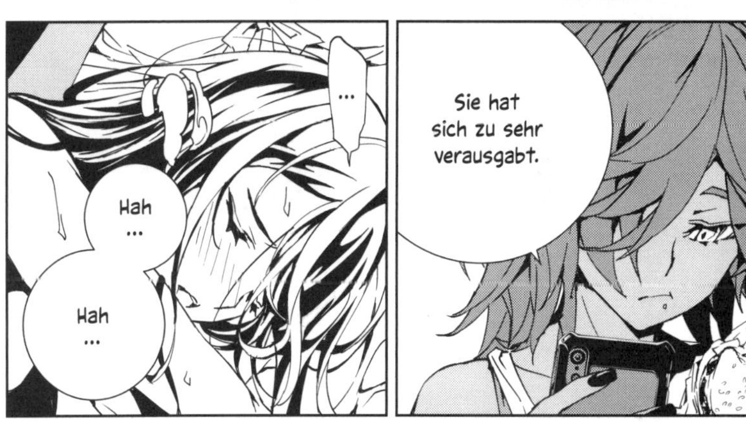

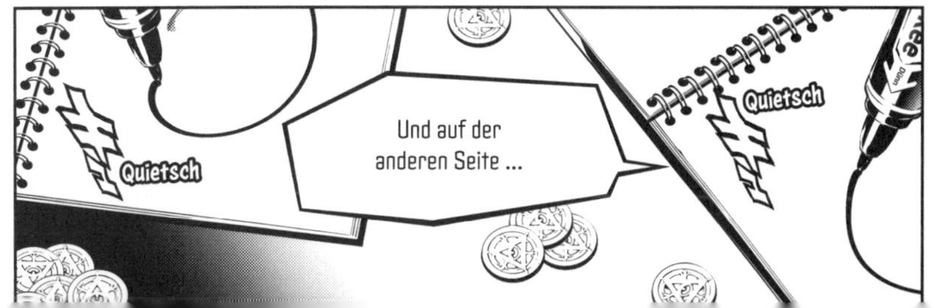

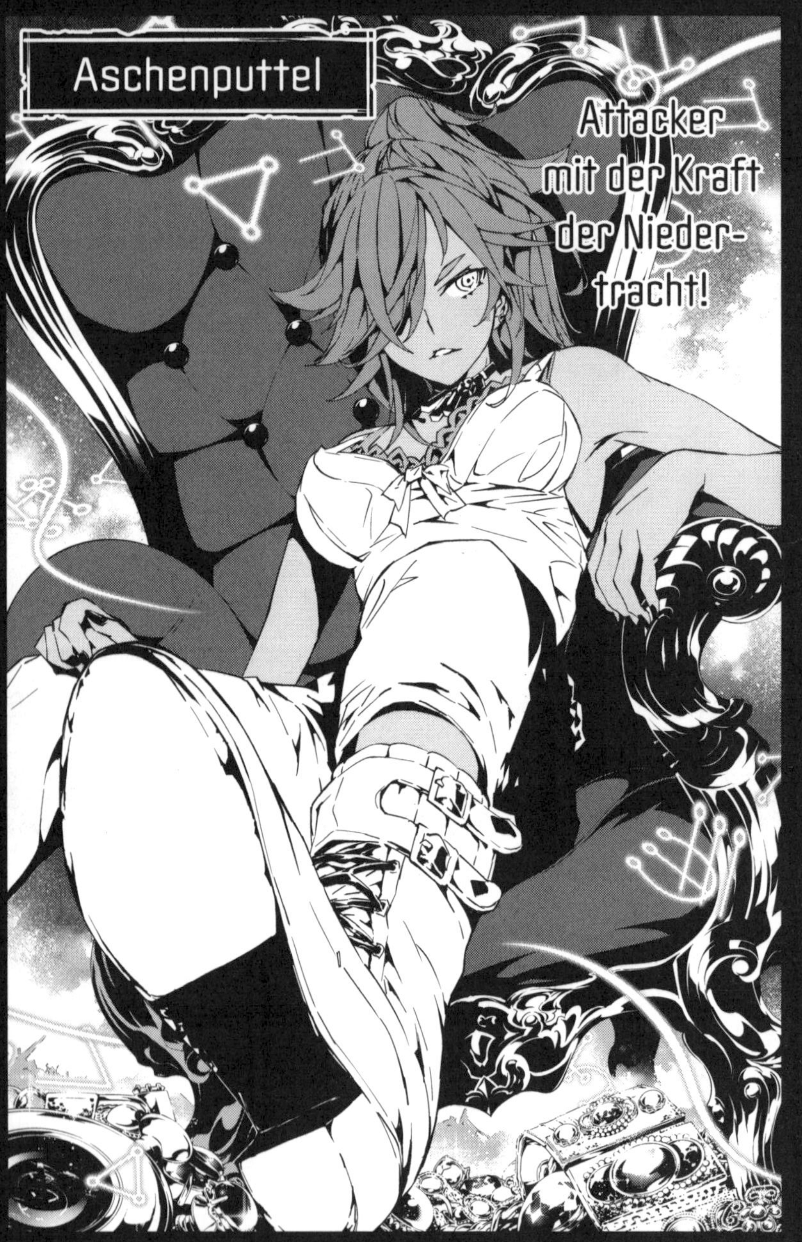
Aschenputtel
Attacker mit der Kraft der Niedertracht!

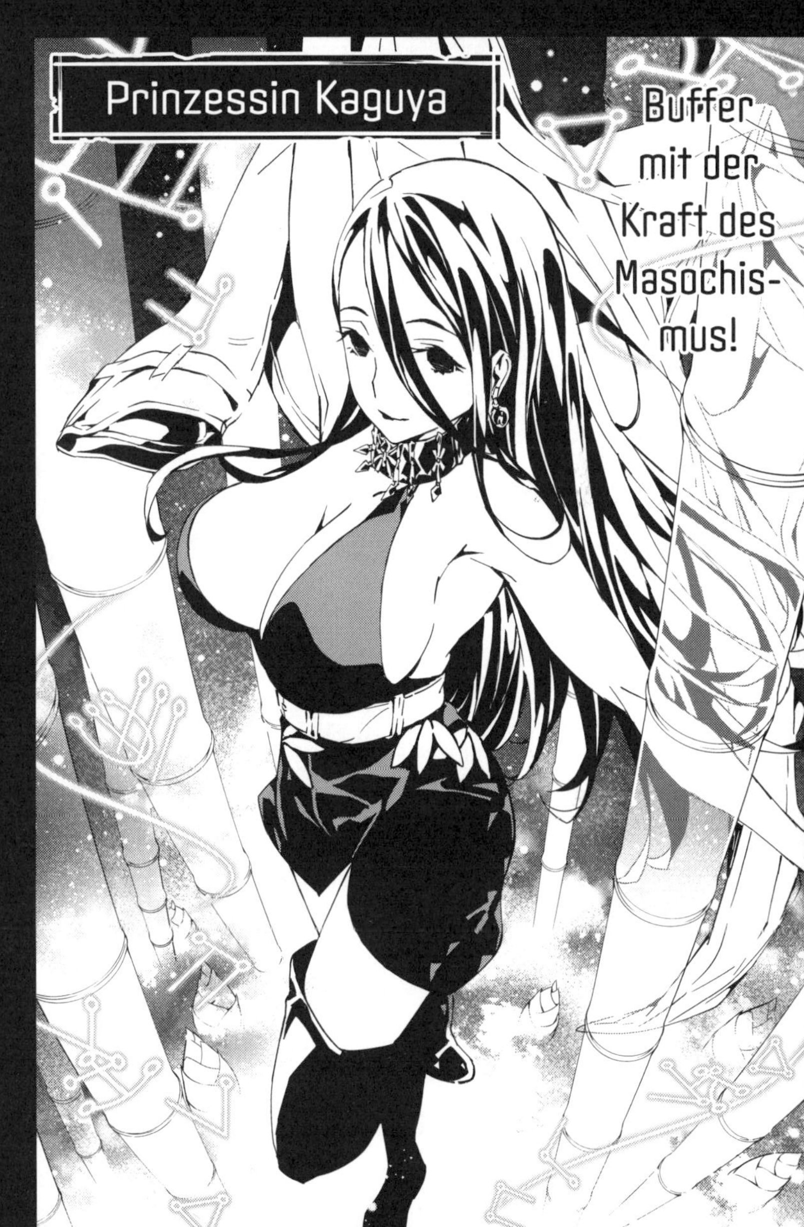
Prinzessin Kaguya
Buffer mit der Kraft des Masochismus!

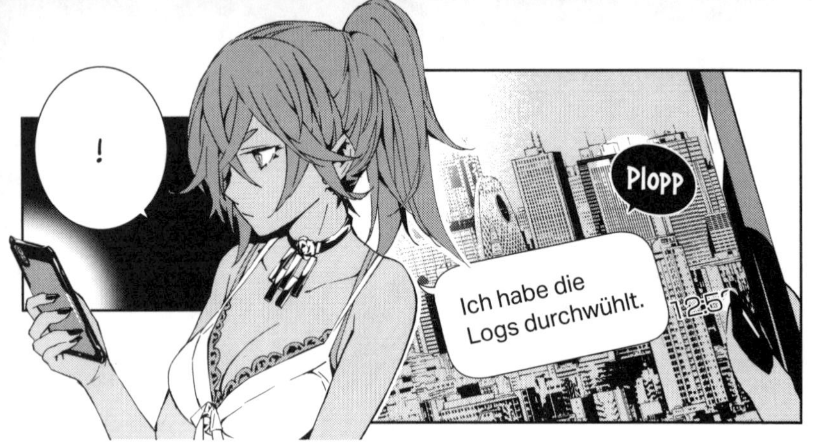

Plopp
Ich habe die Logs durchwühlt.
!

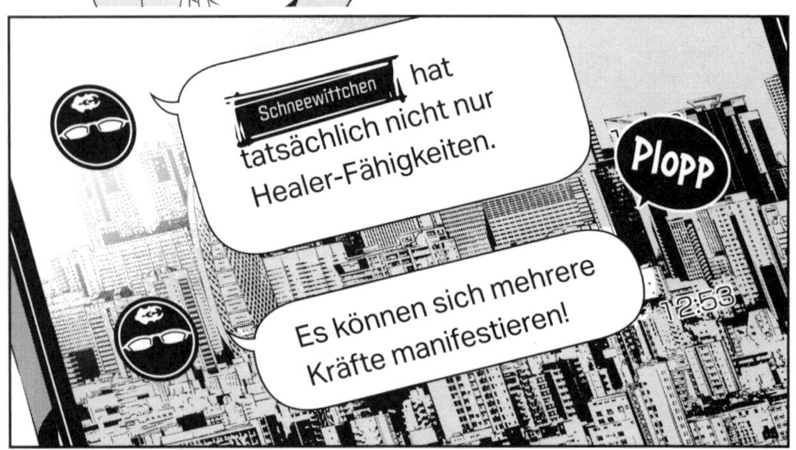

Schneewittchen hat tatsächlich nicht nur Healer-Fähigkeiten.
Plopp
Es können sich mehrere Kräfte manifestieren!
12:53

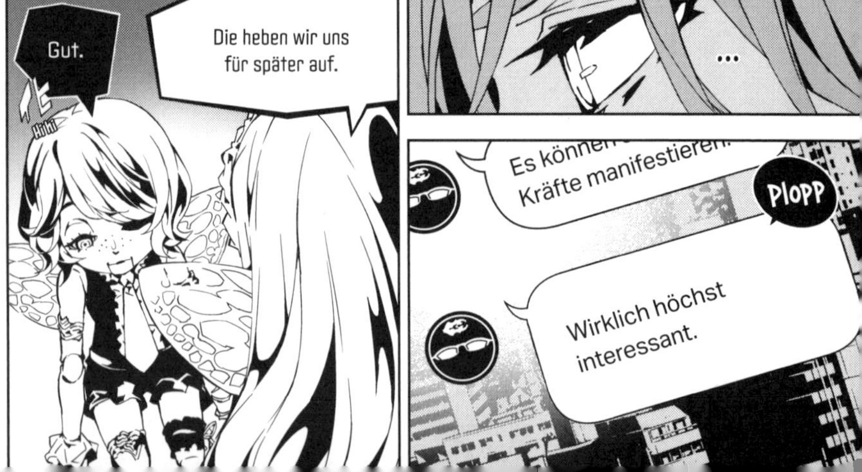

...
Es können ... Kräfte manifestieren.
Plopp
Wirklich höchst interessant.
Die heben wir uns für später auf.
Gut.

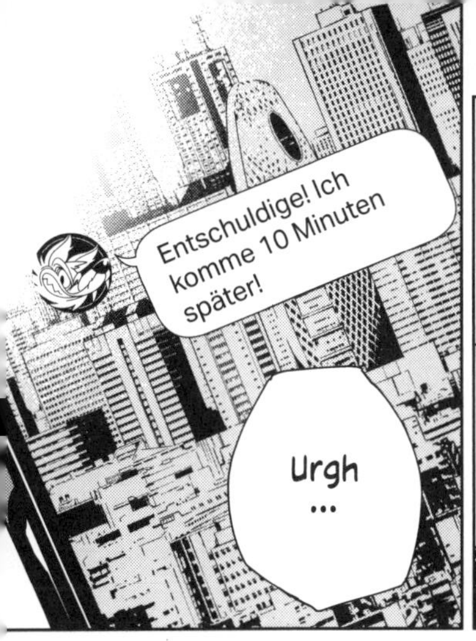
Entschuldige! Ich komme 10 Minuten später!
Urgh ...
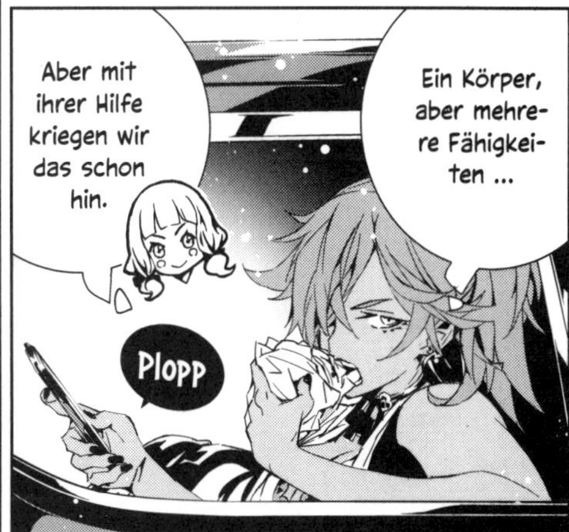
Ein Körper, aber mehrere Fähigkeiten ...
Aber mit ihrer Hilfe kriegen wir das schon hin.
Plopp
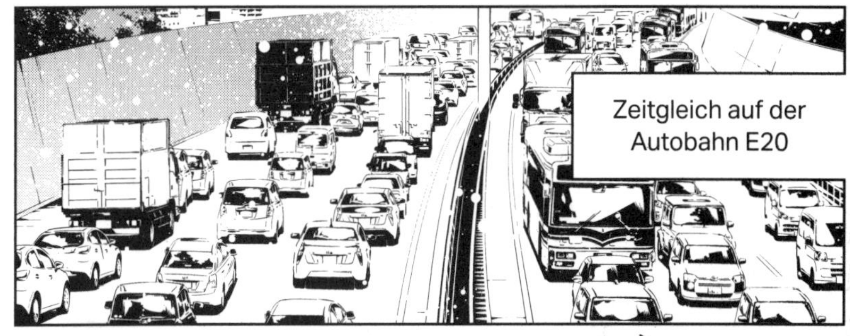
Zeitgleich auf der Autobahn E20
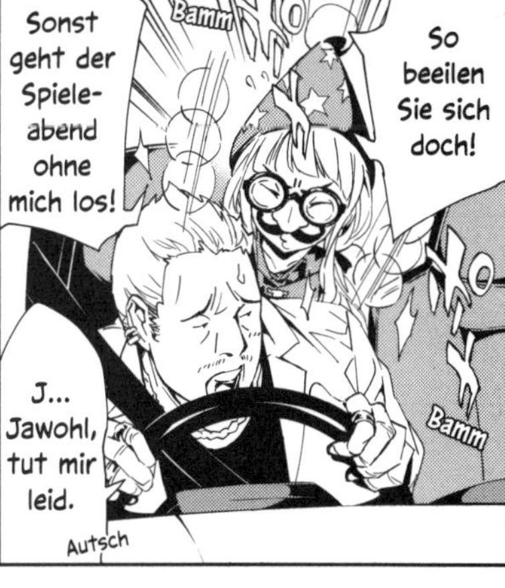
So beeilen Sie sich doch!
Sonst geht der Spieleabend ohne mich los!
Bamm
Bamm
J... Jawohl, tut mir leid.
Autsch
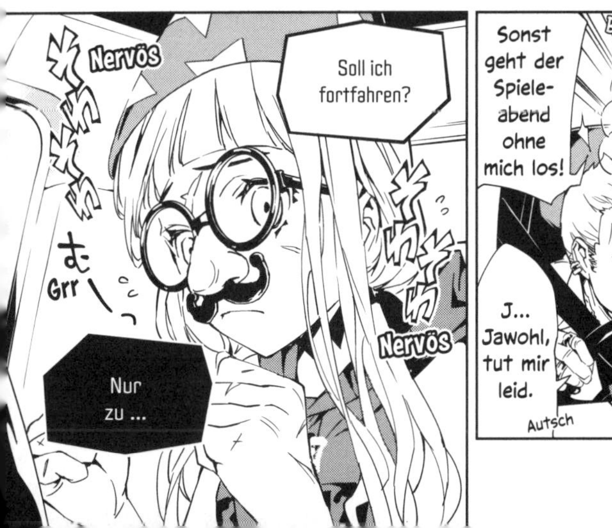
Soll ich fortfahren?
Nervös
Nervös
Grr
Nur zu ...

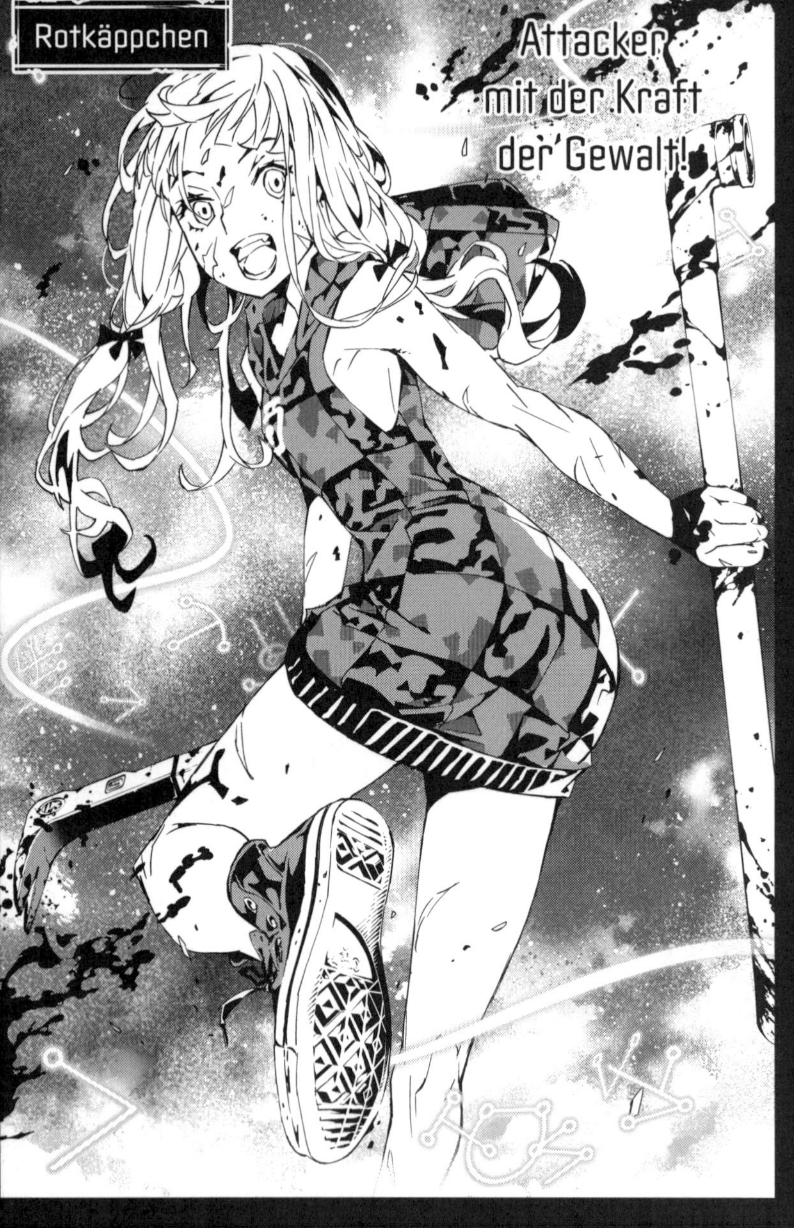
Rotkäppchen
Attacker
mit der Kraft
der Gewalt!

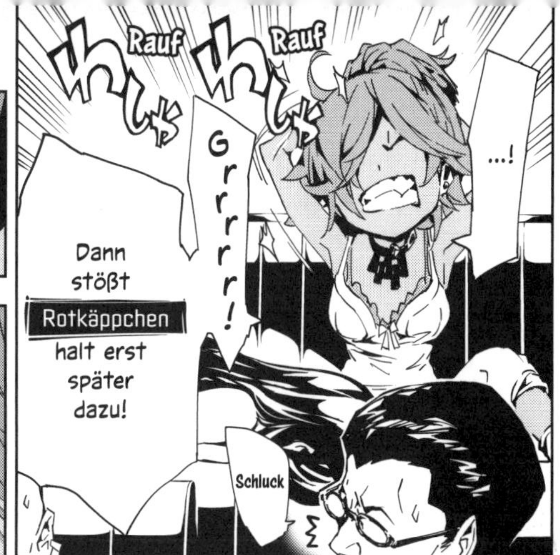
Rauf
Rauf
Grrrrr!
...!
Dann stößt Rotkäppchen halt erst später dazu!
Schluck

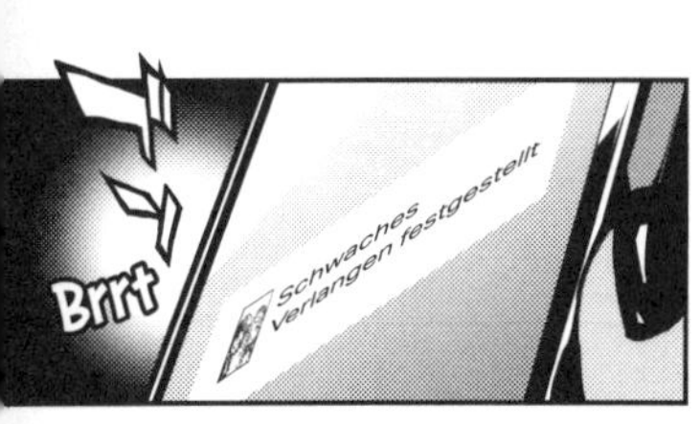
Brrrt
Schwaches Verlangen festgestellt

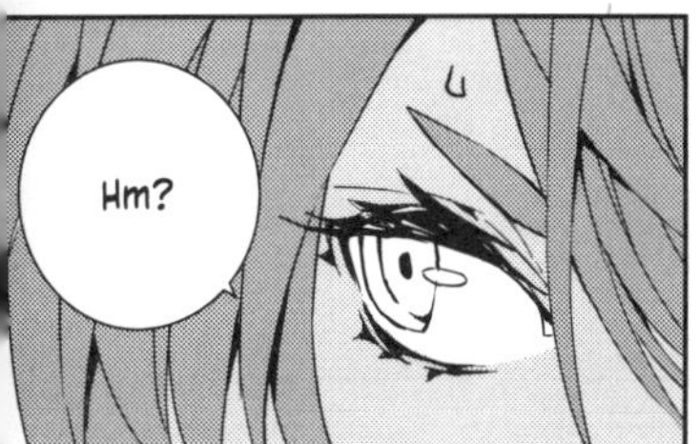
Hm?

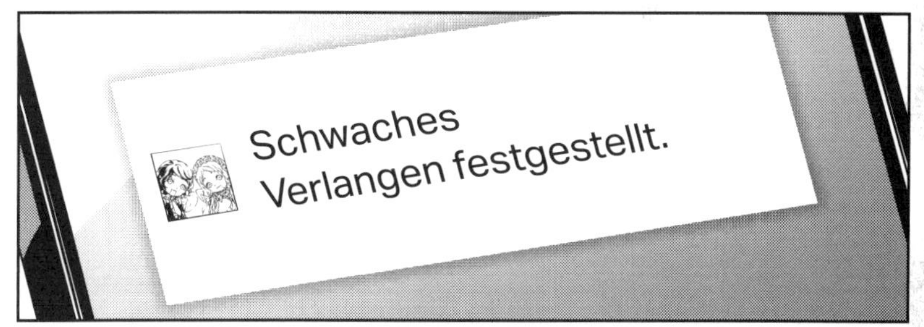
Schwaches Verlangen festgestellt.

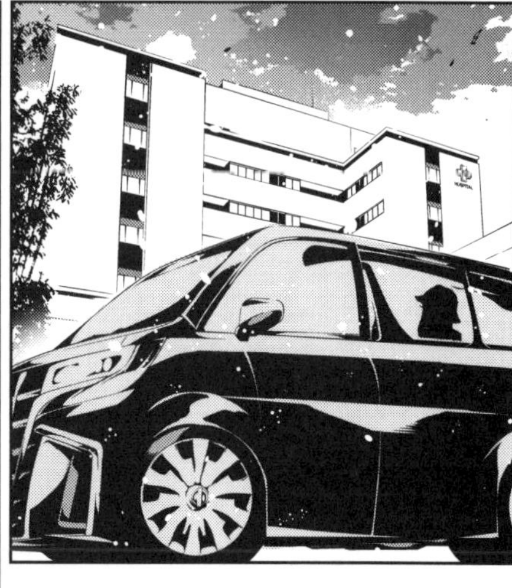

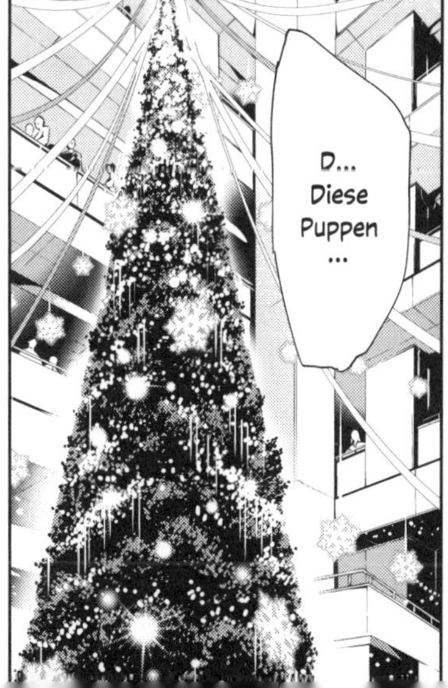
D... Diese Puppen ...

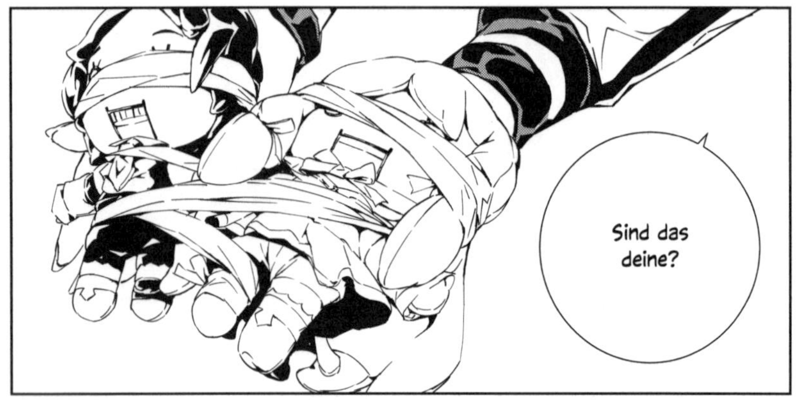
Sind das deine?

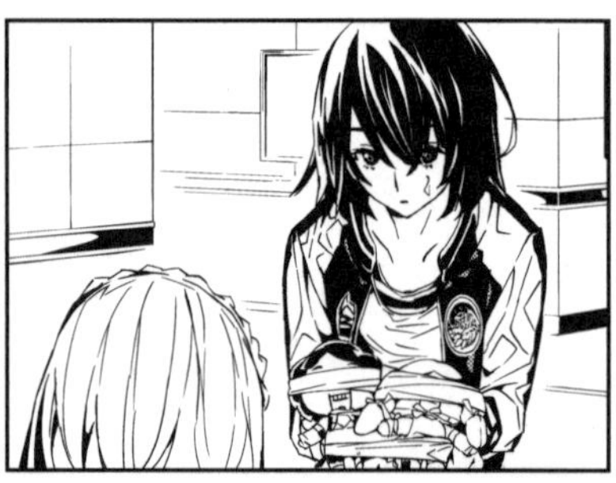

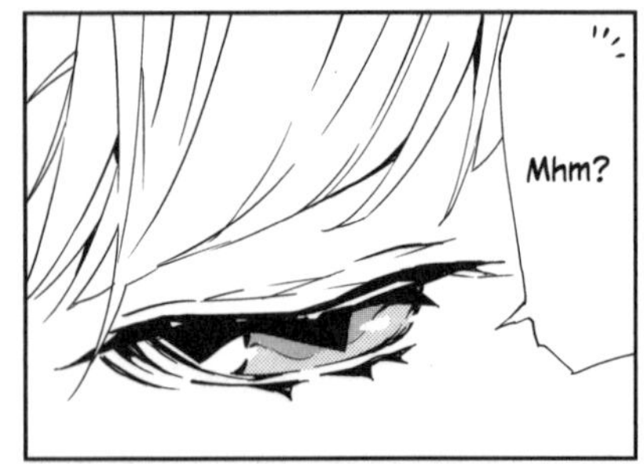
Mhm?

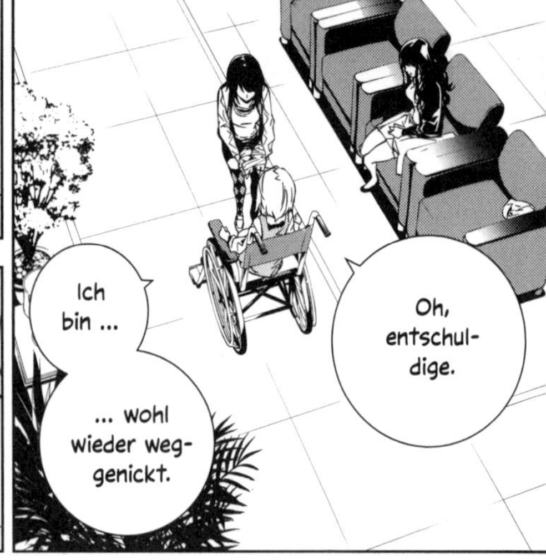
Oh, entschul-dige.
Ich bin ...
... wohl wieder weg-genickt.

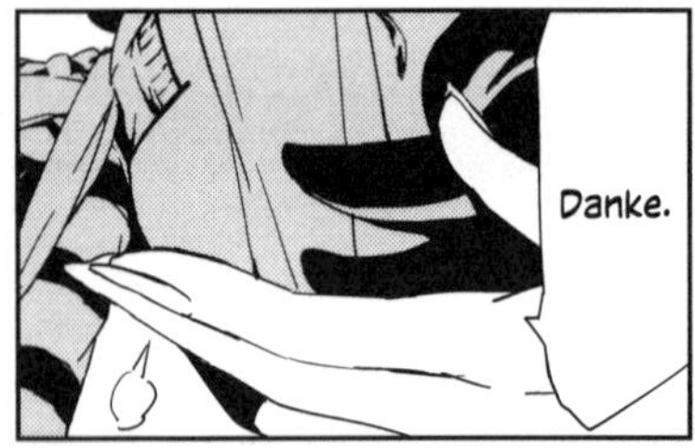
Danke.

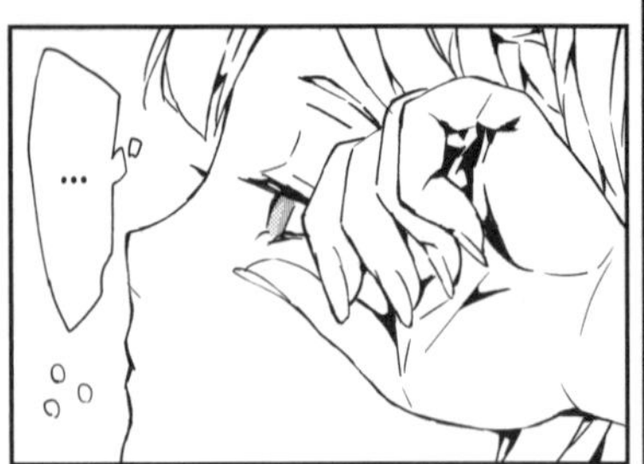
...

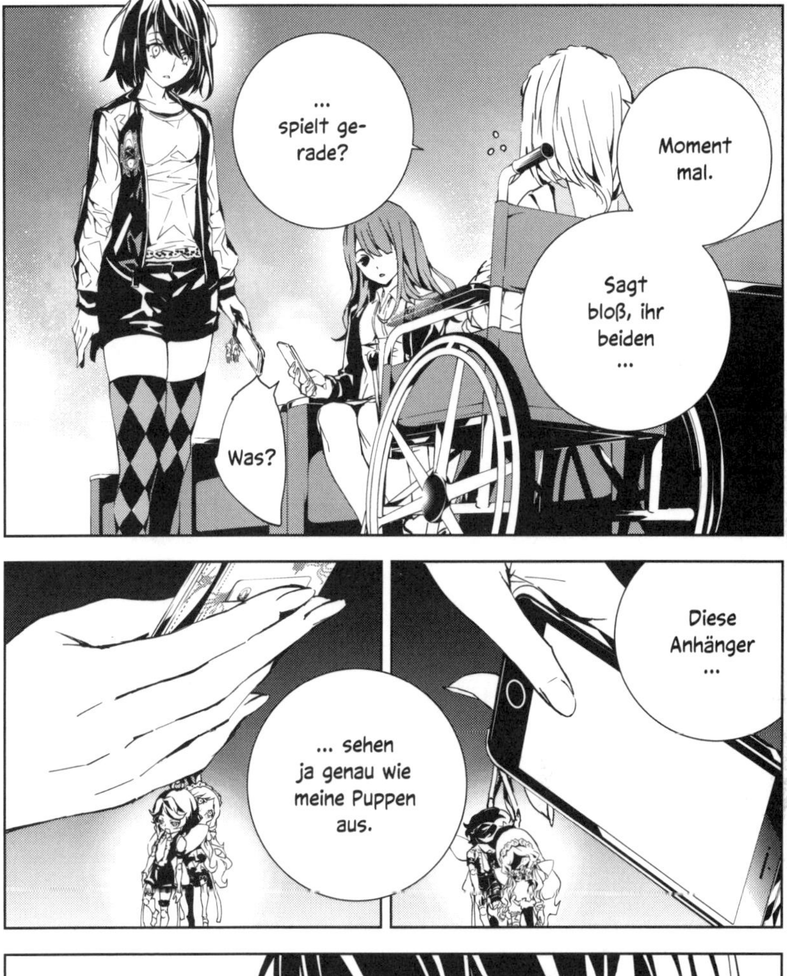

Moment mal.
Sagt bloß, ihr beiden ...
... spielt gerade?
Was?

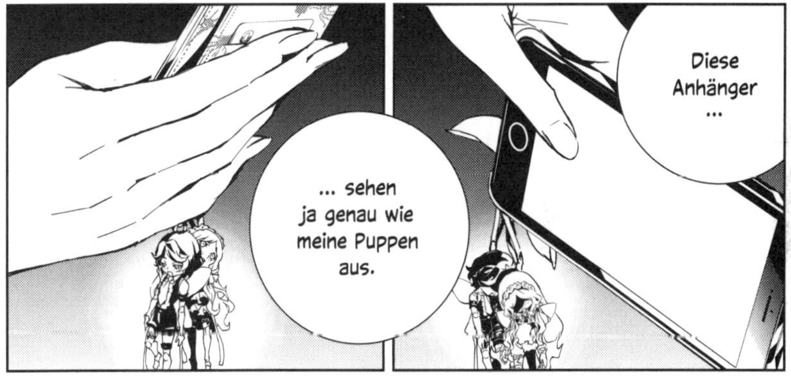

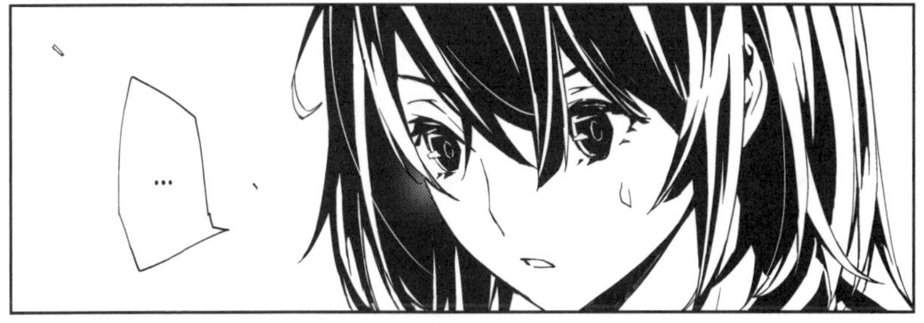

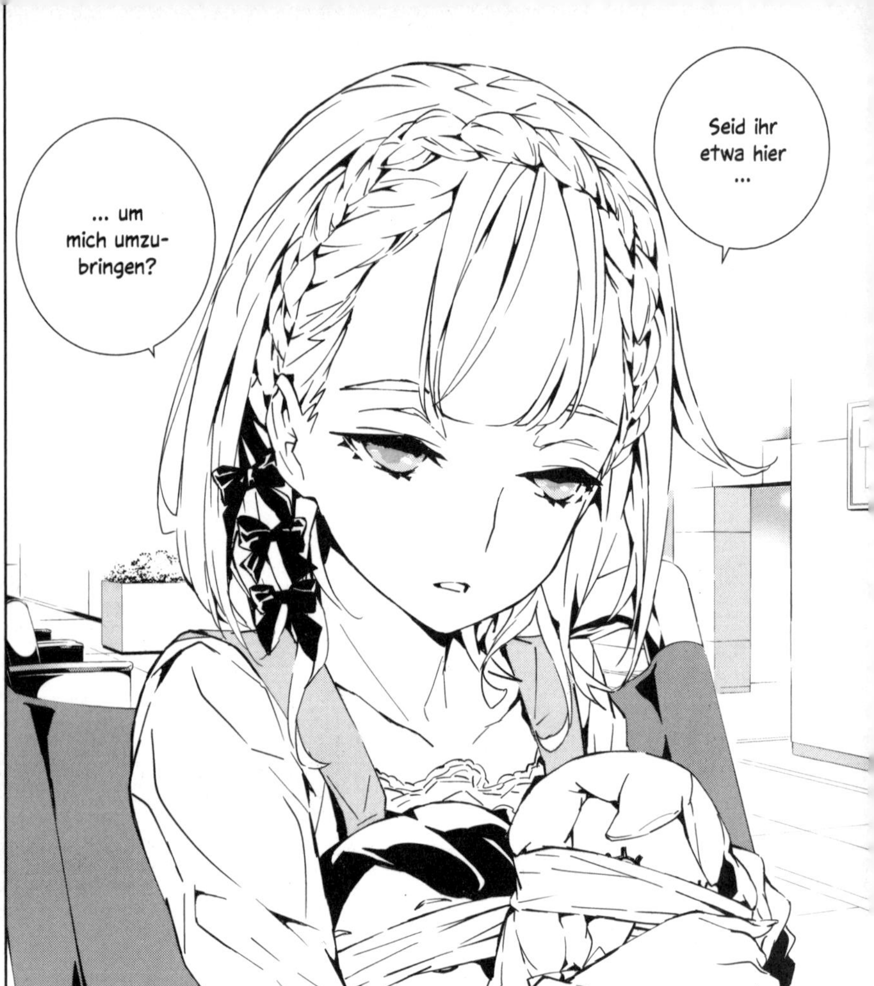

Seid ihr etwa hier ...

... um mich umzubringen?

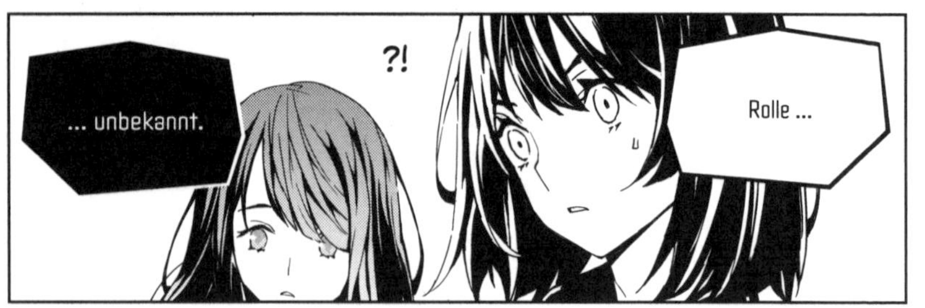

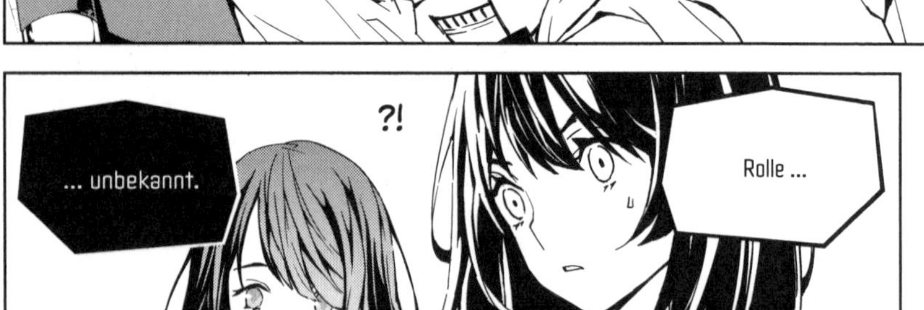

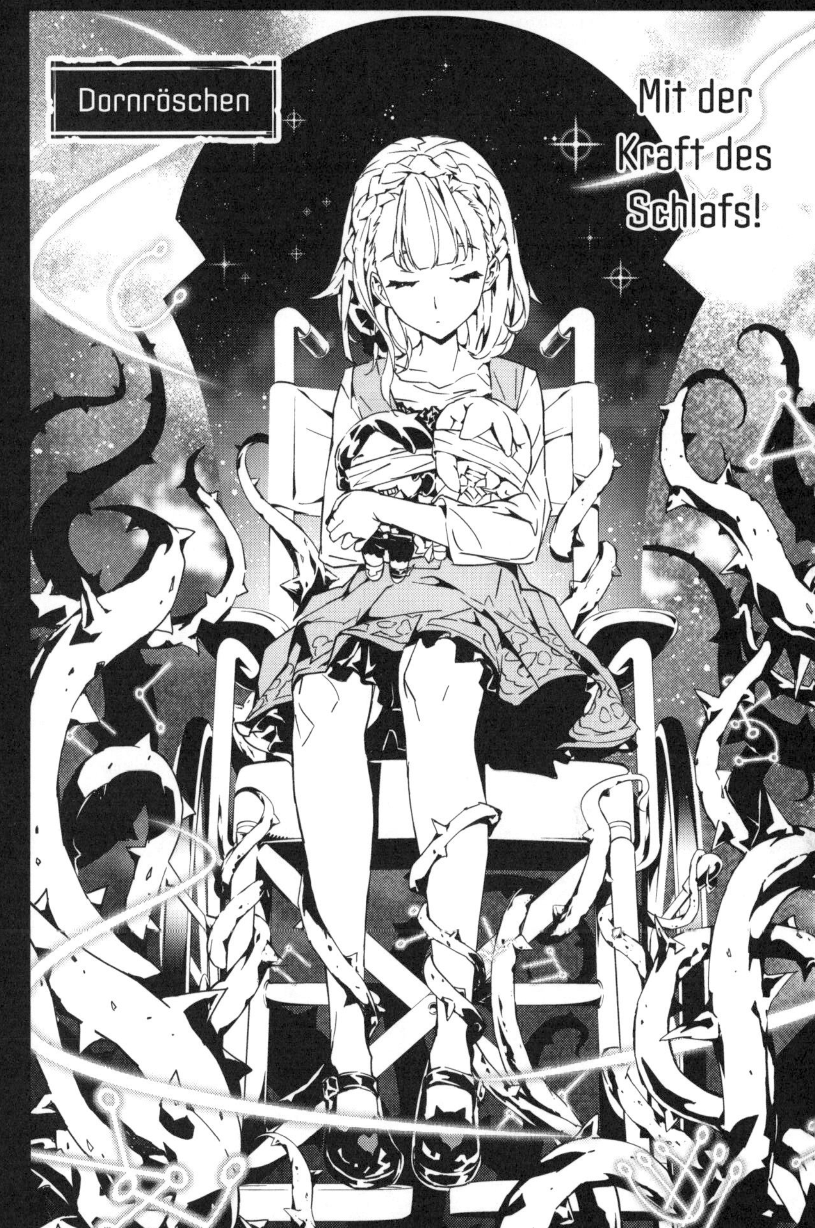
Dornröschen
Mit der Kraft des Schlafs!

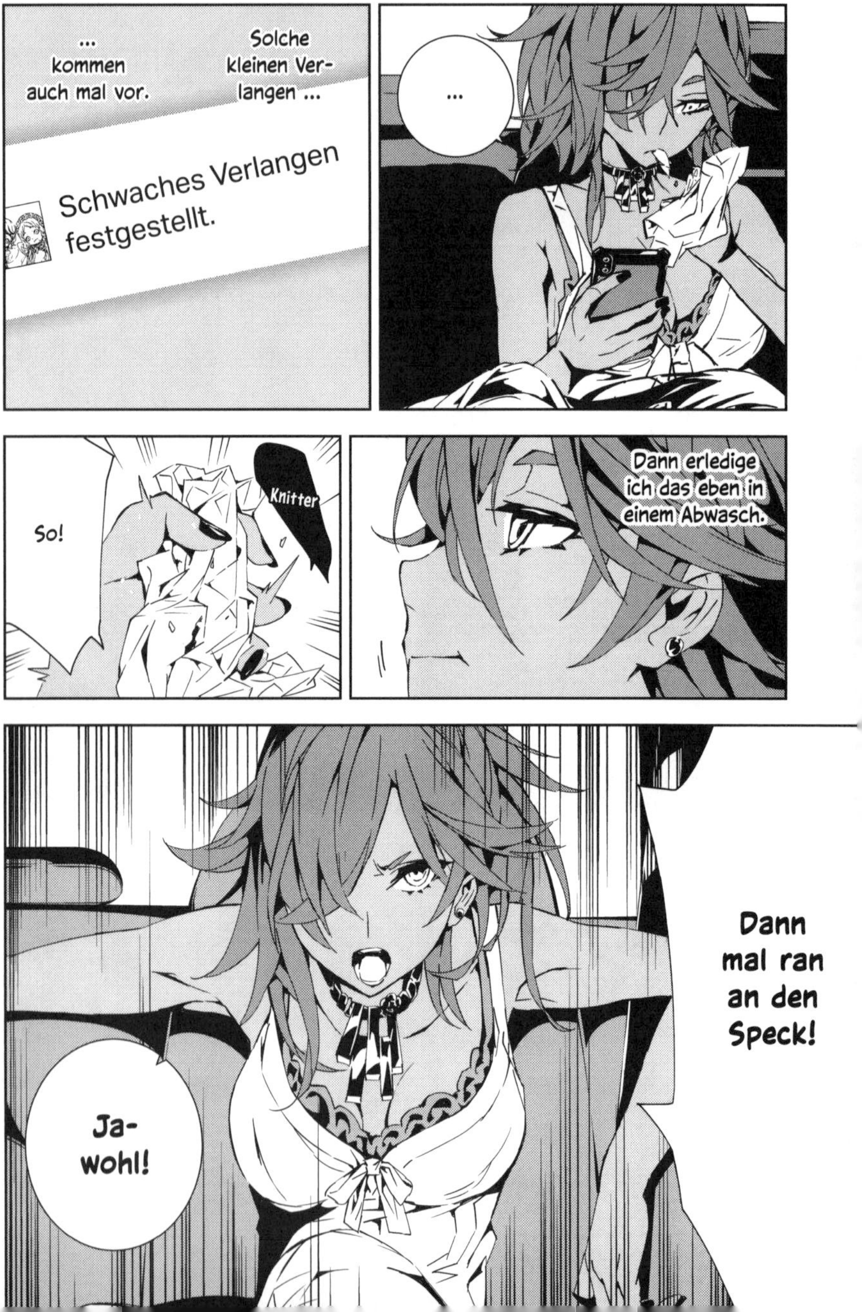

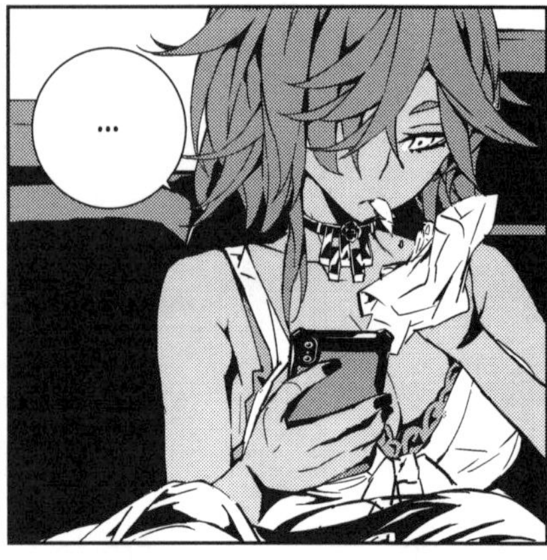

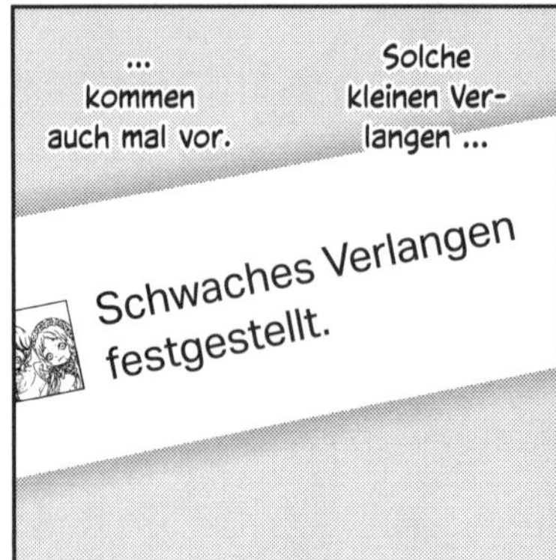

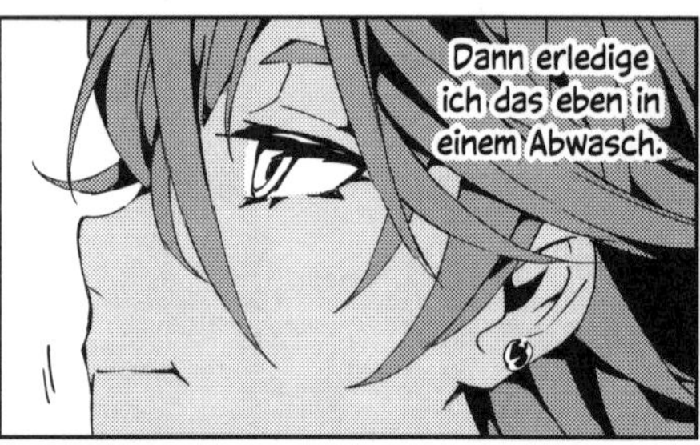

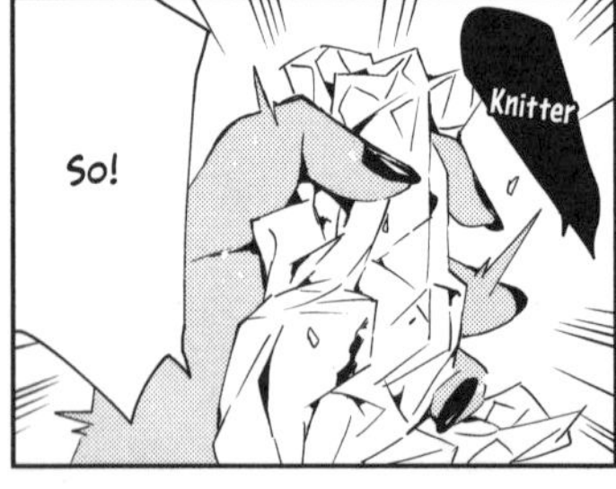

Dann mal ran an den Speck!

Ja-wohl!

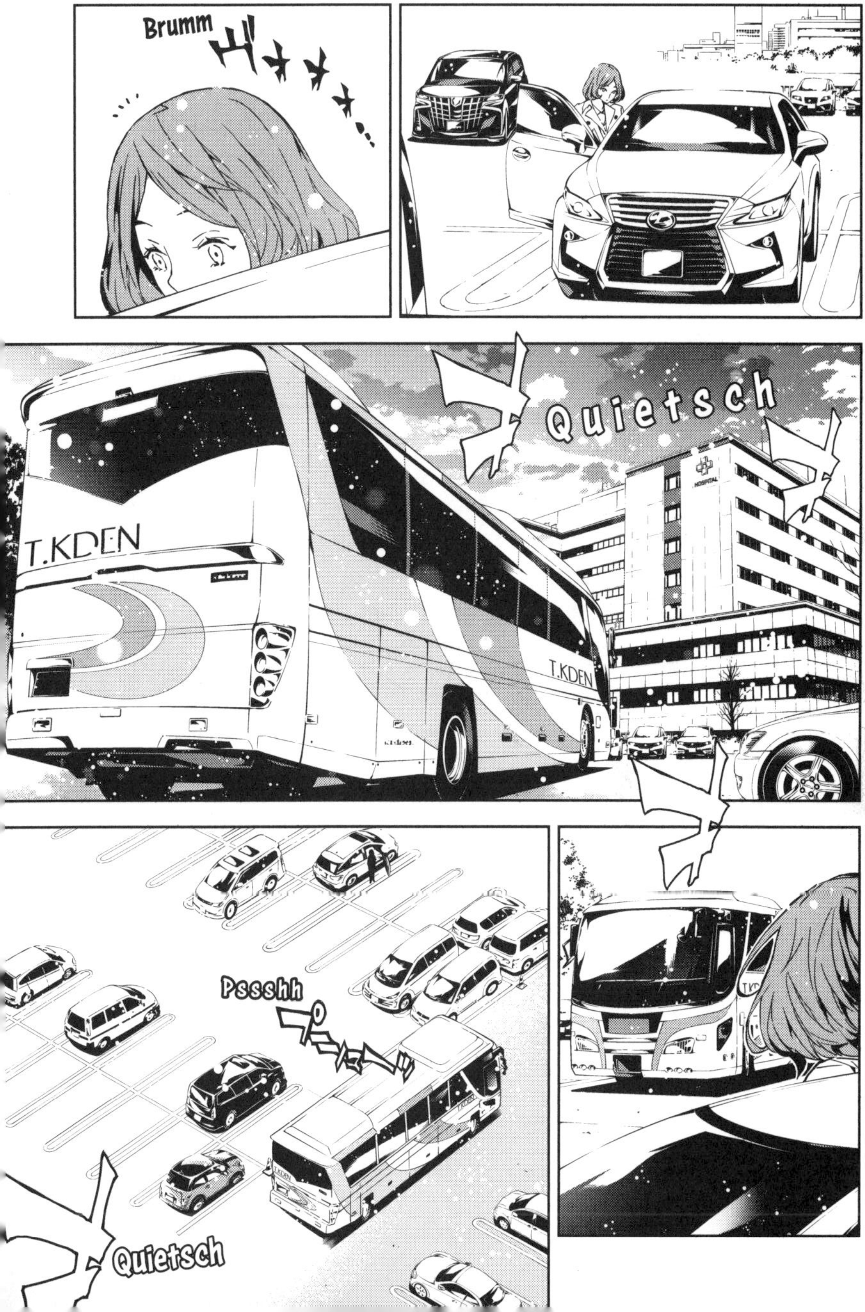

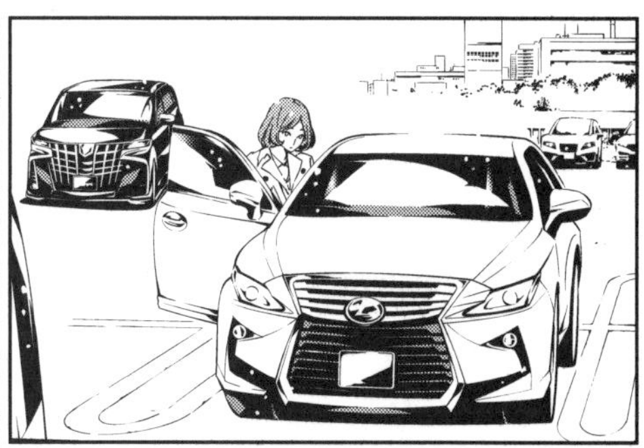

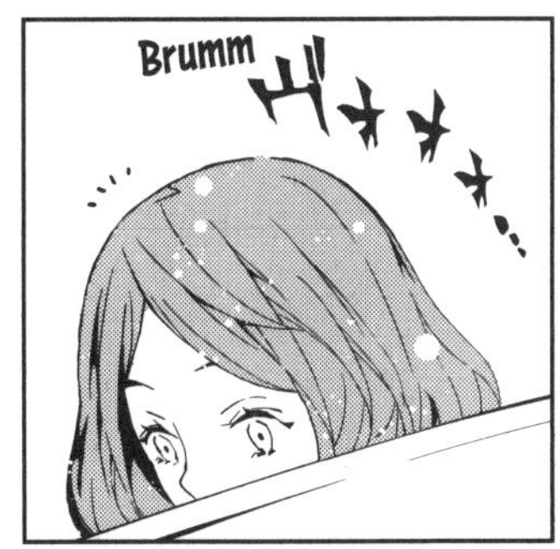
Brumm

Quietsch
HOSPITAL
T.KDEN
T.KDEN

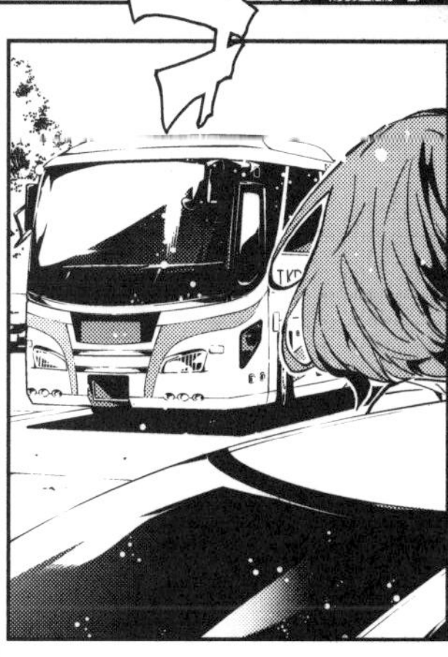

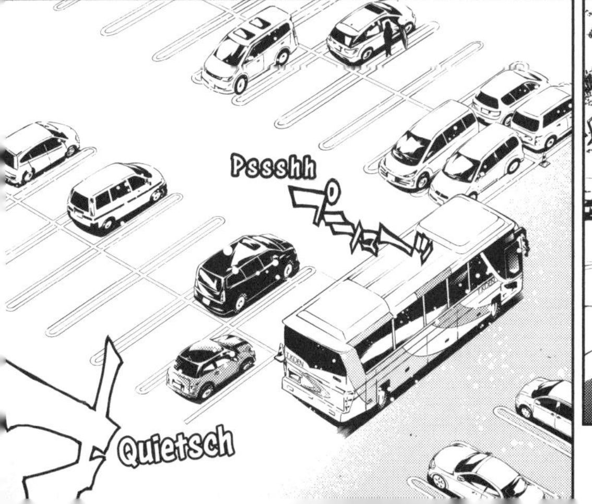
Pssshh
Quietsch

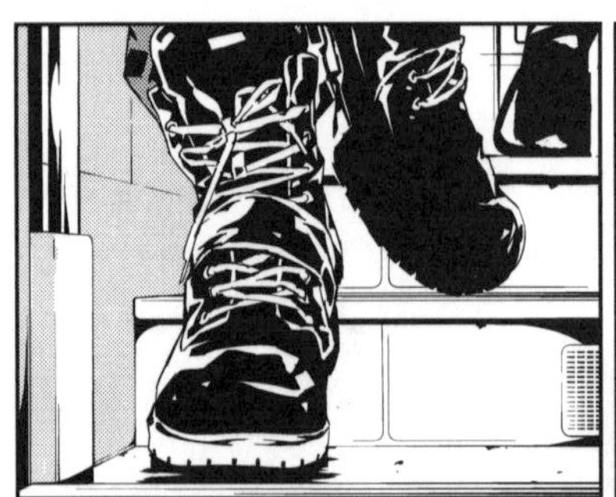

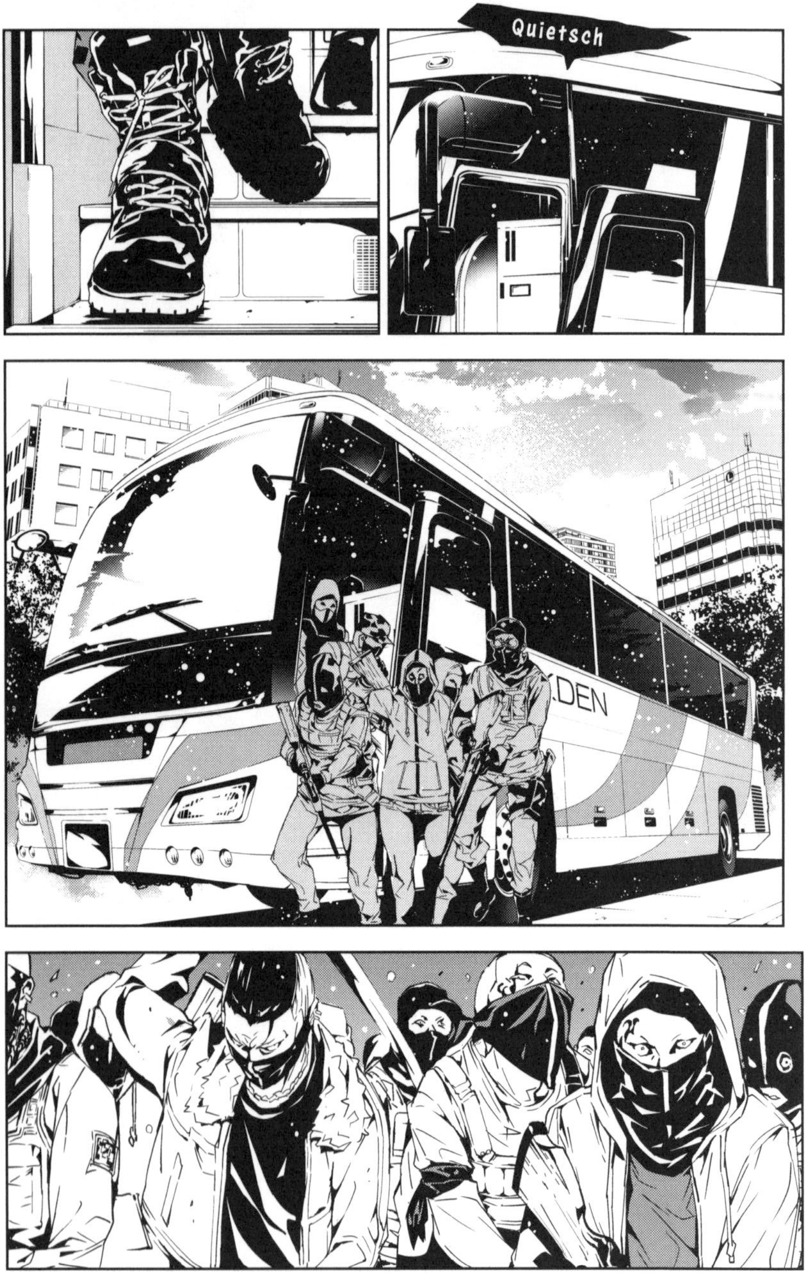

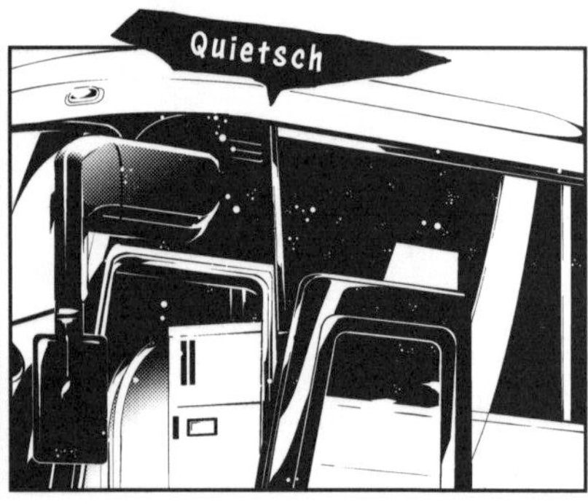
Quietsch

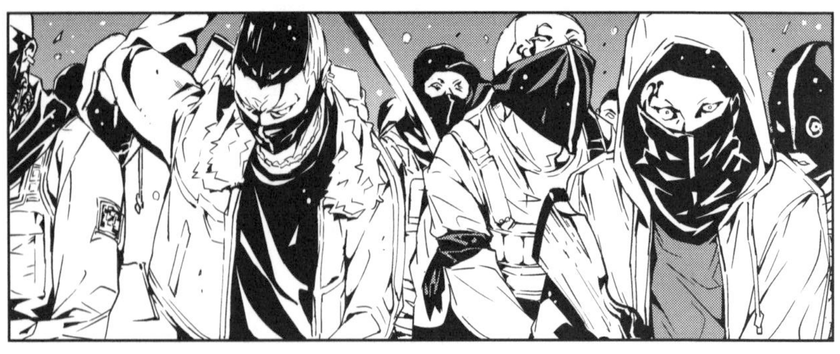

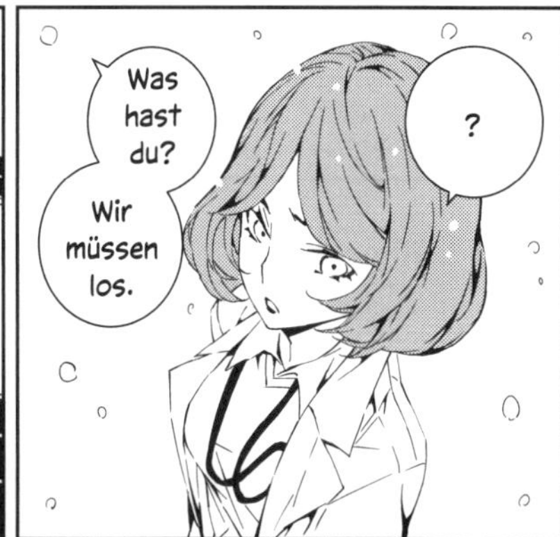
?
Was hast du?
Wir müssen los.

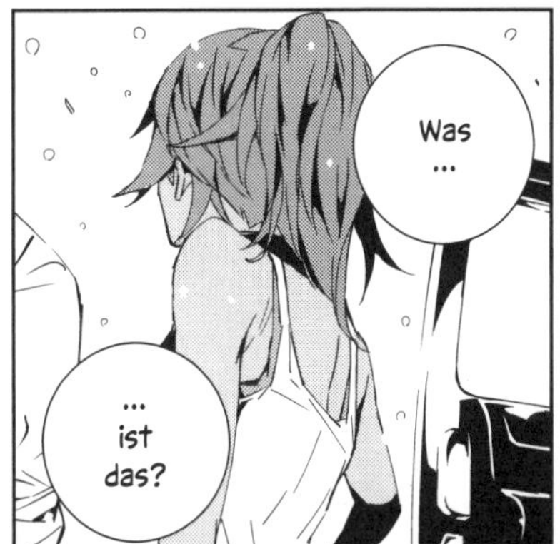
Was ...
... ist das?

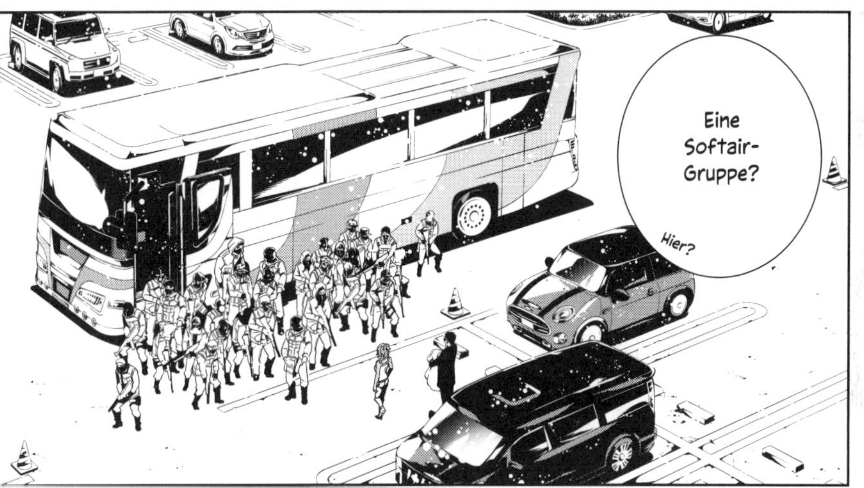
Eine Softair-Gruppe?
Hier?

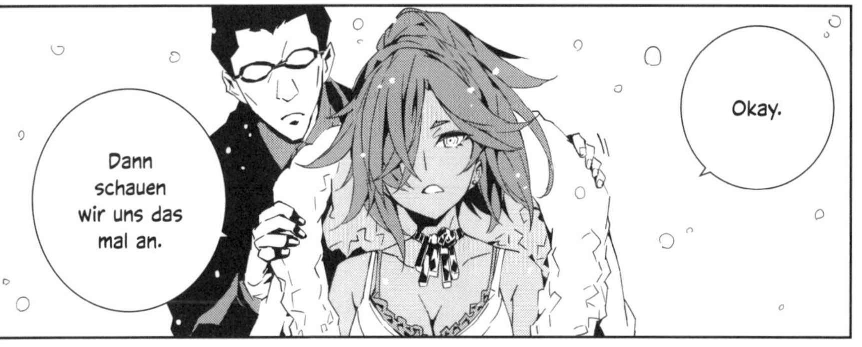
Okay.
Dann schauen wir uns das mal an.

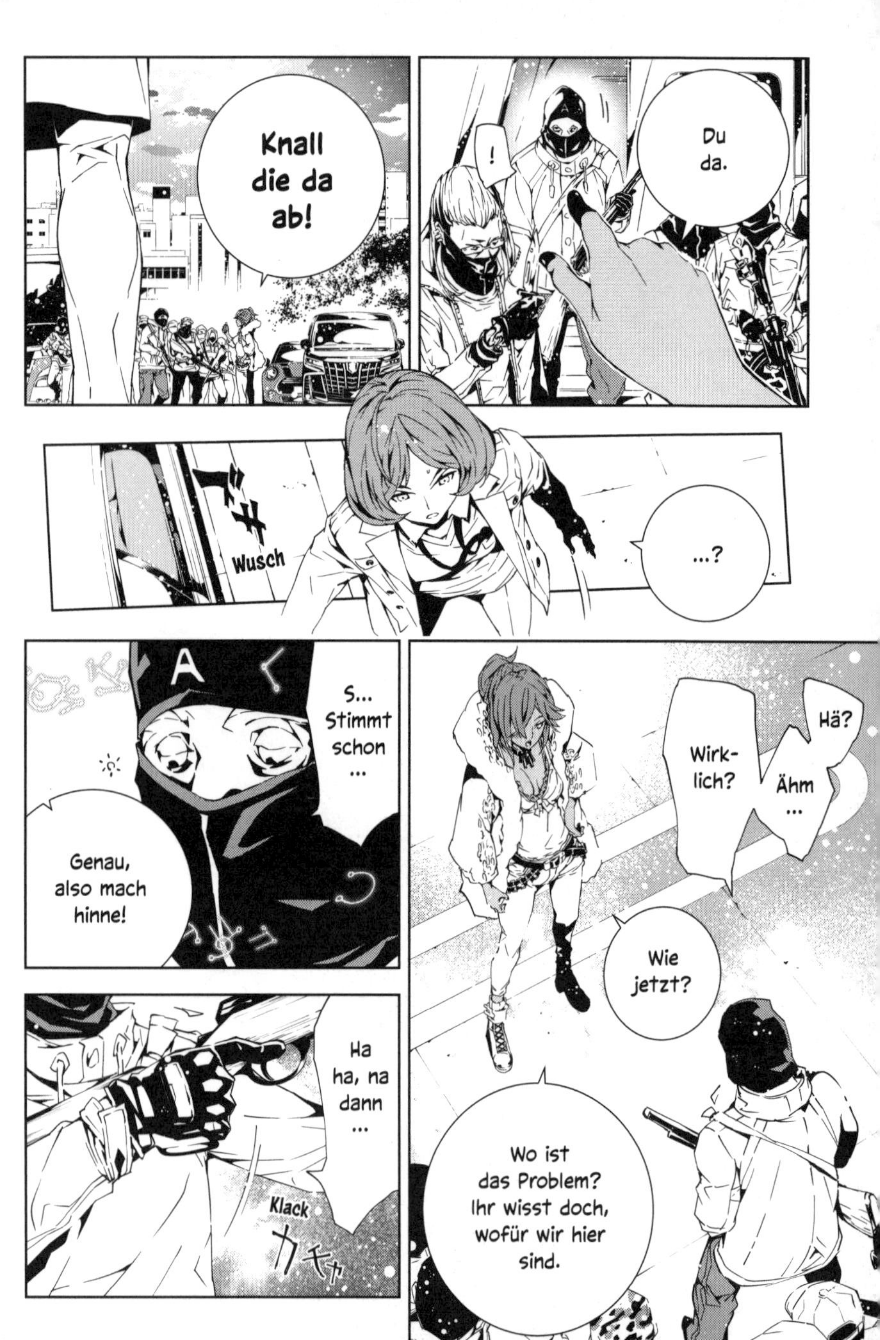
Du da.
!
Knall die da ab!
...?
Wusch
Hä?
Ähm ...
Wirk-lich?
Wie jetzt?
Wo ist das Problem? Ihr wisst doch, wofür wir hier sind.
S... Stimmt schon ...
Genau, also mach hinne!
Ha ha, na dann ...
Klack
カチャ

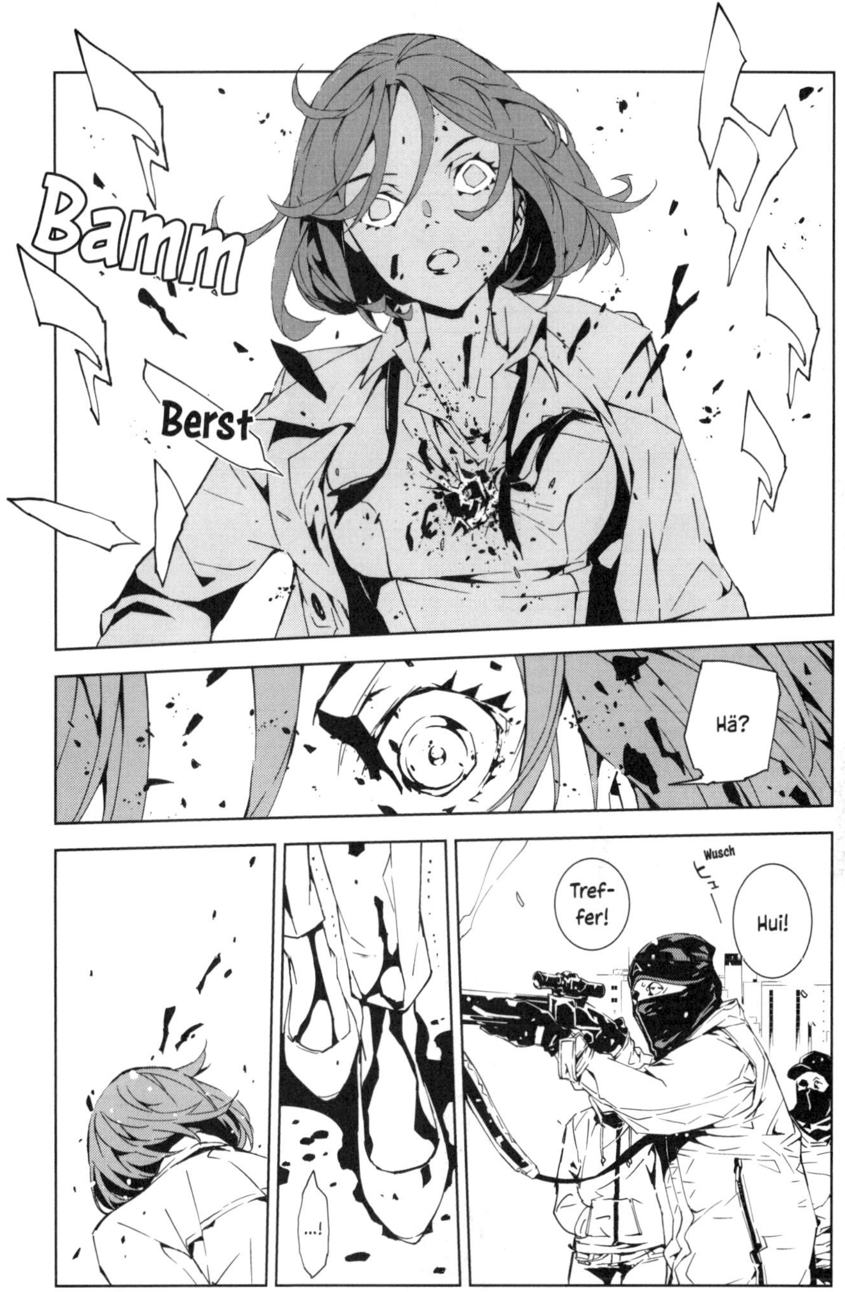
Bamm
Berst
Hä?
Wusch
Hui!
Tref-
fer!
...!

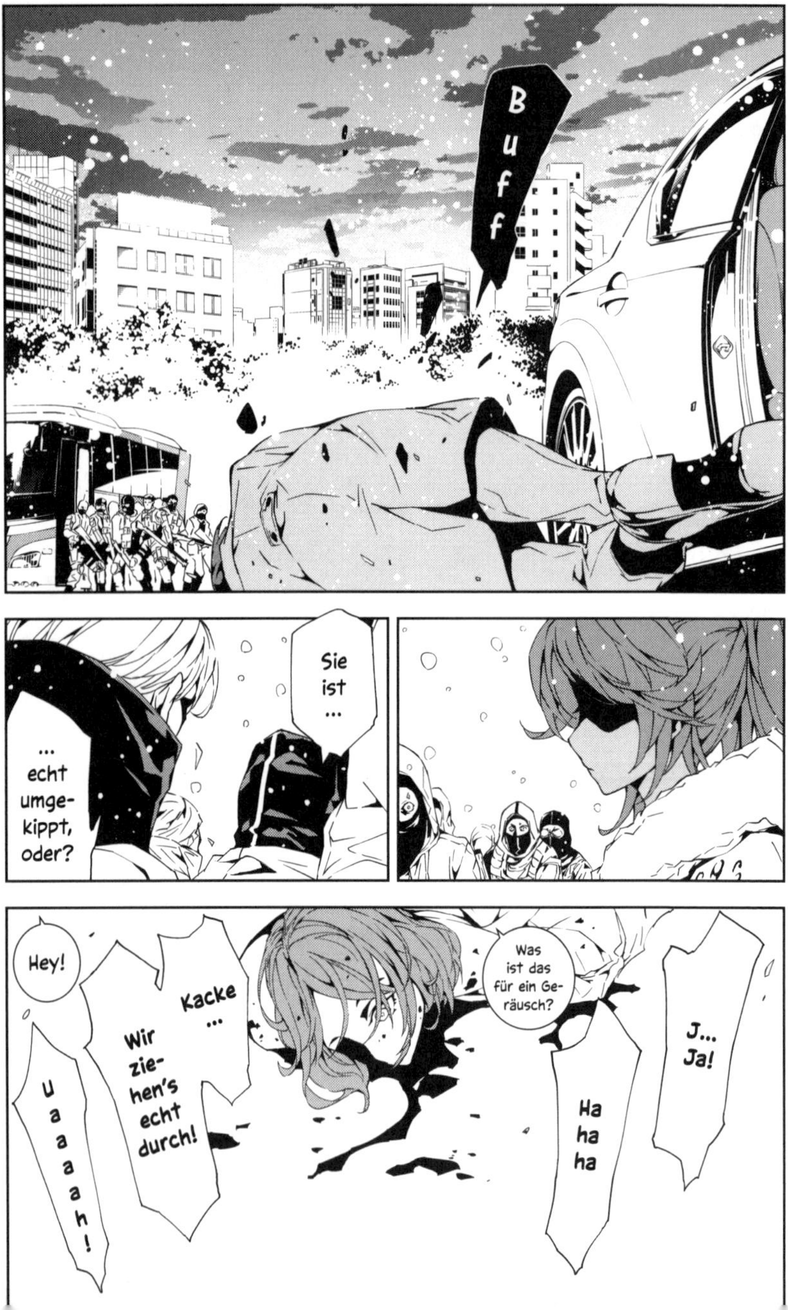

Buff

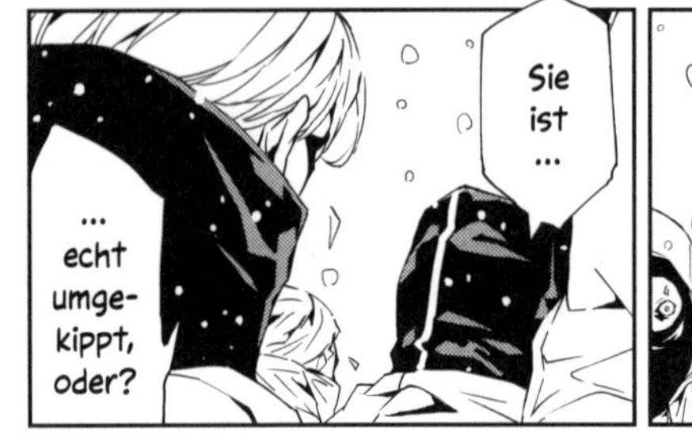
Sie ist …
… echt umgekippt, oder?

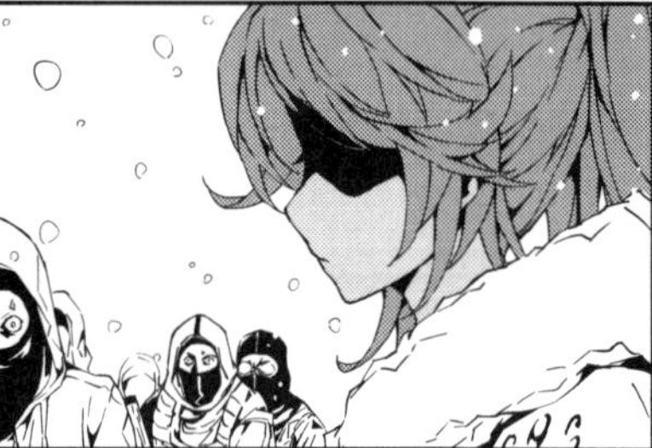

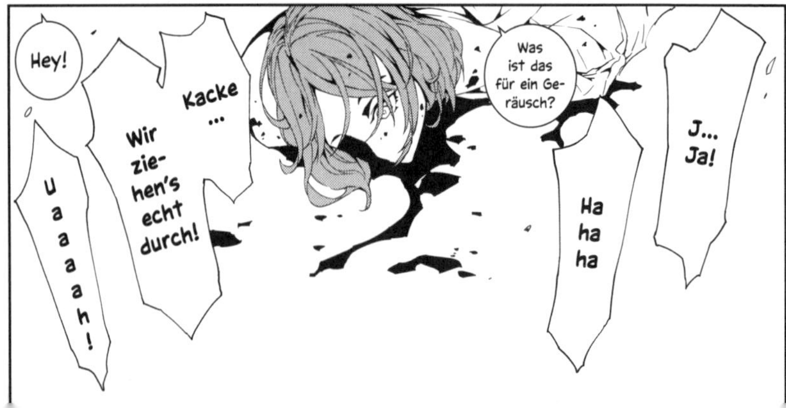
J… Ja!
Ha ha ha
Was ist das für ein Geräusch?
Kacke …
Wir ziehen's echt durch!
Hey!
Uaaaah!

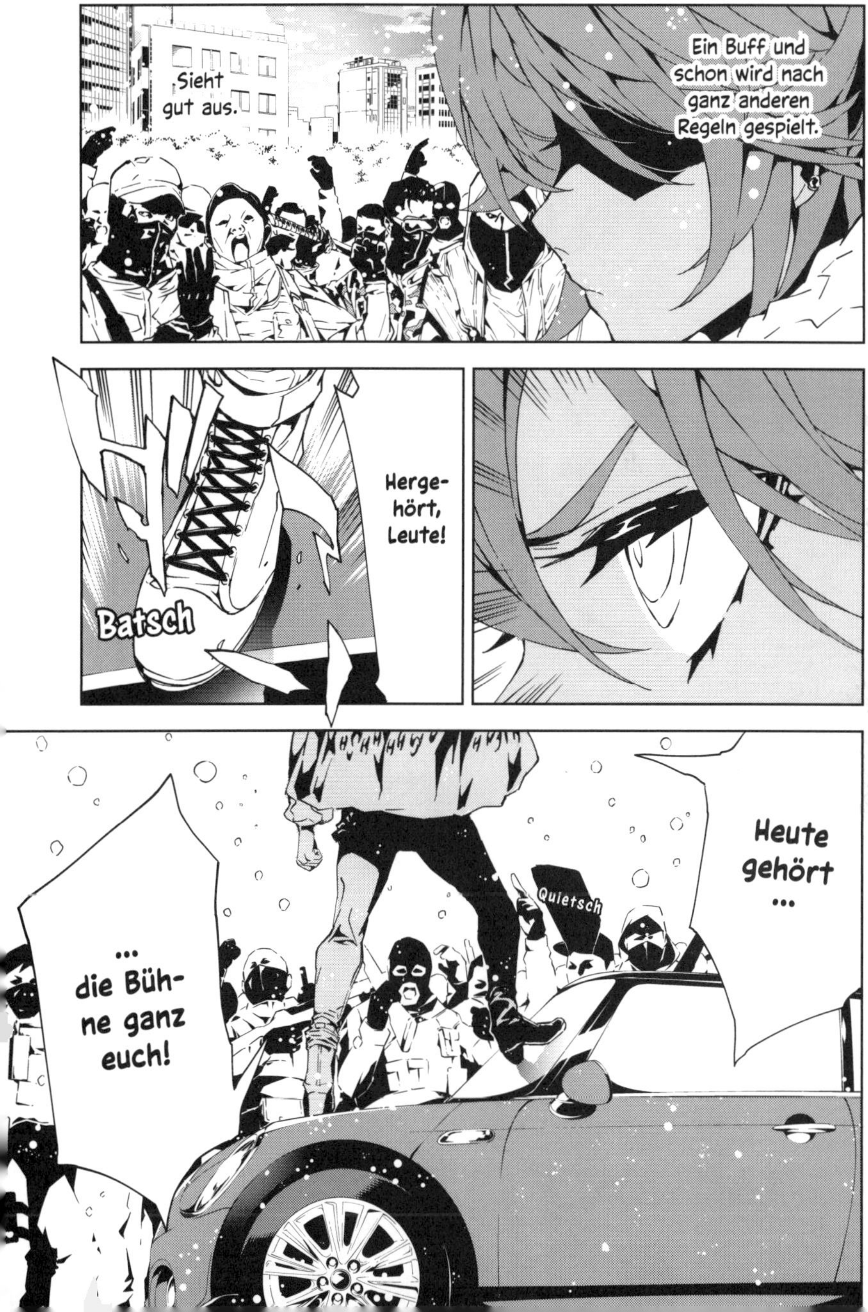

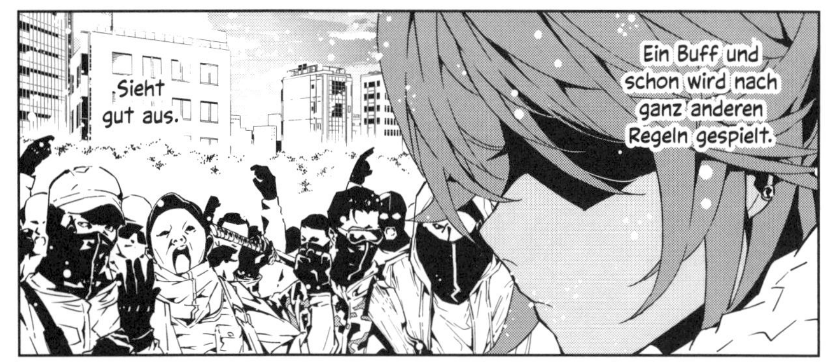

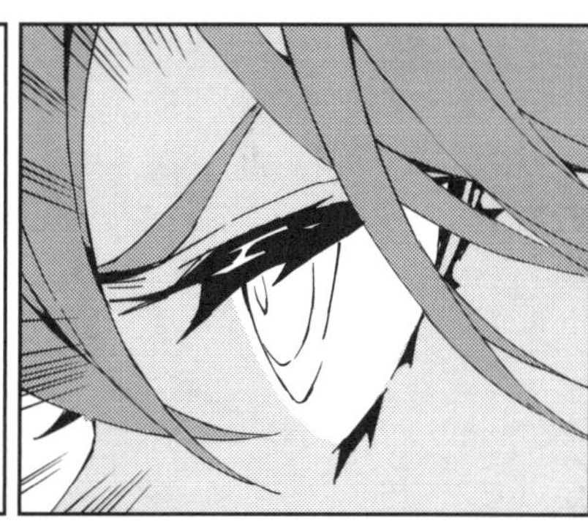

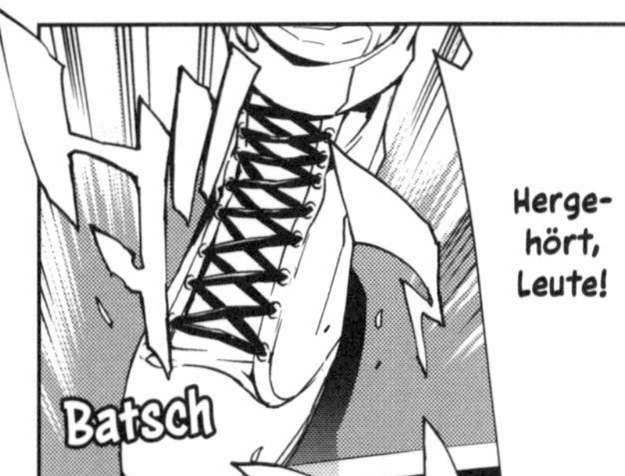

Heute gehört ...

Quietsch

... die Büh-ne ganz euch!

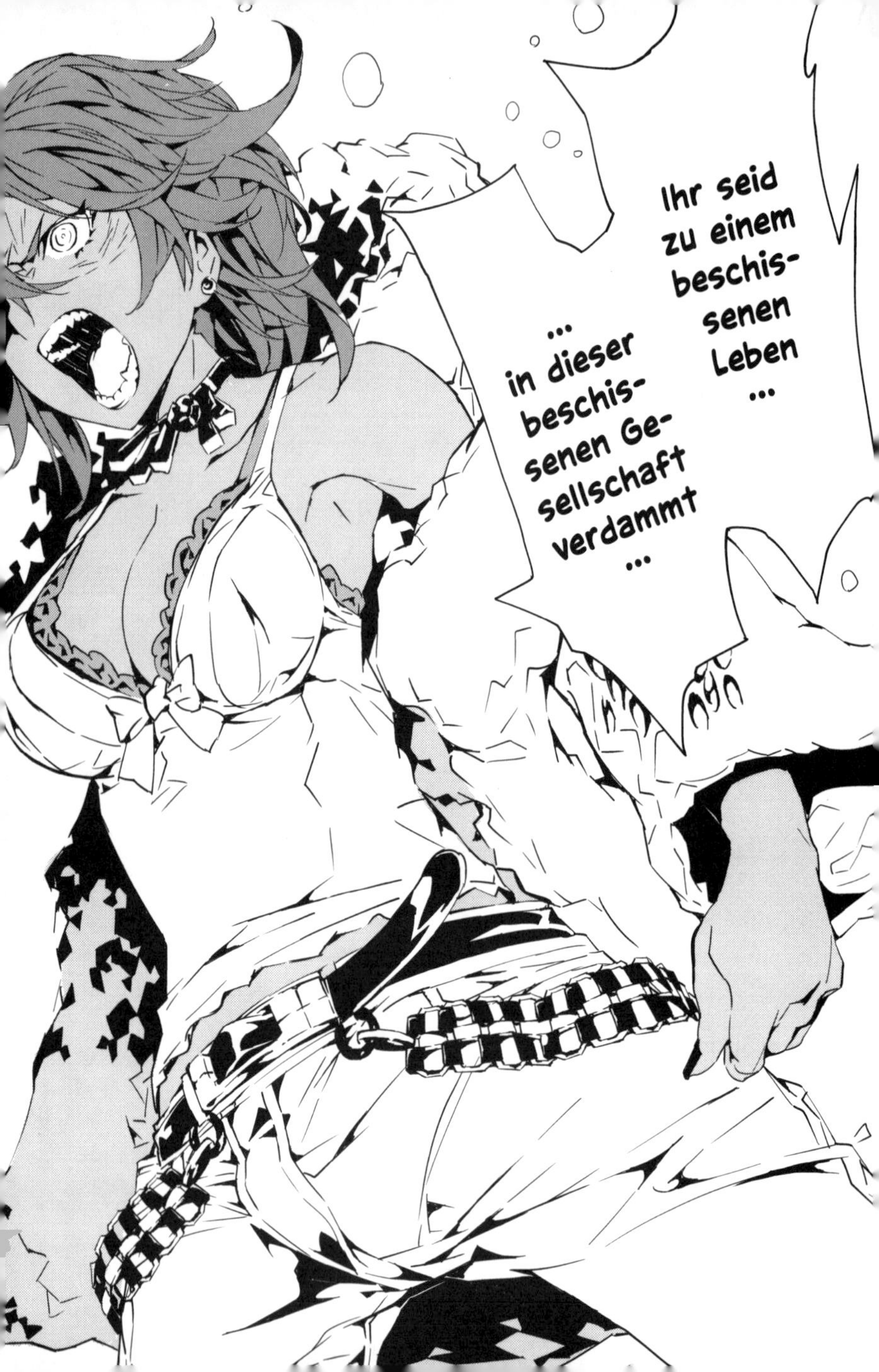
Ihr seid zu einem beschis-senen Leben …
… in dieser beschis-senen Ge-sellschaft verdammt …

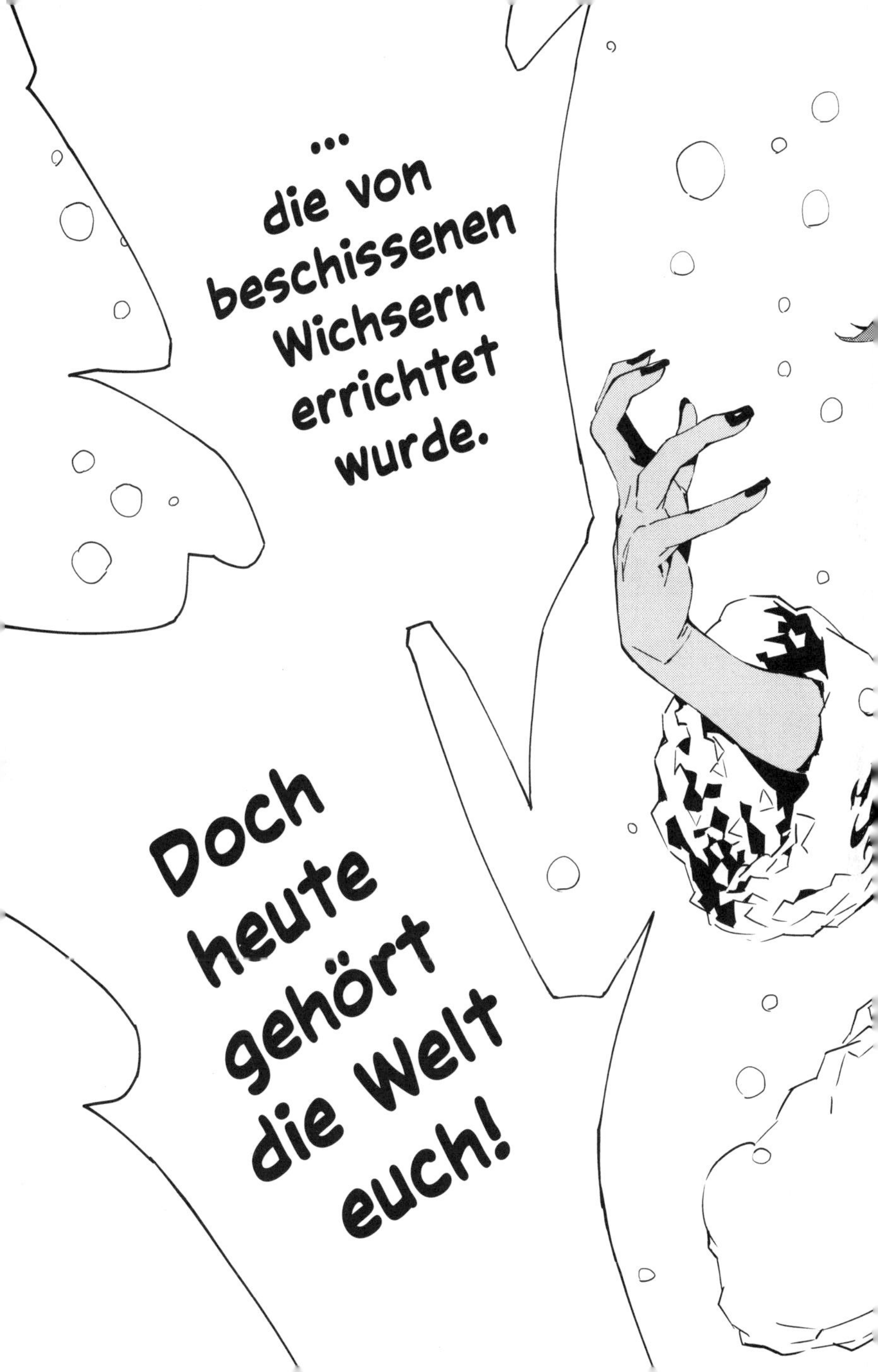

... die von beschissenen Wichsern errichtet wurde.

Doch heute gehört die Welt euch!

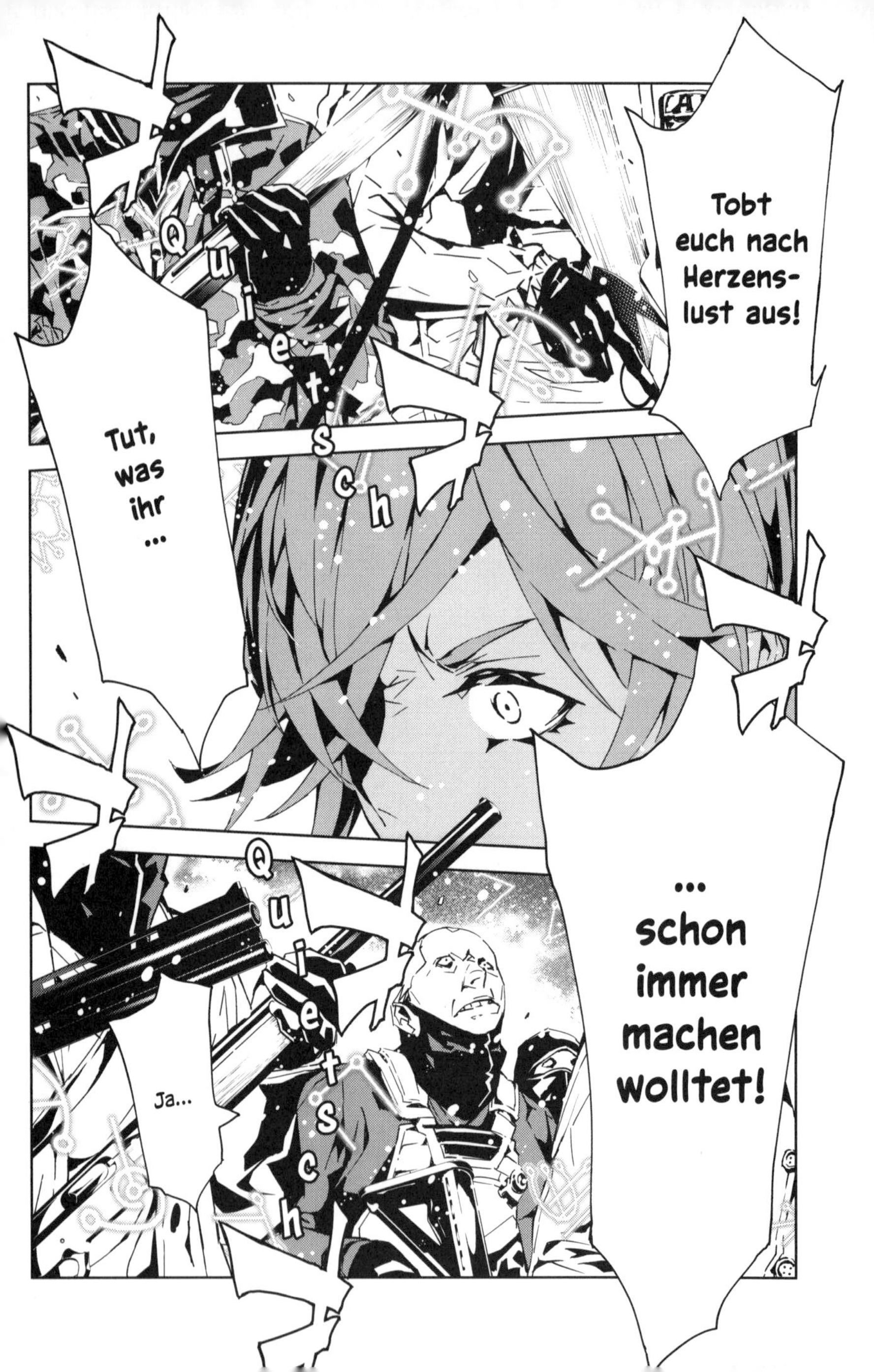
Tobt euch nach Herzenslust aus!
Quietsch
Tut, was ihr ...
... schon immer machen wolltet!
Quietsch
Ja...

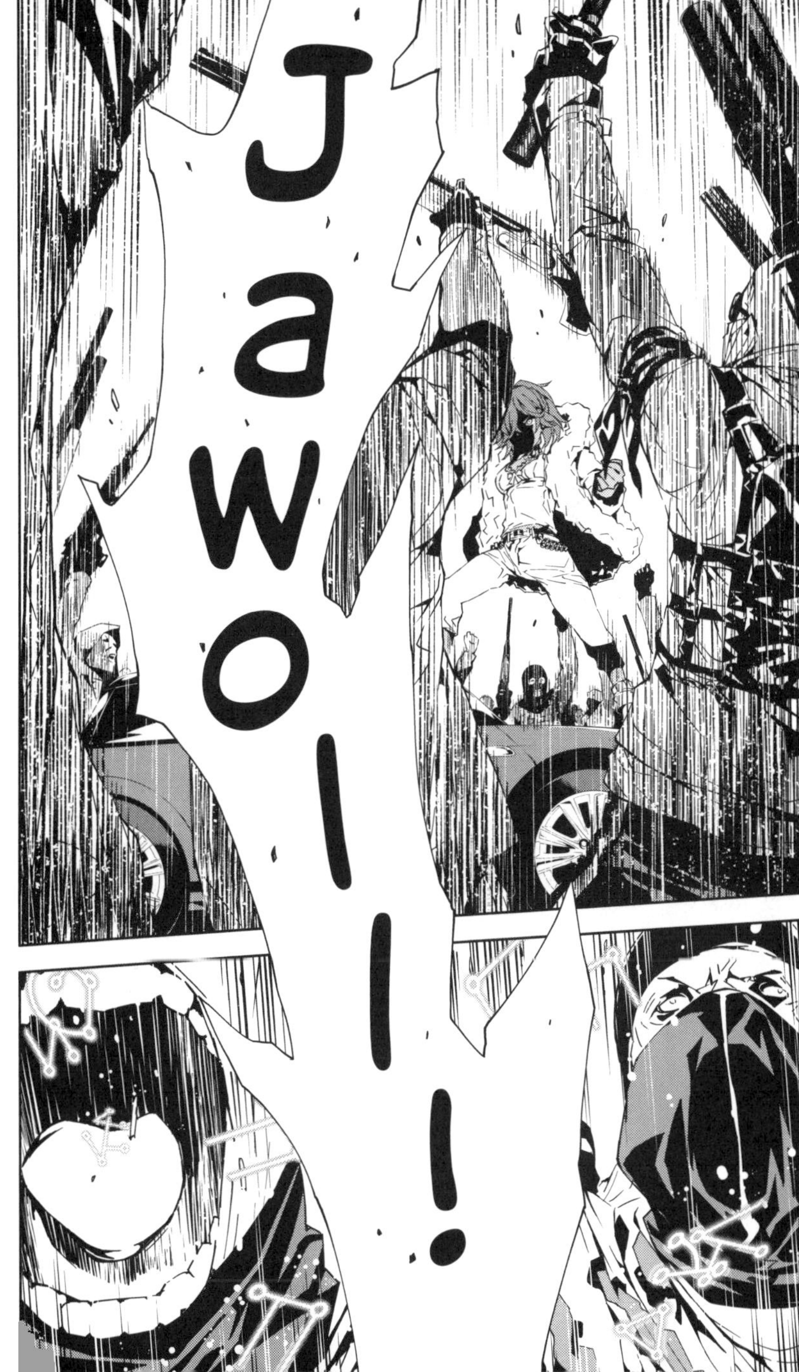
Jawoll!!

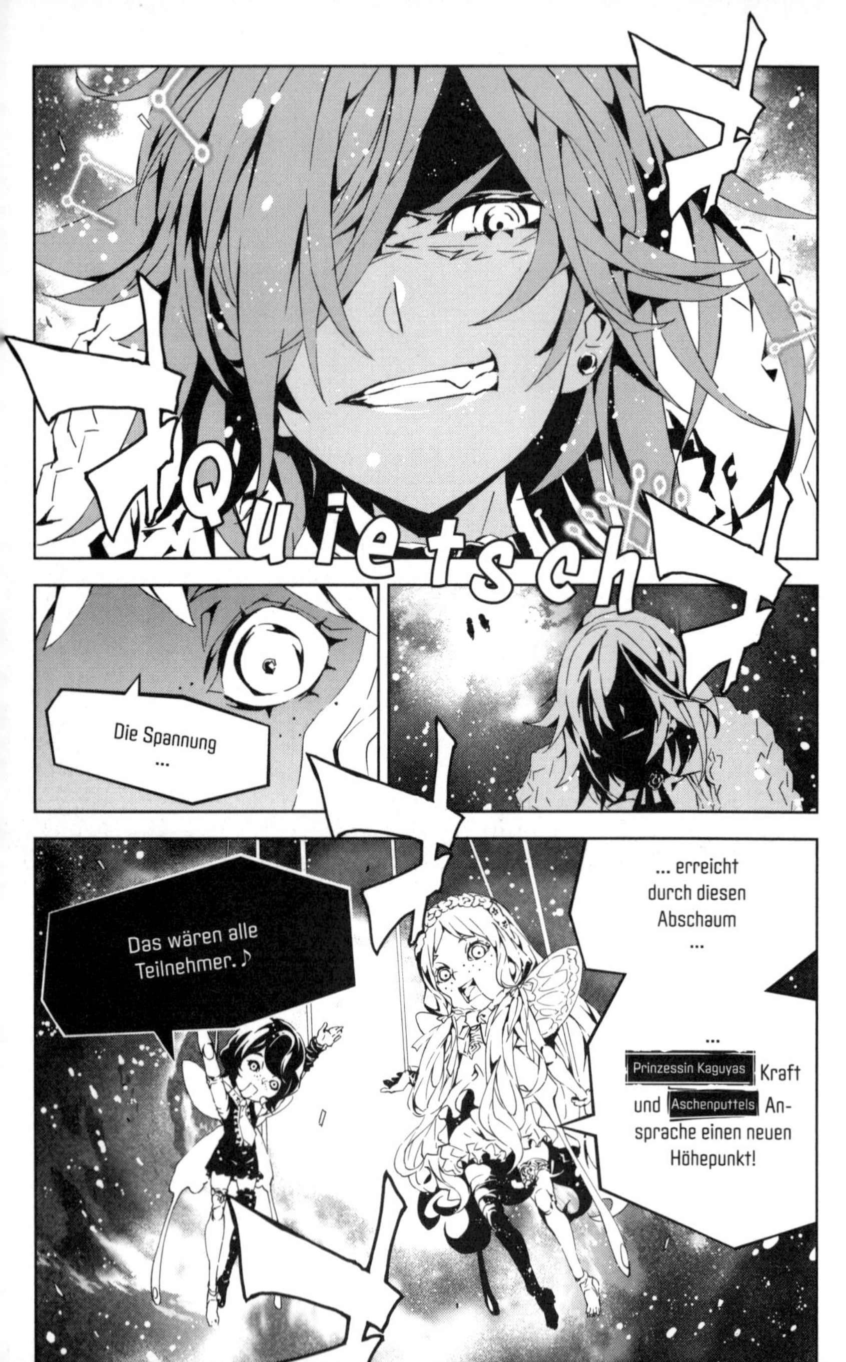
Quietsch
Die Spannung ...
... erreicht durch diesen Abschaum ...
... Prinzessin Kaguyas Kraft und Aschenputtels Ansprache einen neuen Höhepunkt!
Das wären alle Teilnehmer.♪

SINoALICE®

SINoALICE®

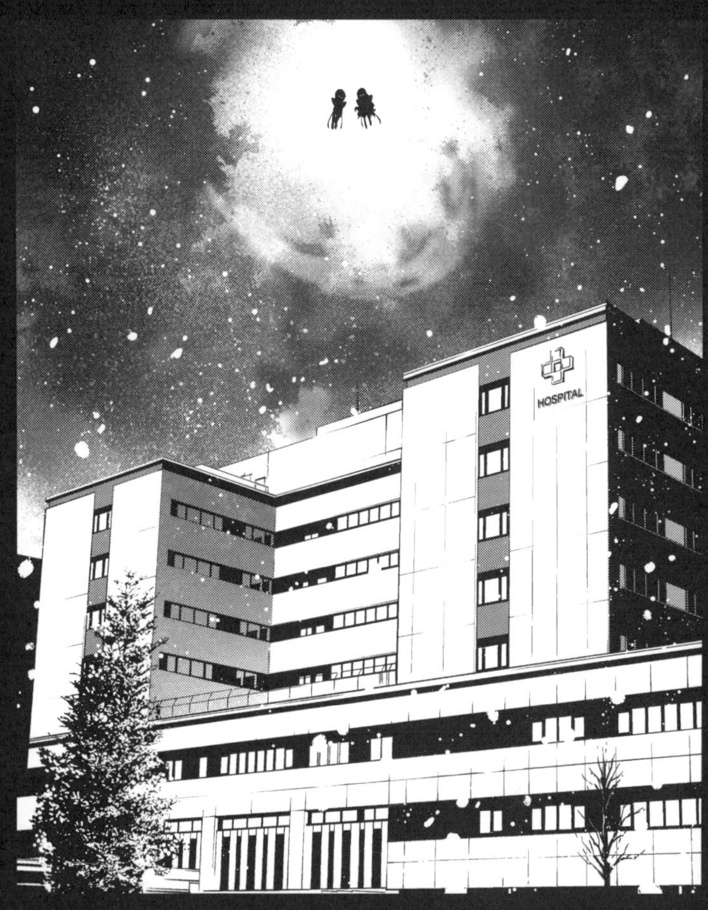

SINoALICE®

Kapitel 11: »Traum eines Blutbads (Teil 2)«

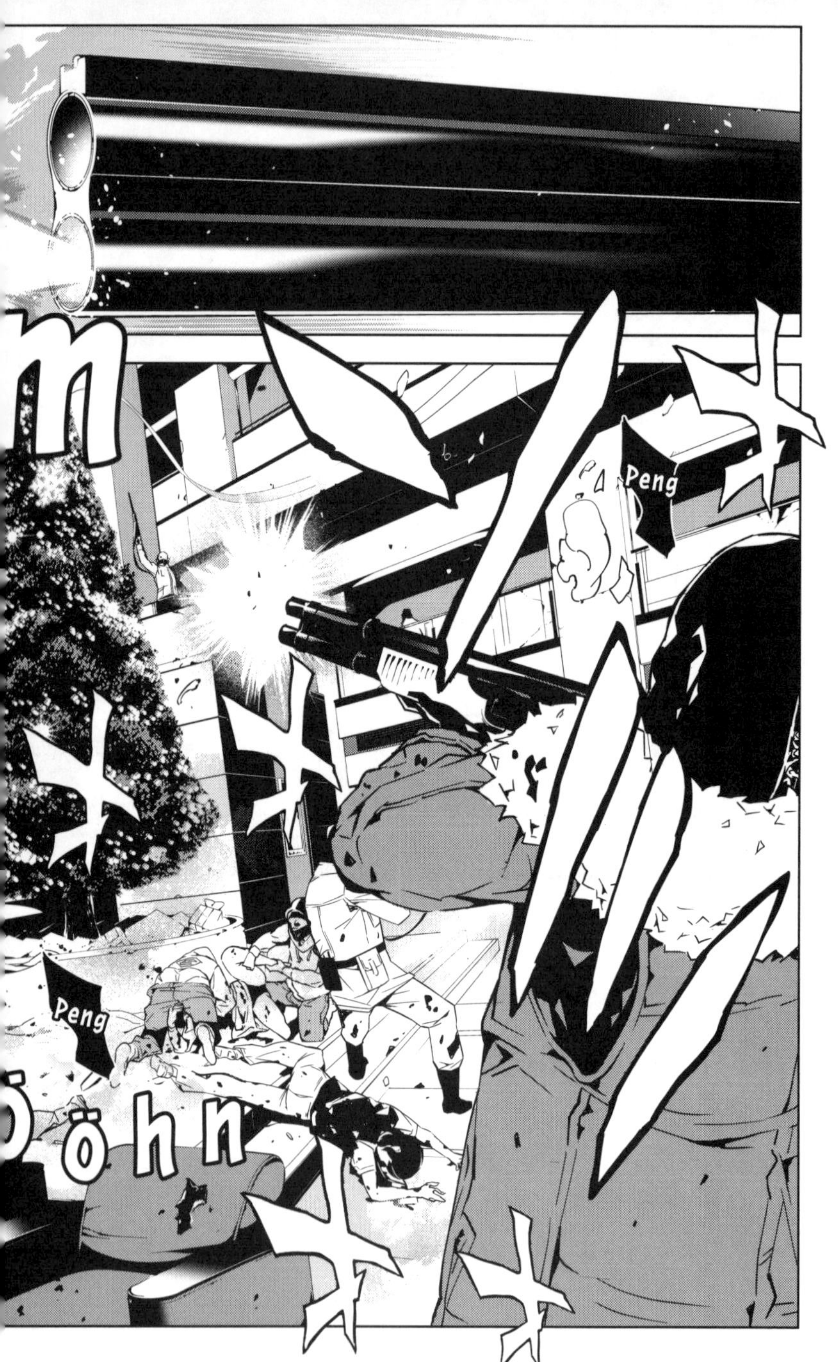

Peng
Peng
öhn

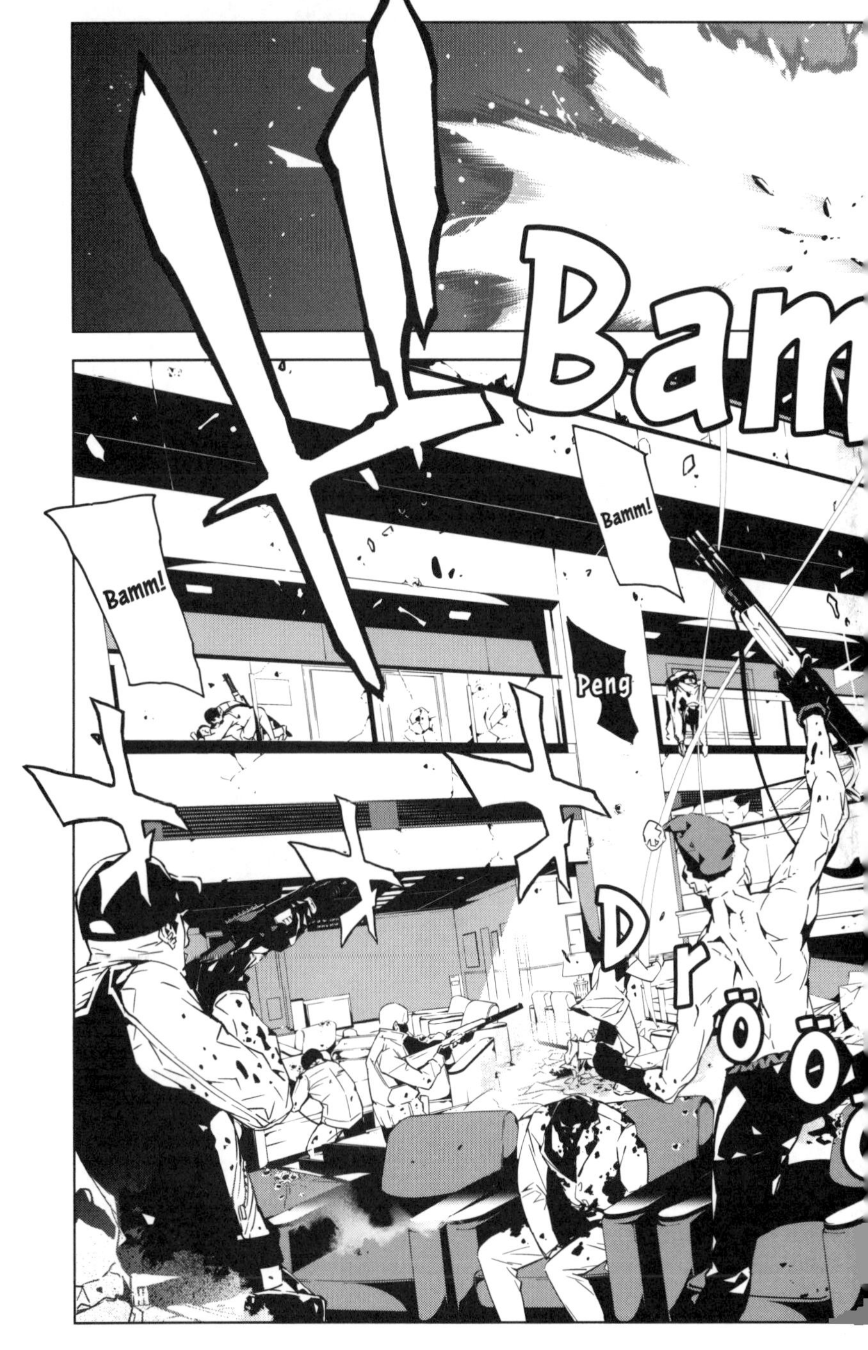

Bam
Bamm!
Bamm!
Peng
Dröö

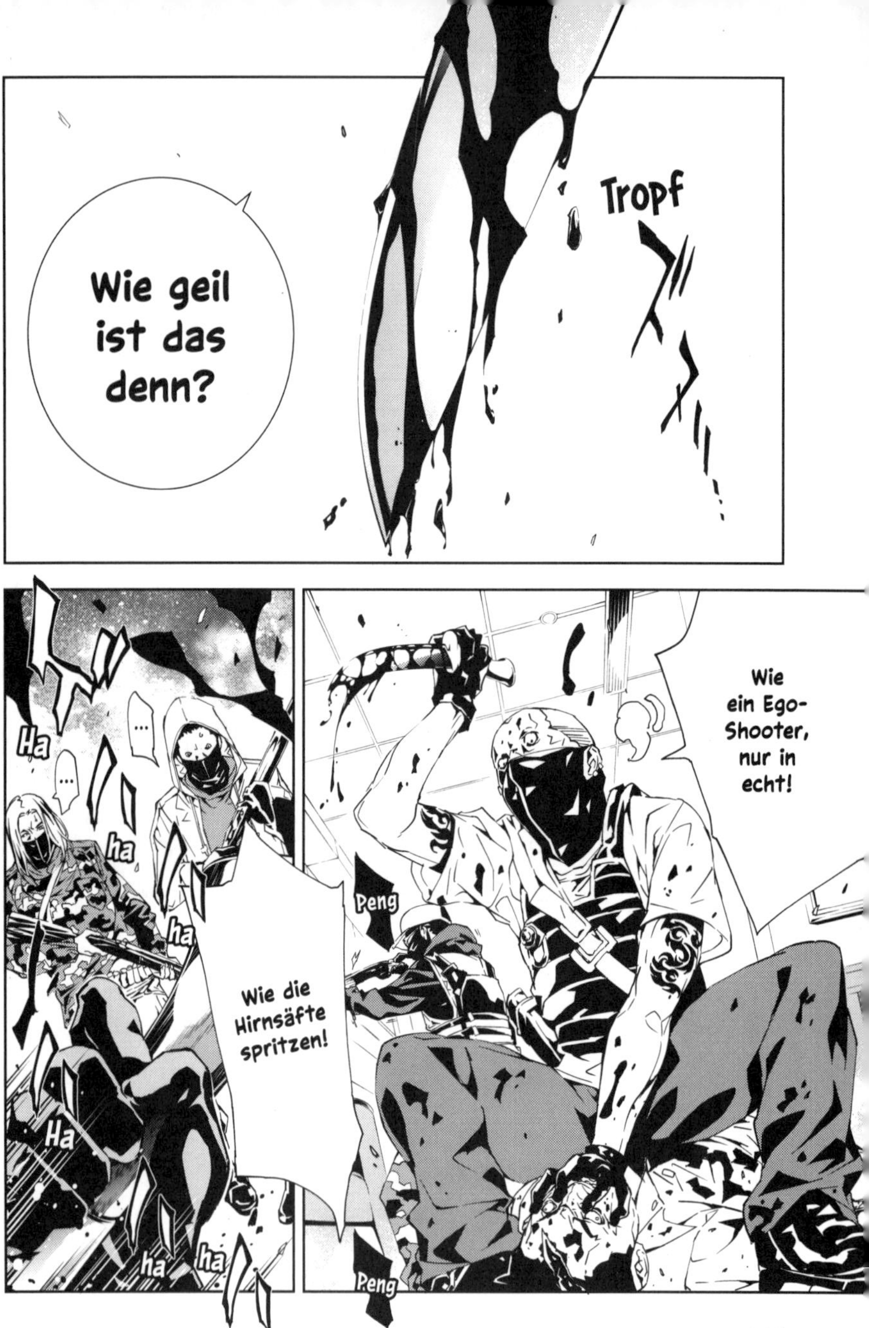

Tropf

Wie geil ist das denn?

Wie ein Ego-Shooter, nur in echt!

Peng

Peng

Wie die Hirnsäfte spritzen!

…

…

Ha ha ha

Ha ha ha

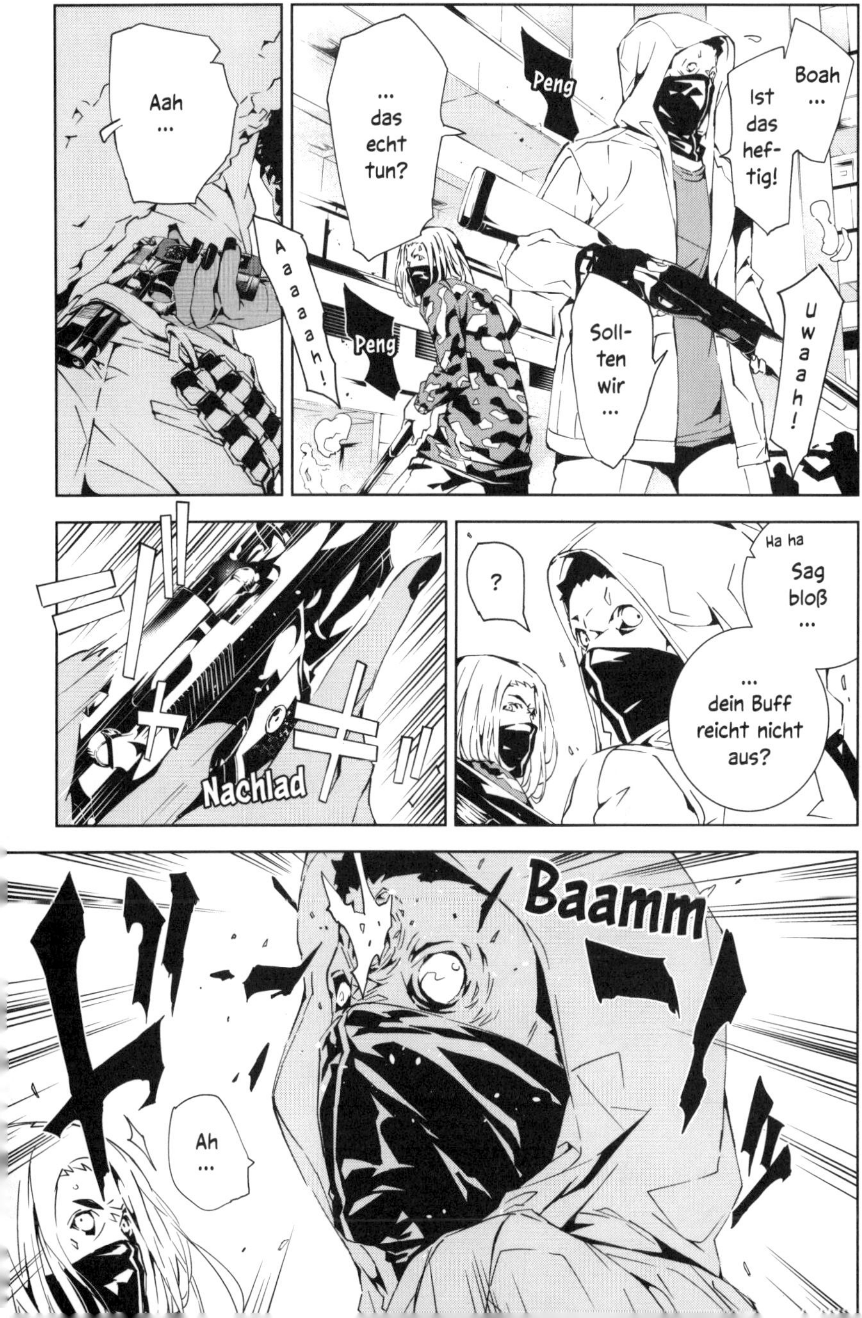

Boah …
Ist das heftig!
Uwaah!
Peng
Sollten wir …
… das echt tun?
Peng
Aaaaah!
Aah …

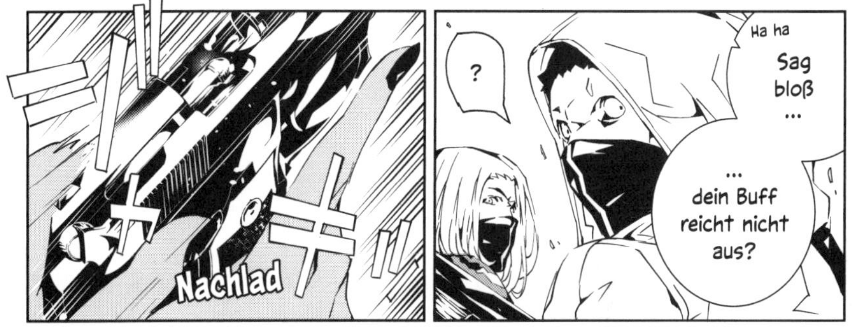

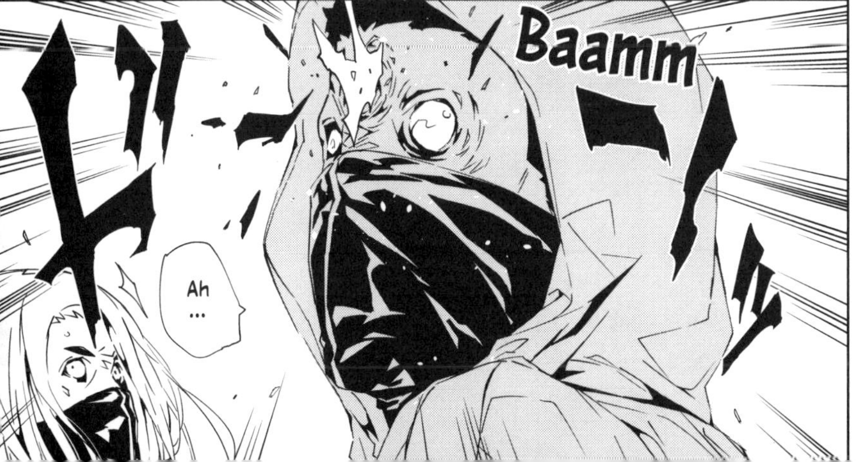

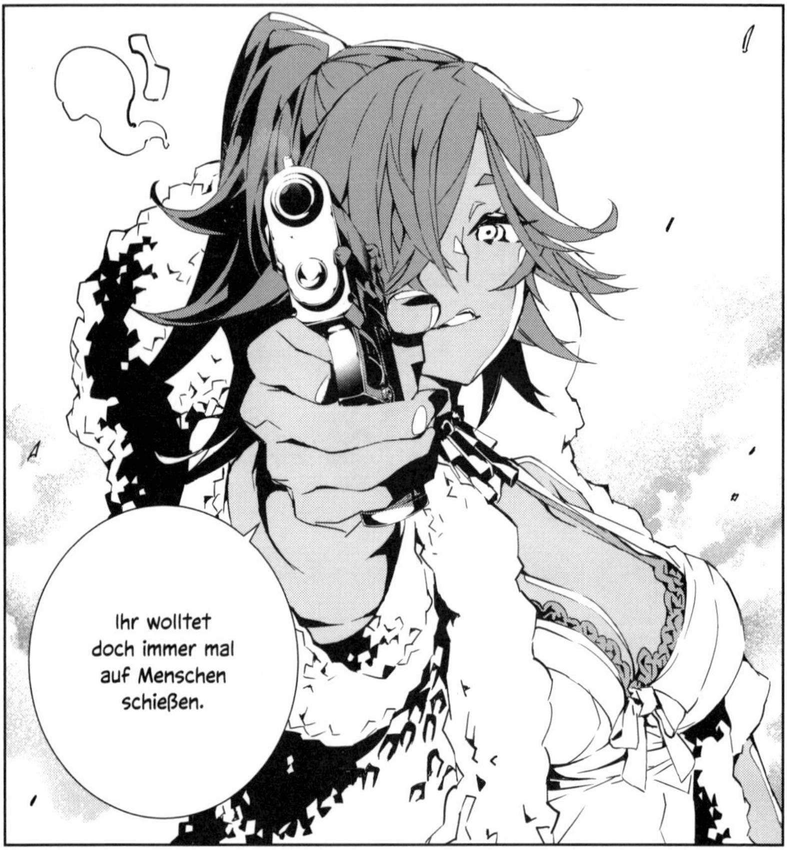

Ihr wolltet doch immer mal auf Menschen schießen.

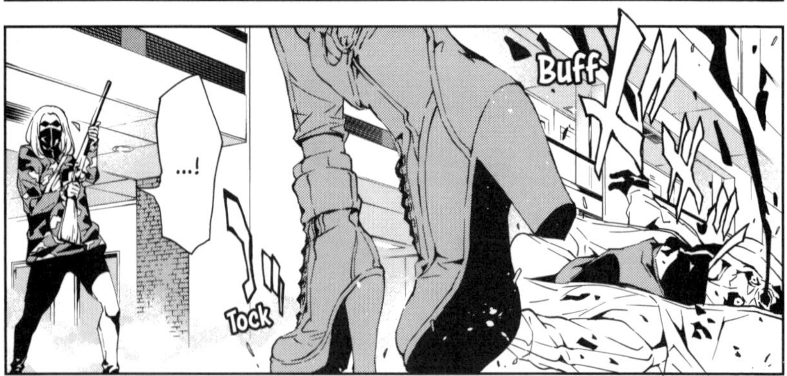

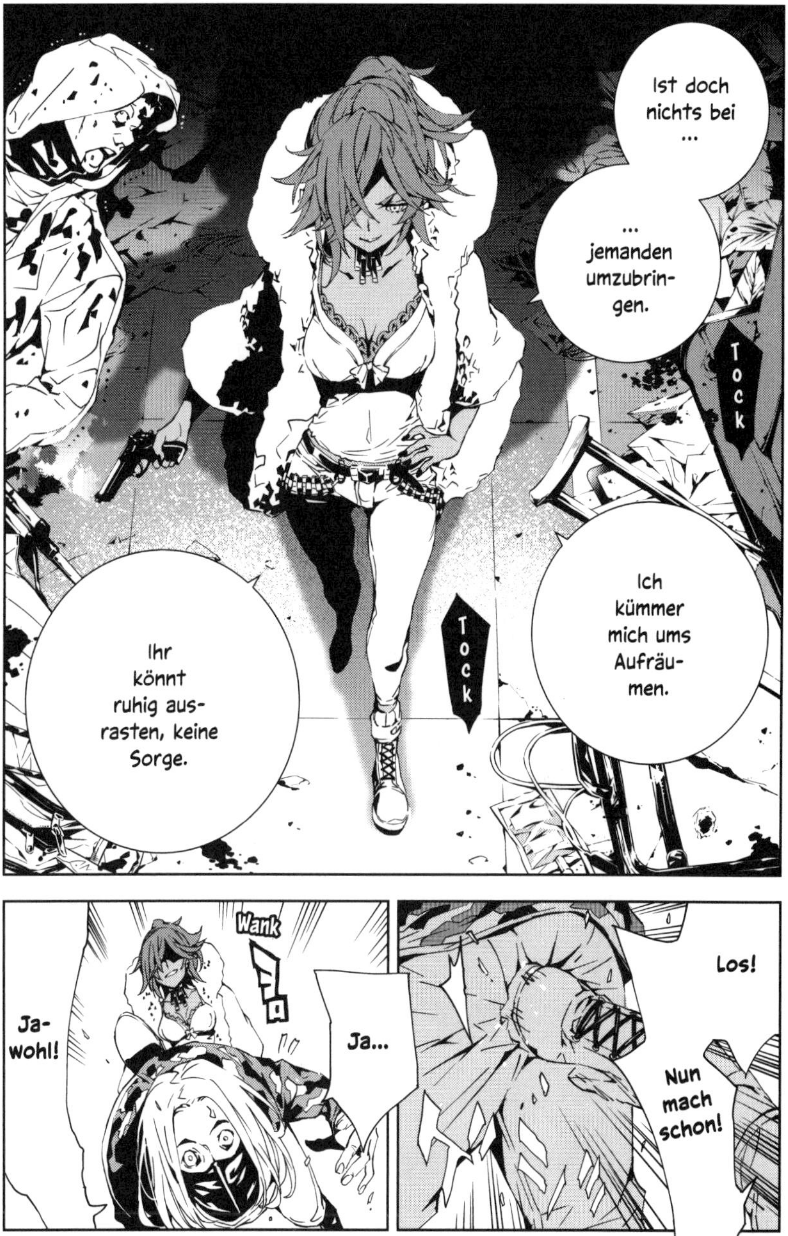

Ist doch nichts bei ...

... jemanden umzubringen.

Tock

Ich kümmer mich ums Aufräumen.

Tock

Ihr könnt ruhig ausrasten, keine Sorge.

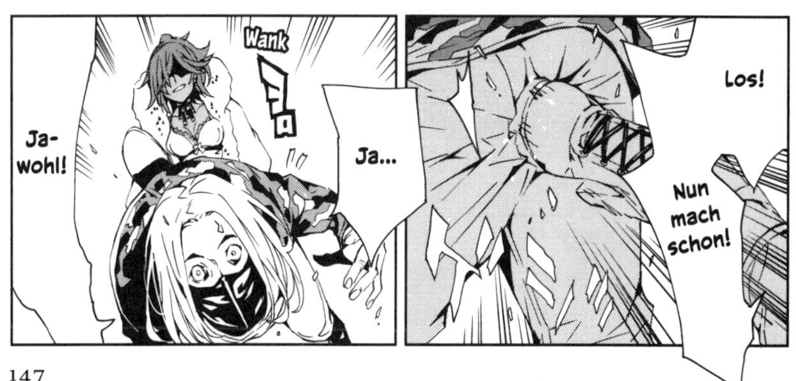

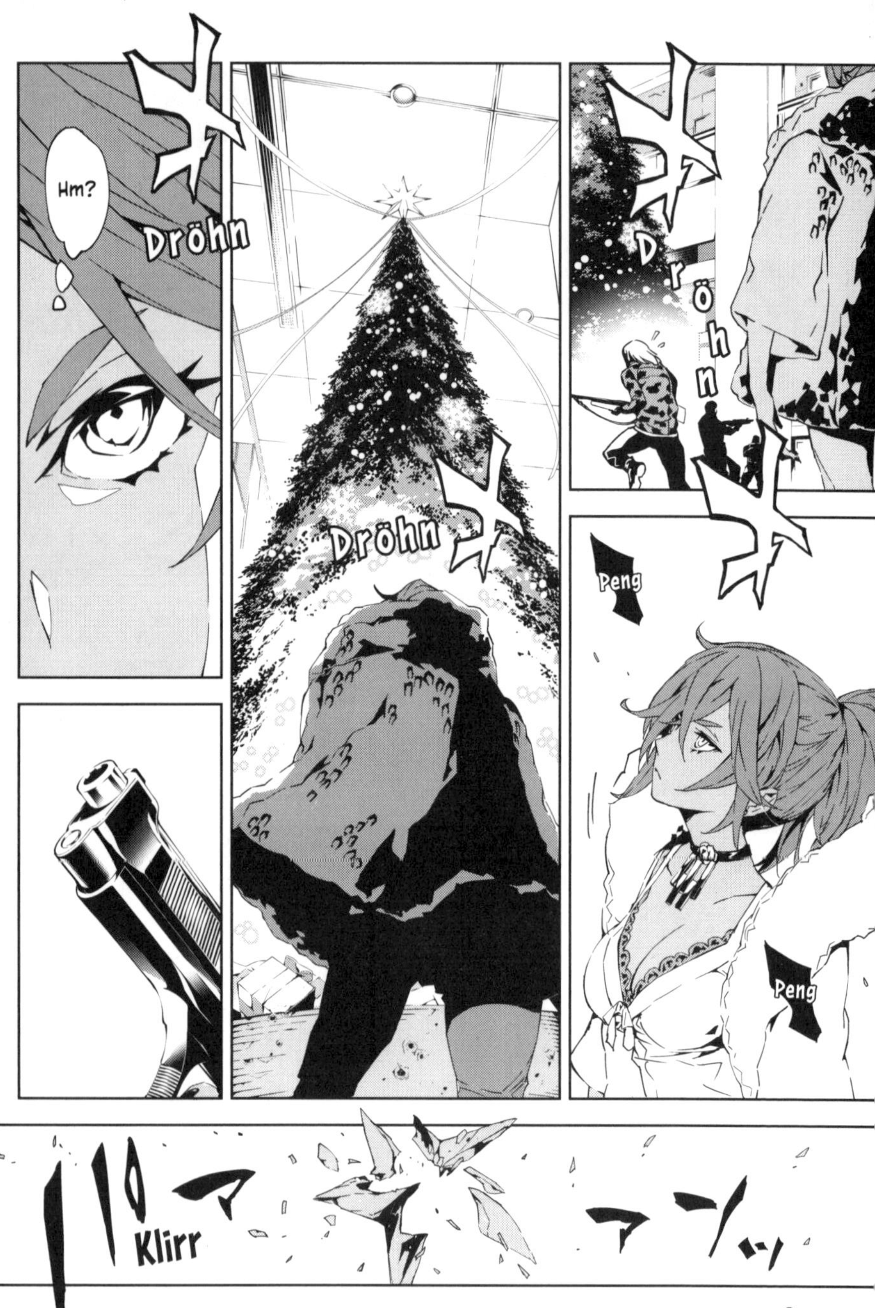
Dröhn
Dröhn
Hm?
Dröhn
Peng
Peng
Klirr

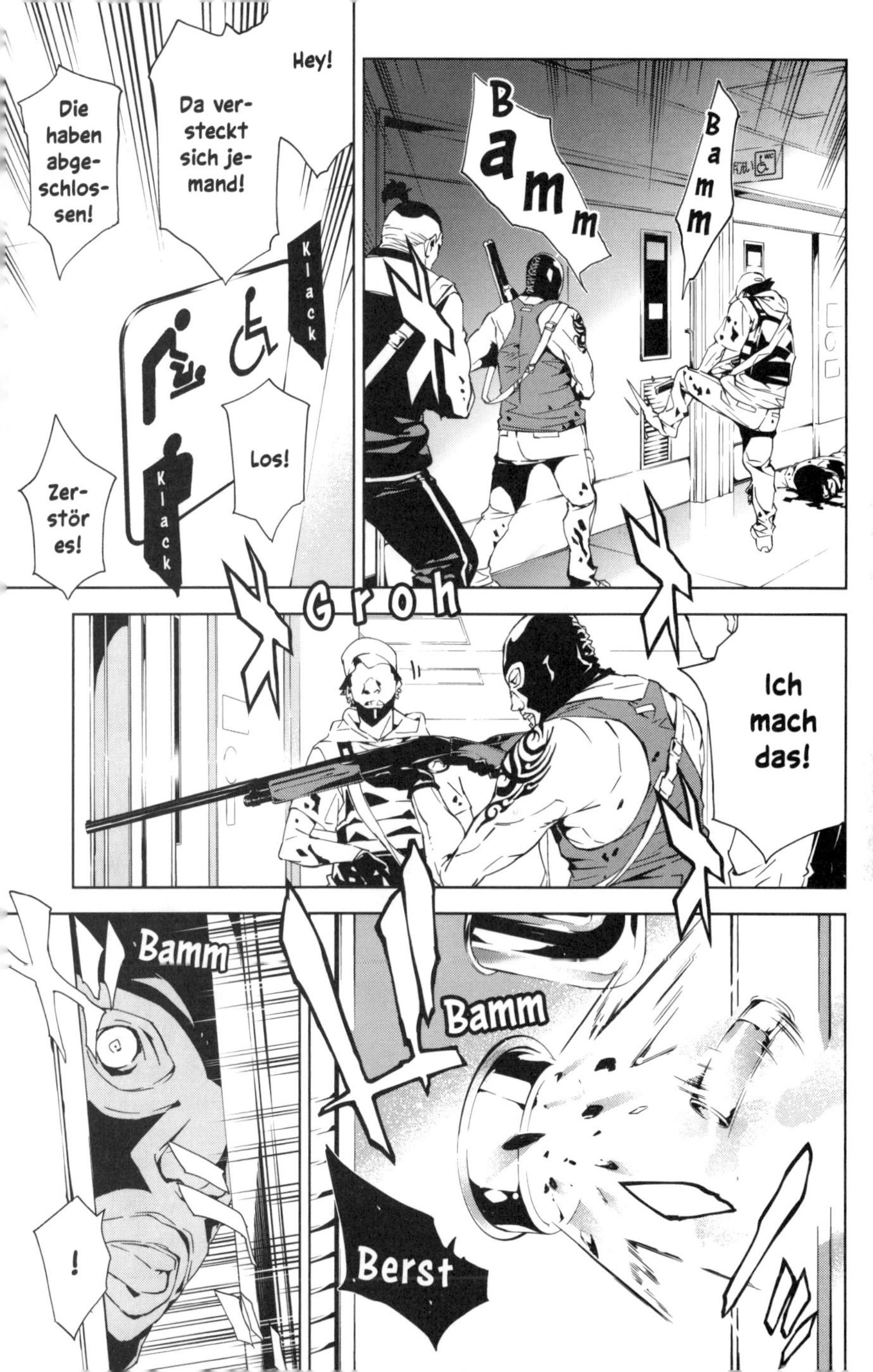
Bamm
Bamm
Hey!
Da versteckt sich jemand!
Die haben abgeschlossen!
Klack
Los!
Klack
Zerstör es!
Groh
Ich mach das!
Bamm
Bamm
Berst
!

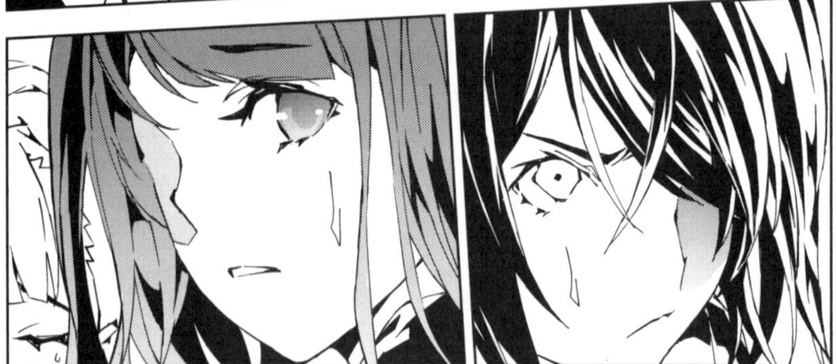

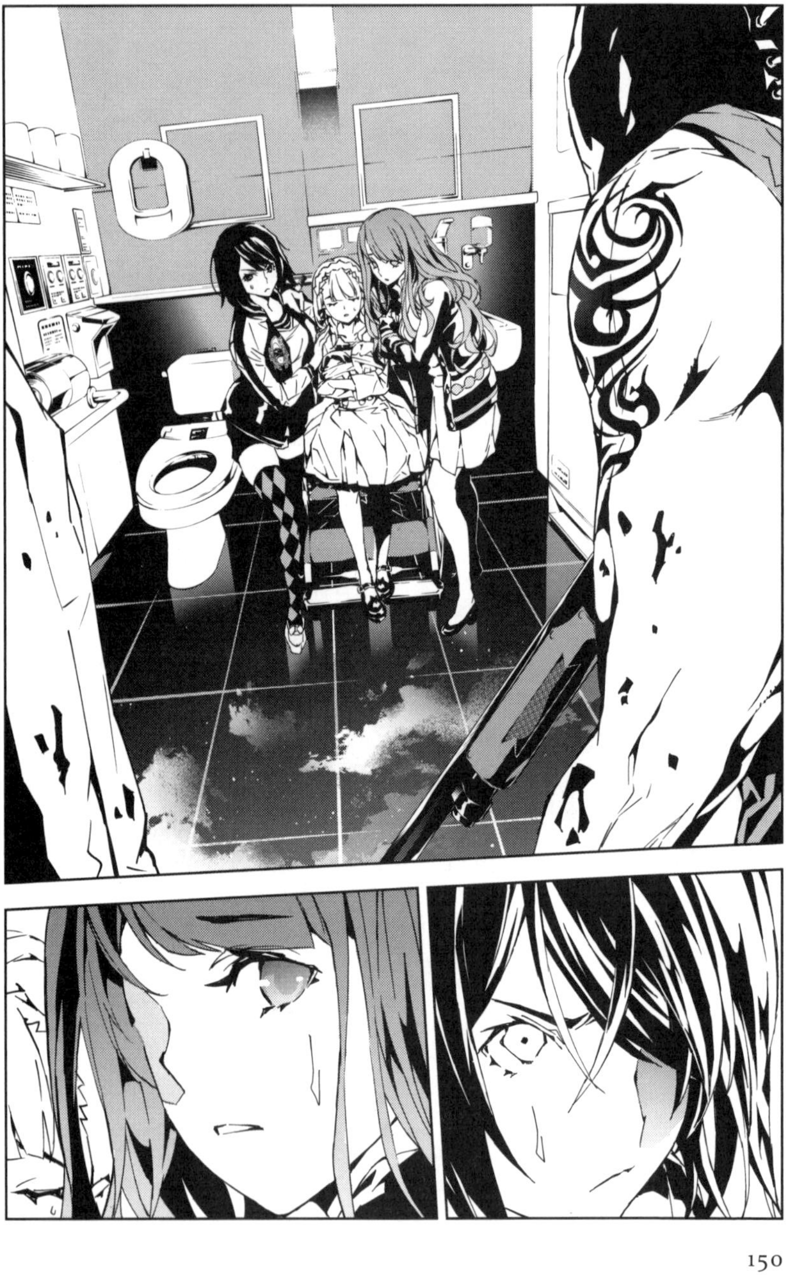

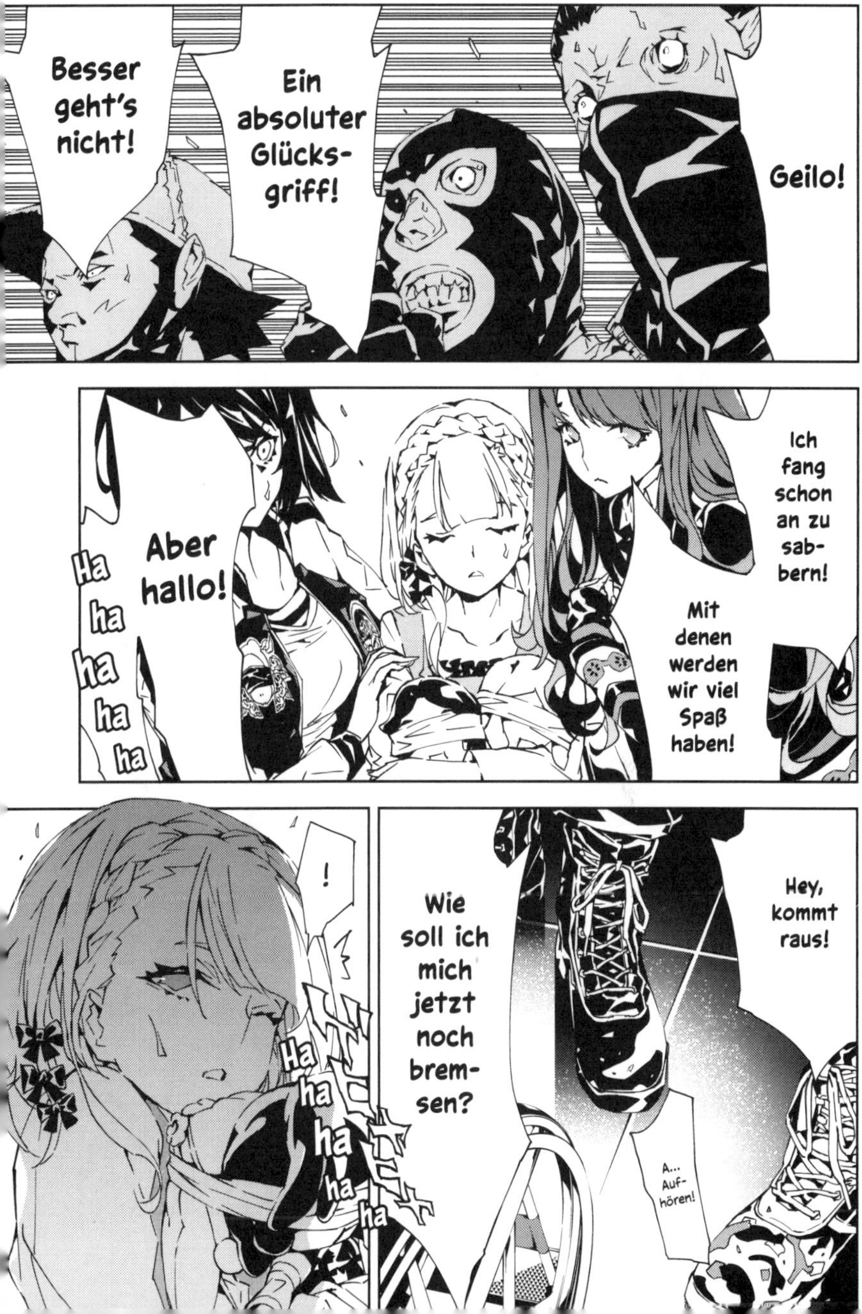

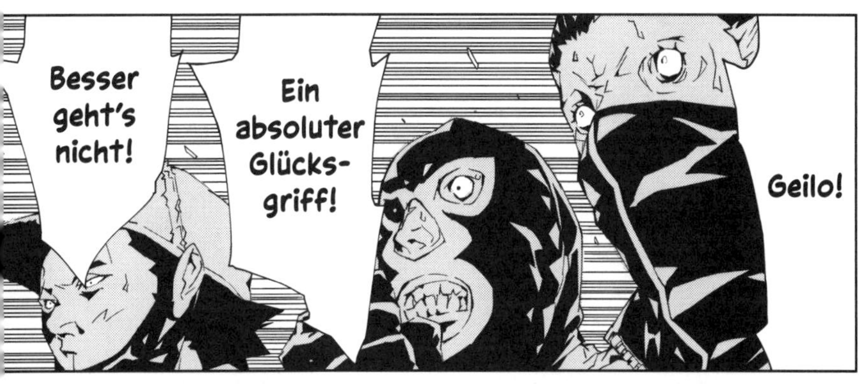

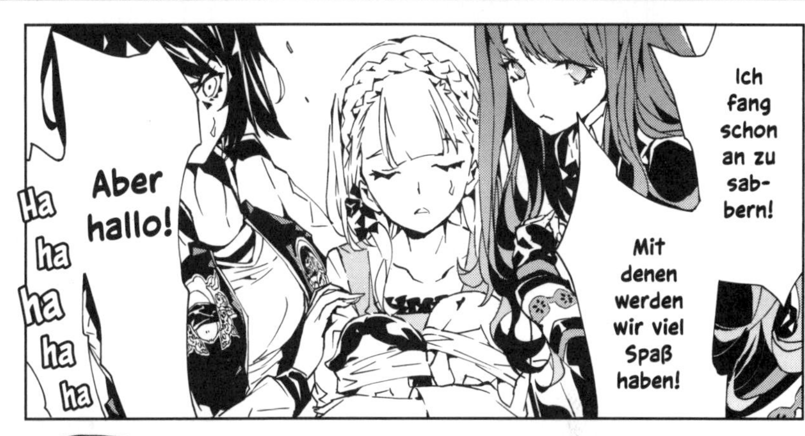

Hey, kommt raus!

A... Auf-hören!

Wie soll ich mich jetzt noch brem-sen?

!

Ha ha ha ha ha

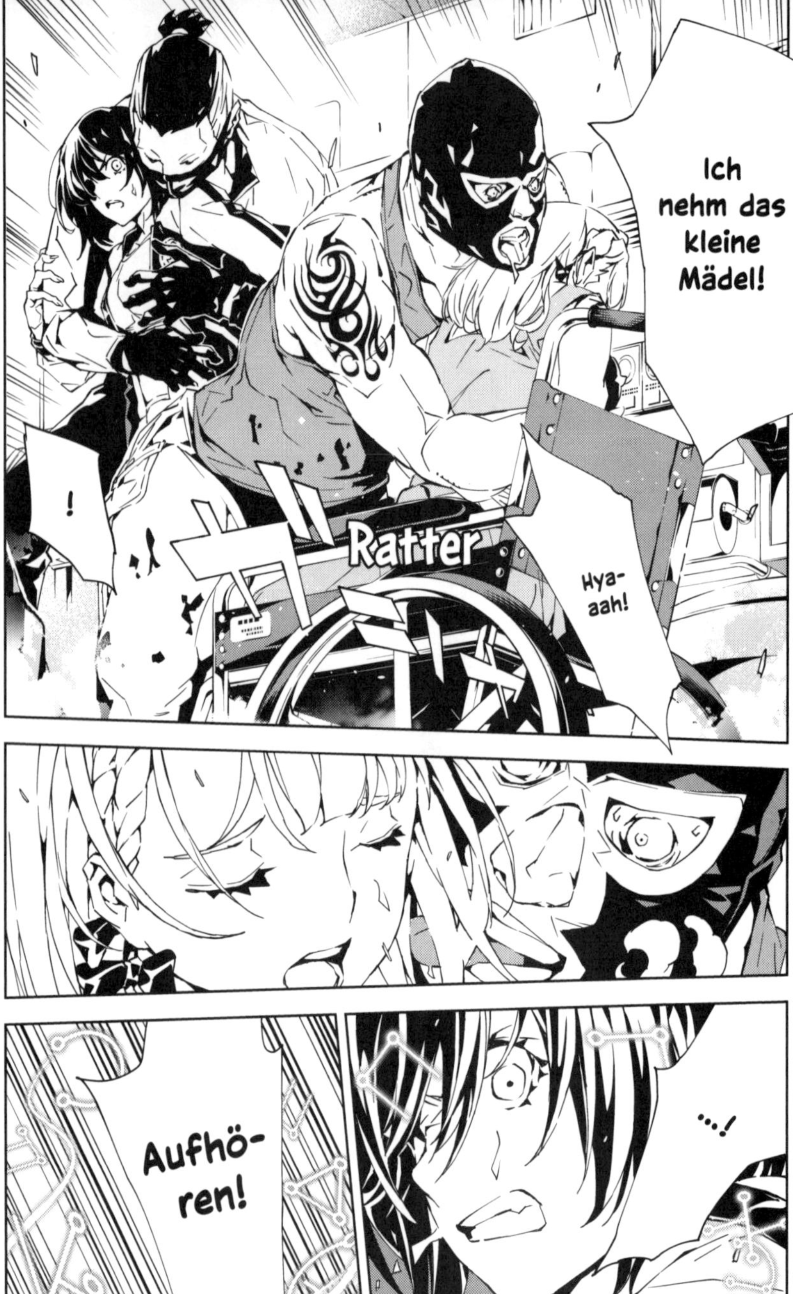

Ich nehm das kleine Mädel!
Hya-aah!
Ratter
!

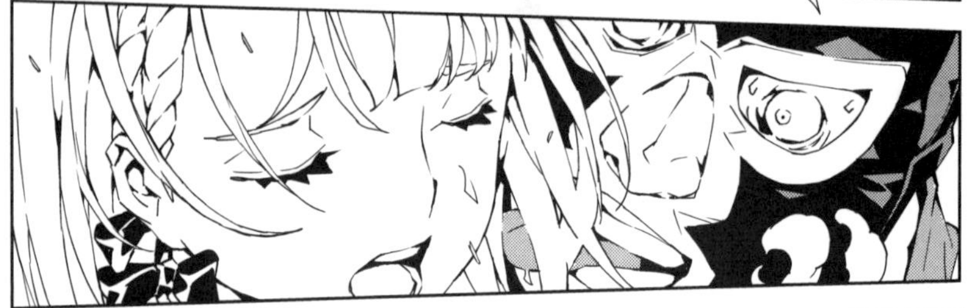

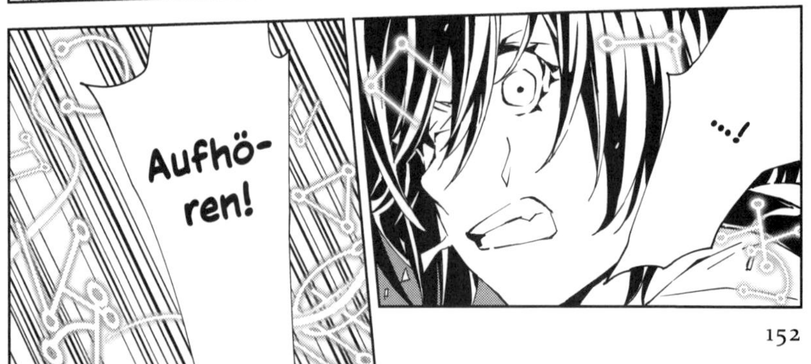

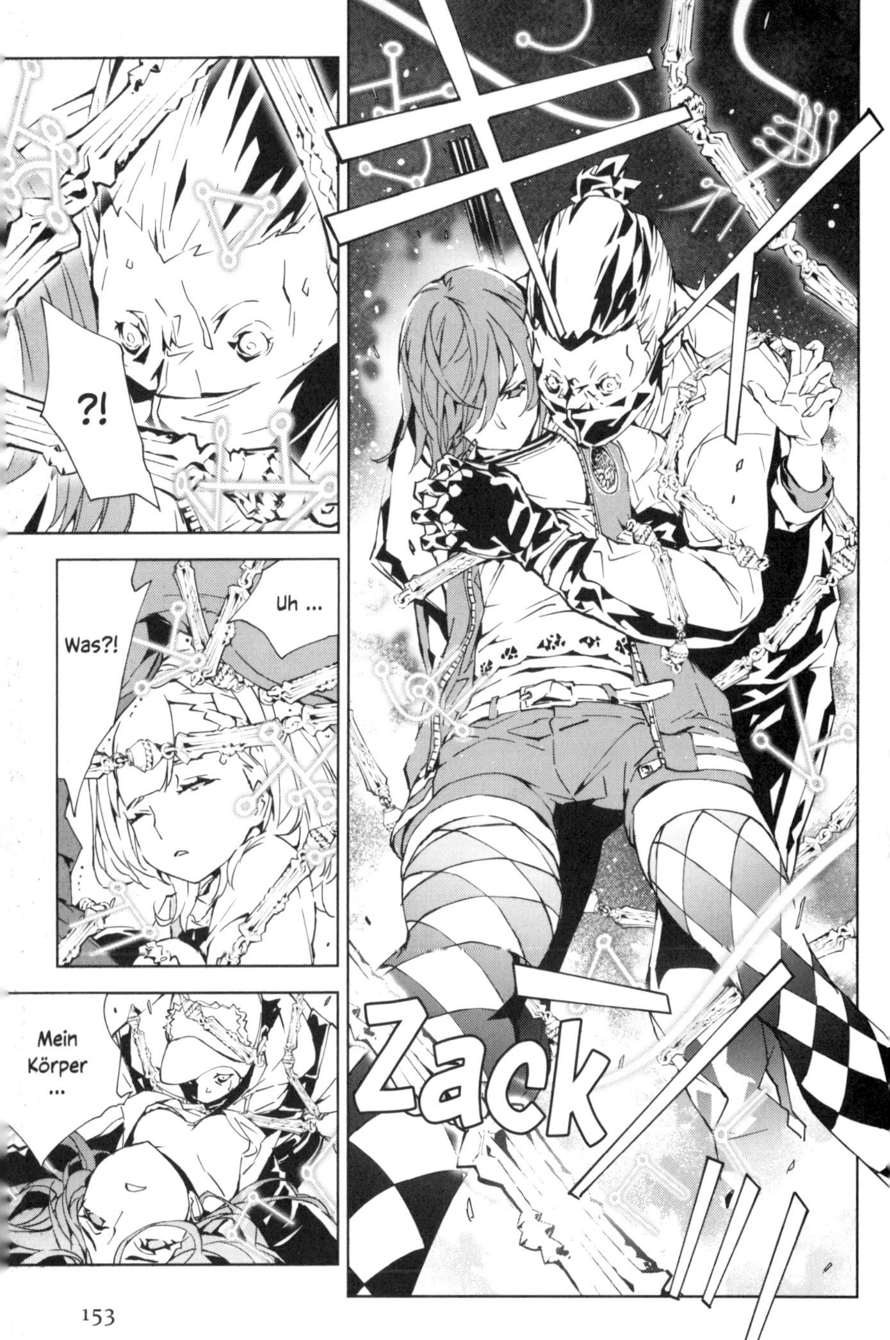
Zack
?!
Uh ...
Was?!
Mein Körper ...

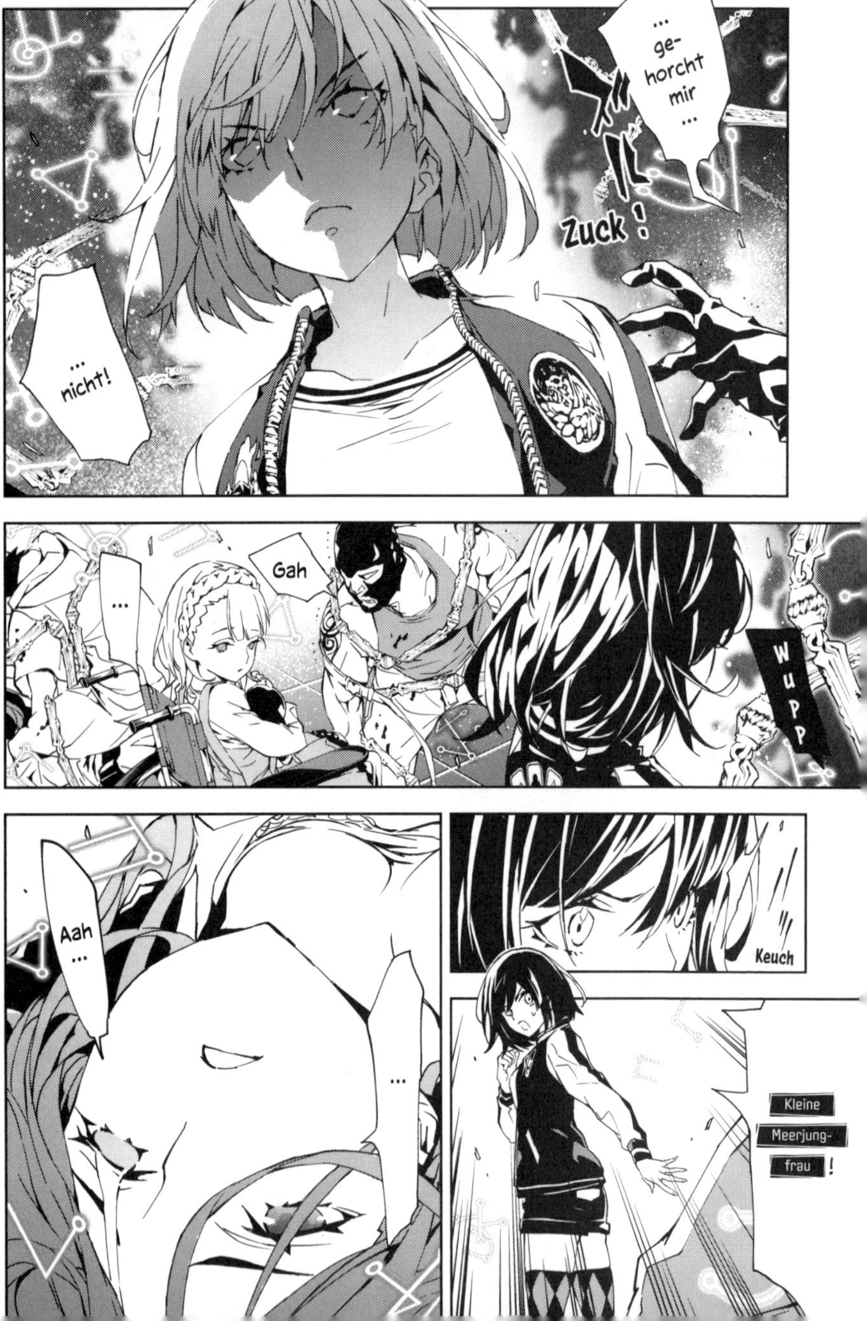

... gehorcht mir ...

Zuck!

... nicht!

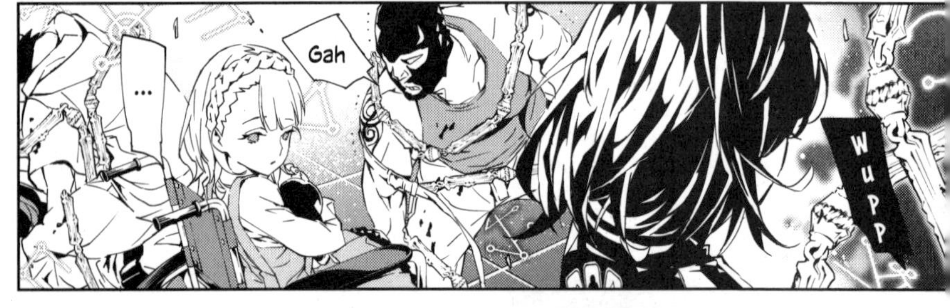

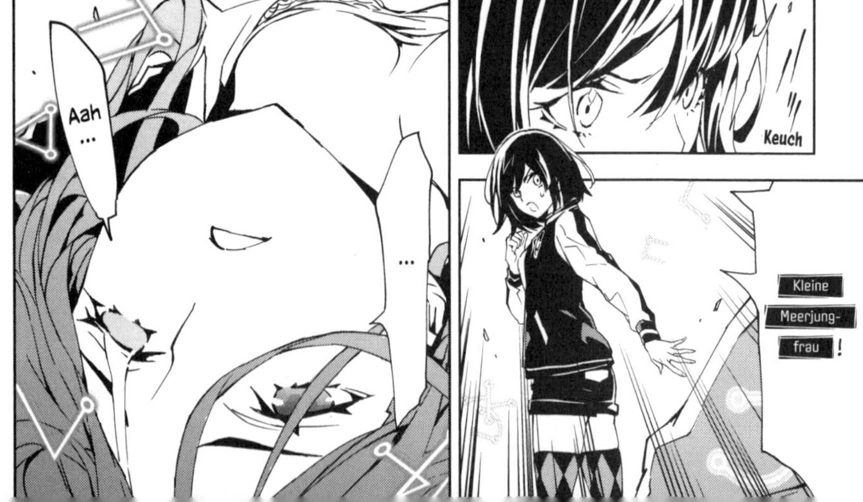

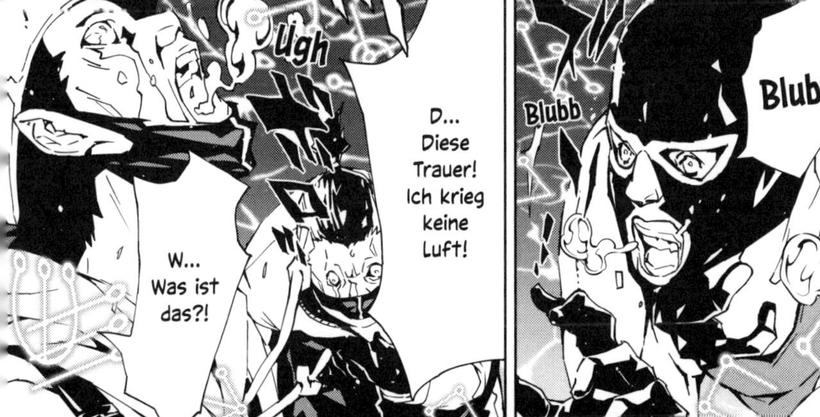
Gluck
Blubb
Blubb
D... Diese Trauer! Ich krieg keine Luft!
Ugh
W... Was ist das?!

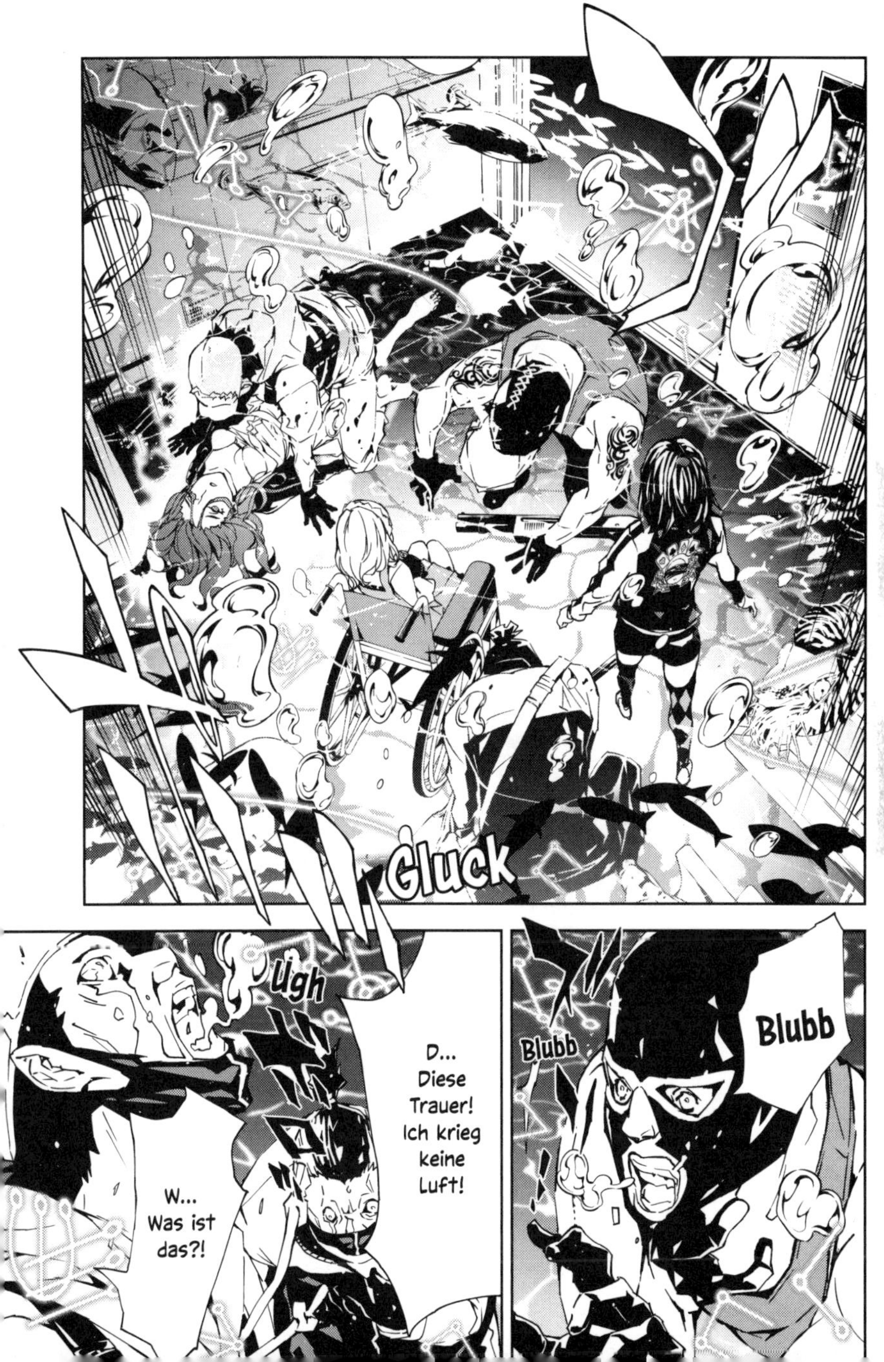

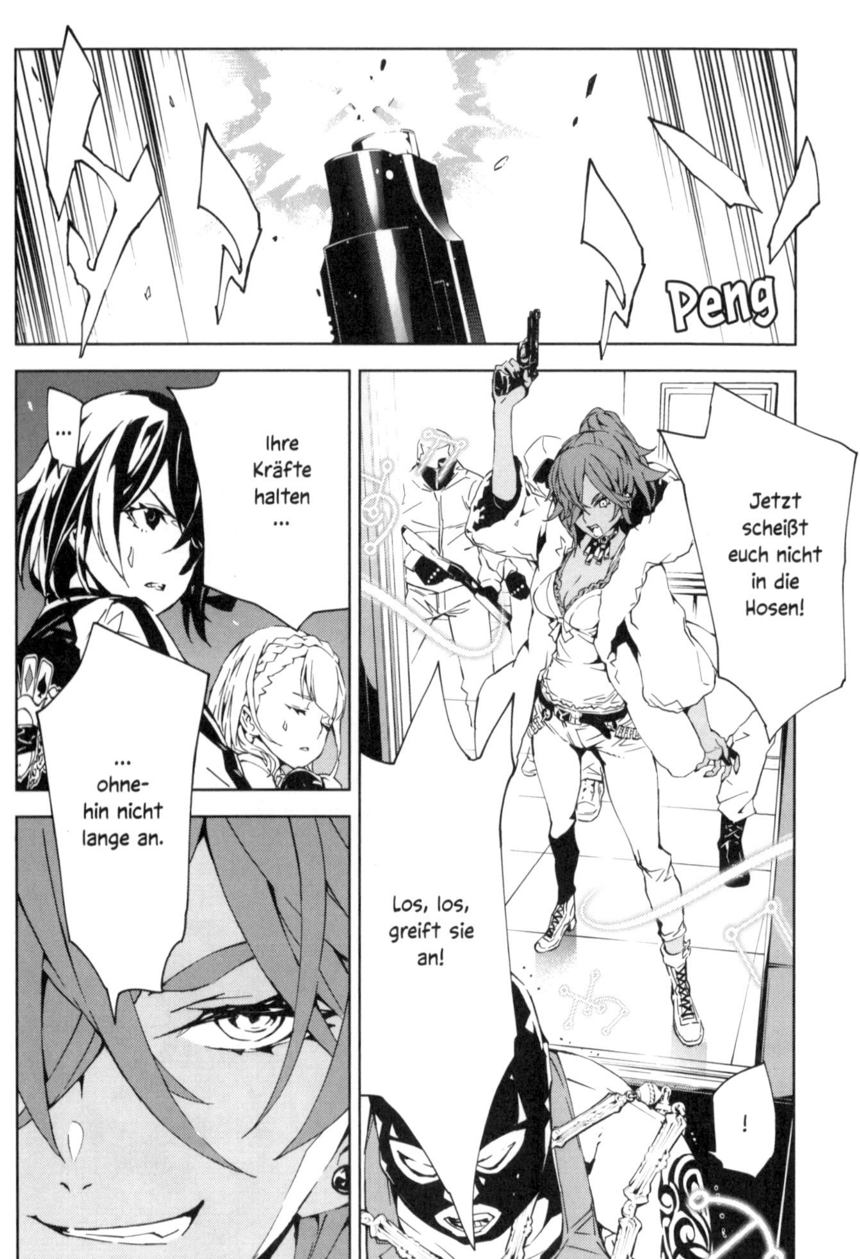
Peng
...
Ihre Kräfte halten ...
... ohne-hin nicht lange an.
Jetzt scheißt euch nicht in die Hosen!
Los, los, greift sie an!
!

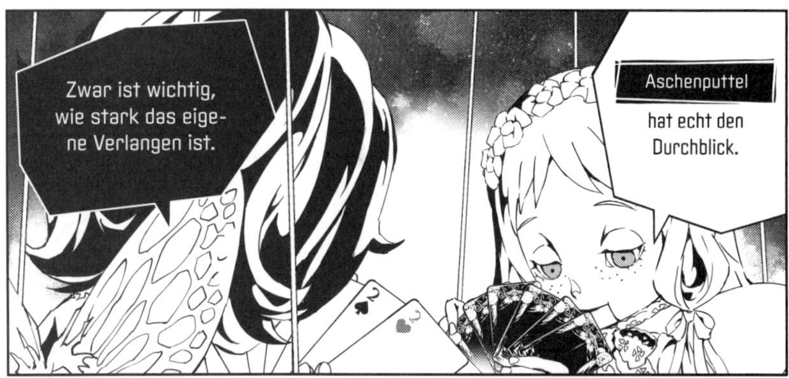
Aschenputtel
hat echt den Durchblick.
Zwar ist wichtig, wie stark das eigene Verlangen ist.

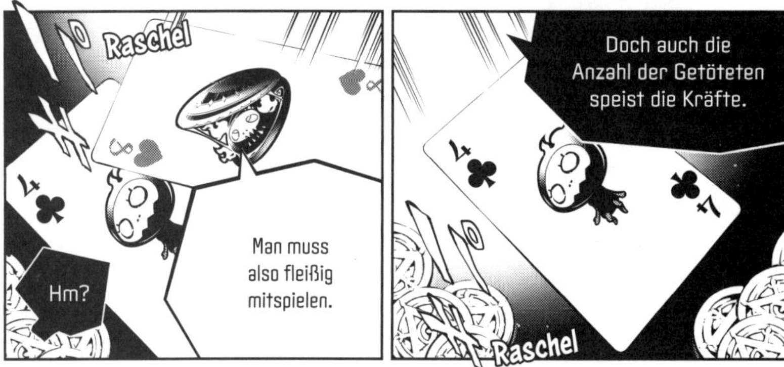
Doch auch die Anzahl der Getöteten speist die Kräfte.
Raschel
Raschel
Man muss also fleißig mitspielen.
Hm?

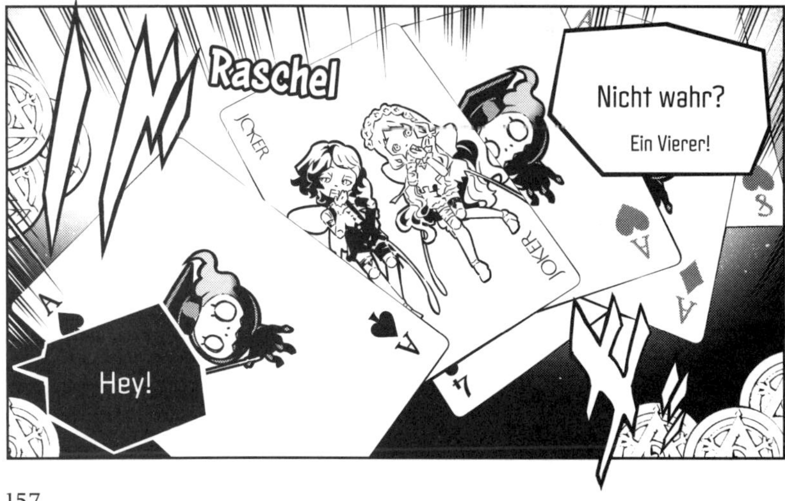
Nicht wahr?
Ein Vierer!
Raschel
JOKER
Hey!

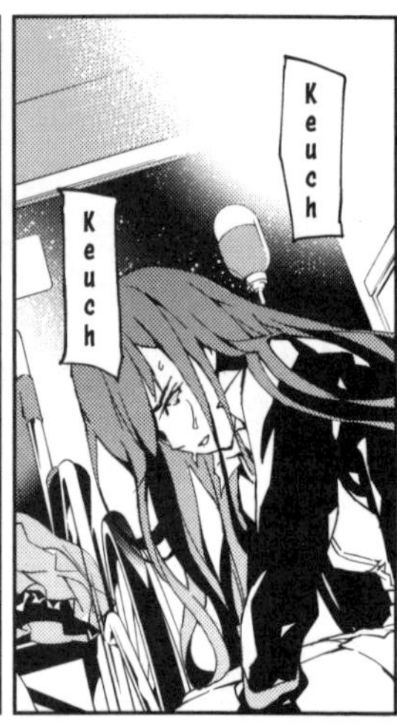
Keuch
Keuch

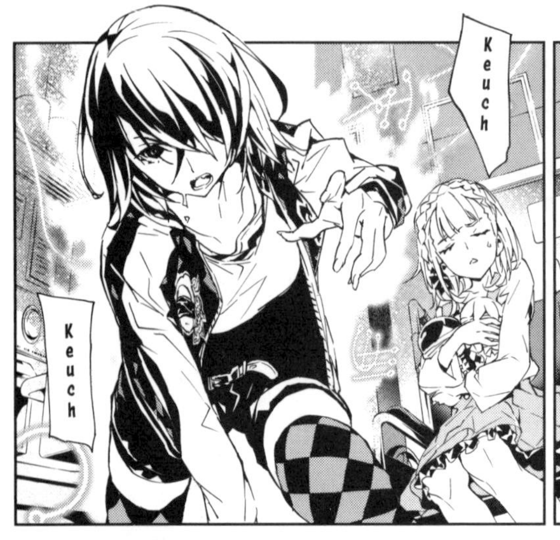
Keuch
Keuch

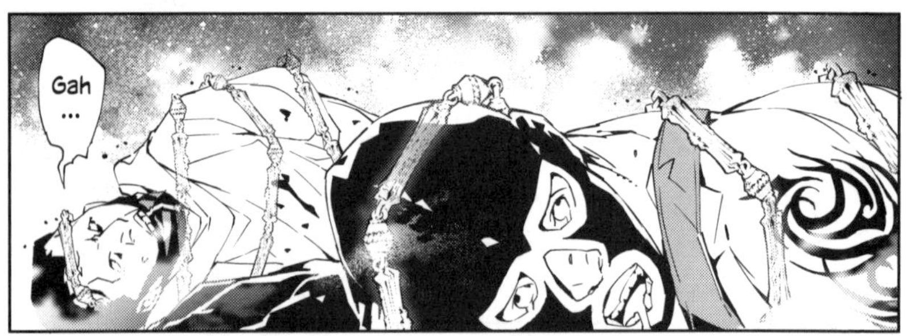
Gah ...

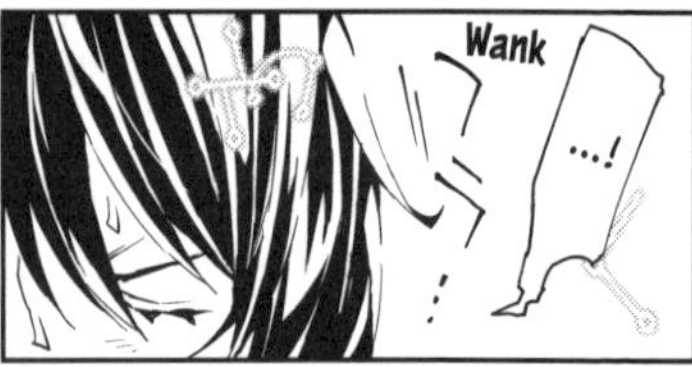
Wank
...!

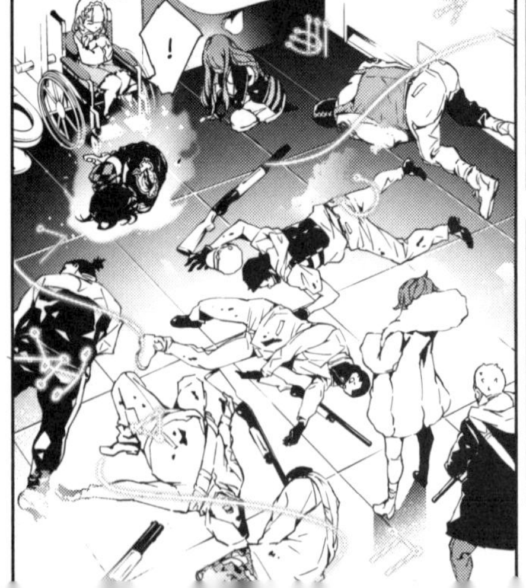
!

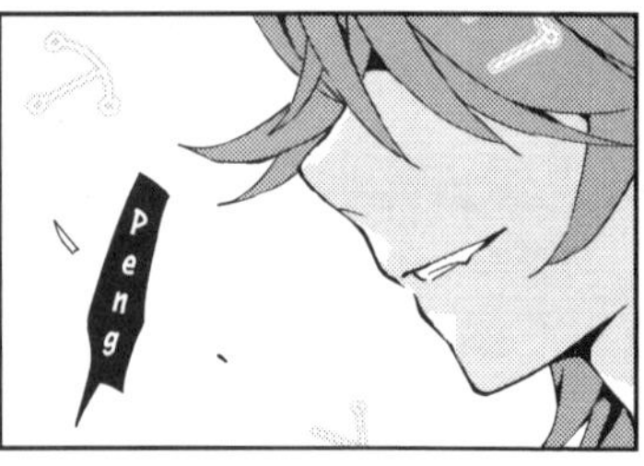
Peng

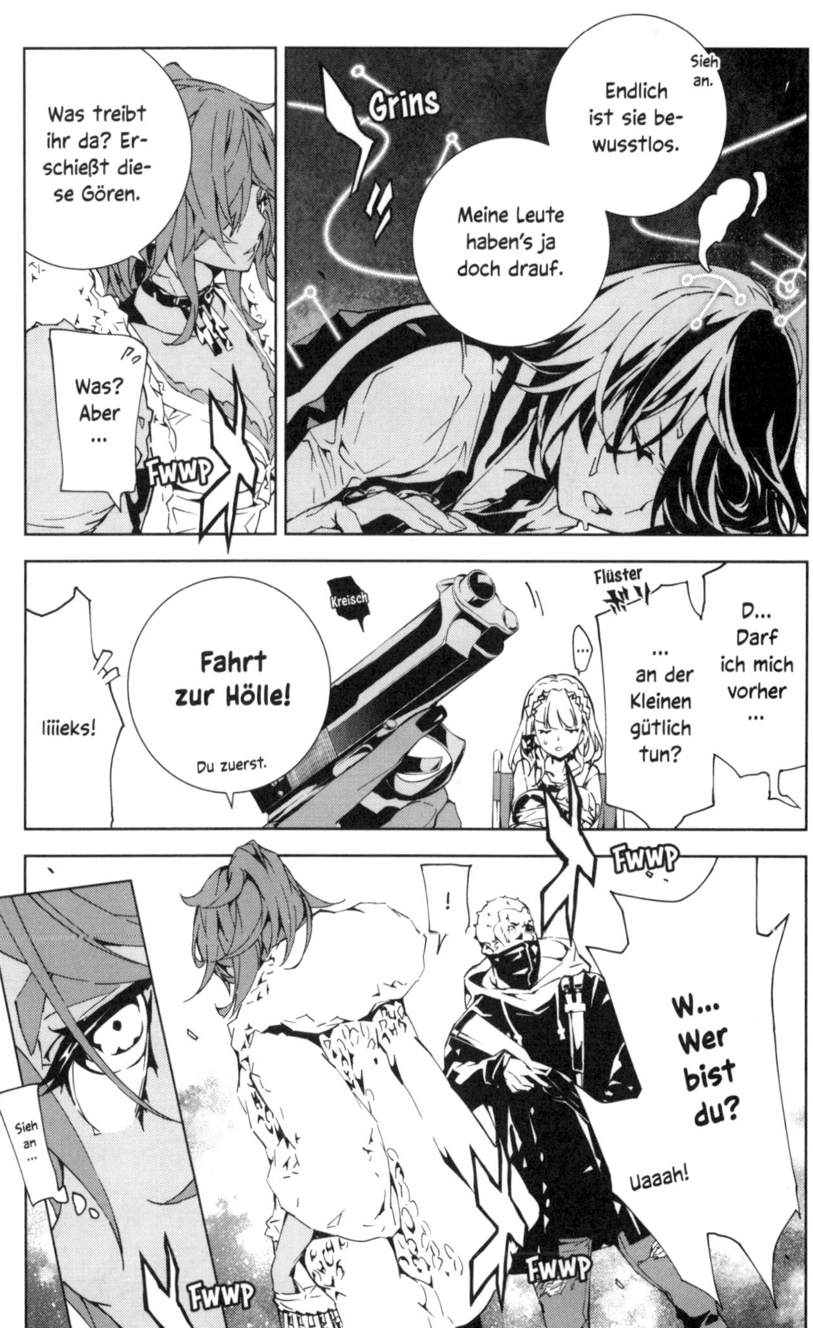
Sieh an.
Endlich ist sie bewusstlos.
Meine Leute haben's ja doch drauf.
Grins
Was treibt ihr da? Erschießt diese Gören.
Was? Aber …
Fwwp
Flüster
D… Darf ich mich vorher …
… an der Kleinen gütlich tun?
…
Kreisch
Fahrt zur Hölle!
Du zuerst.
Iiiieks!
Fwwp
W… Wer bist du?
Uaaah!
!
Fwwp
Fwwp
Sieh an …

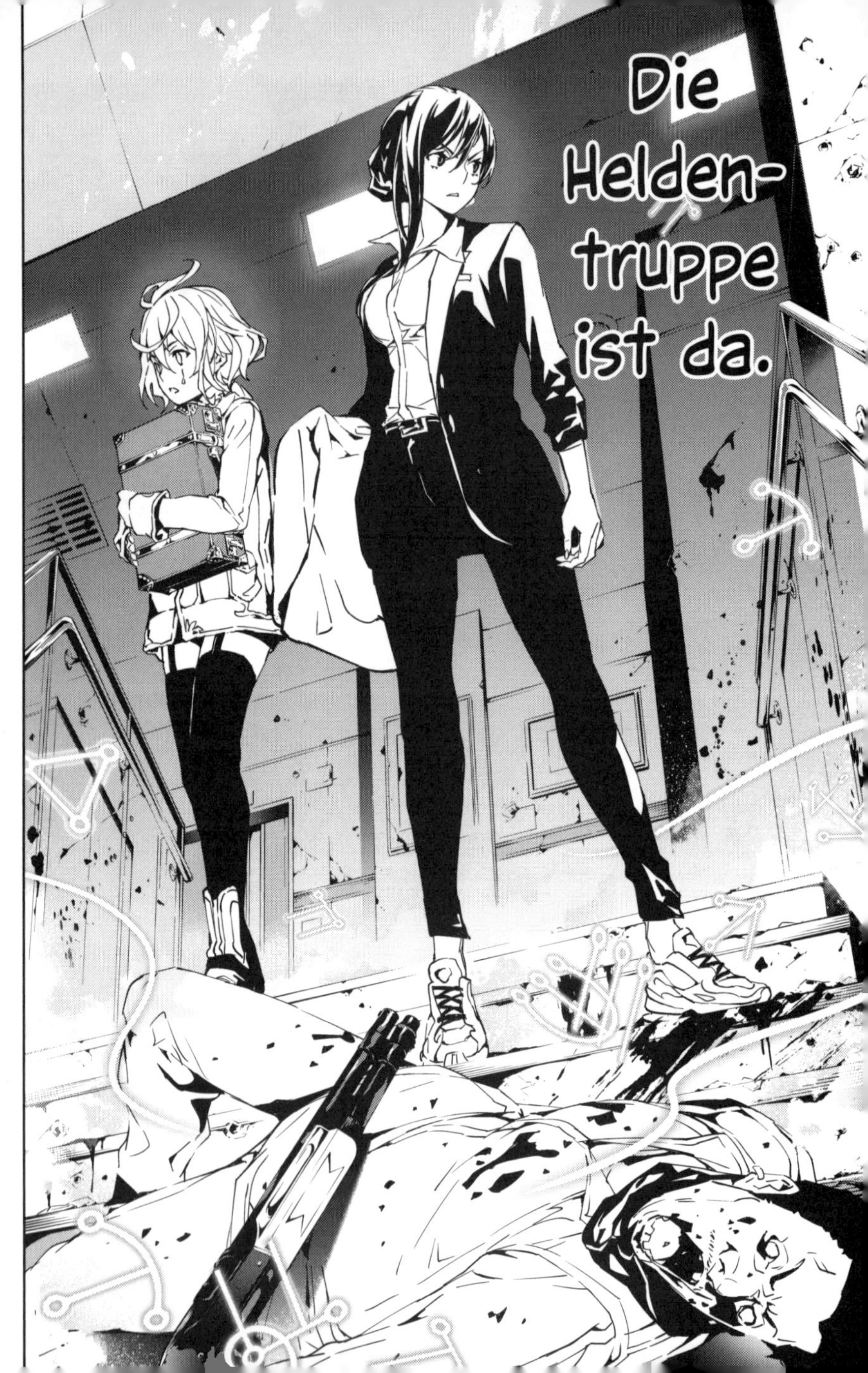
Die
Helden-
truppe
ist da.

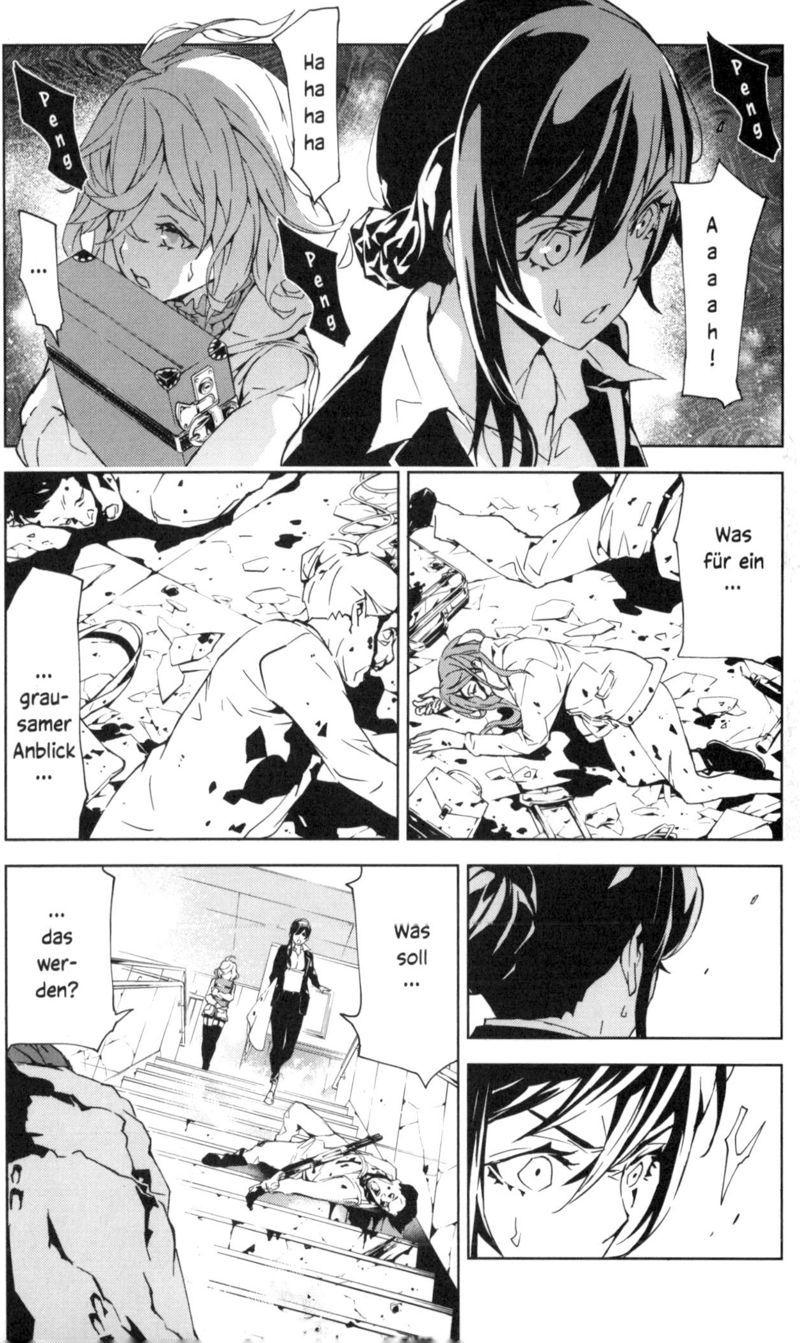

Peng
Aaaah!
Peng
Ha ha ha ha
Peng
...

Was für ein ...
... grausamer Anblick ...

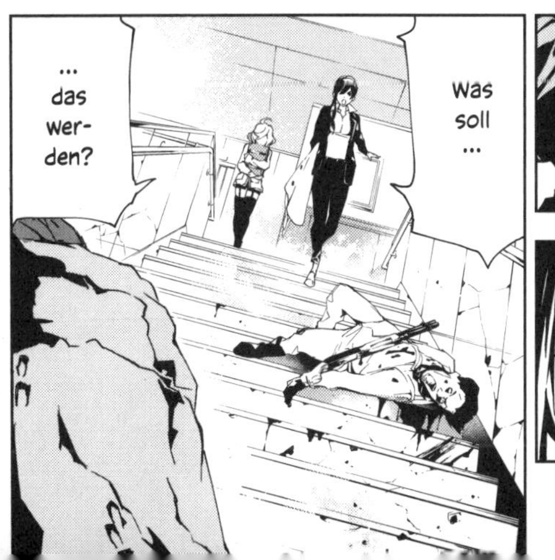

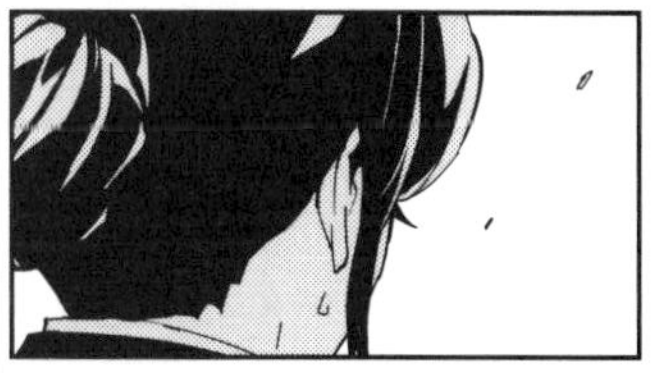

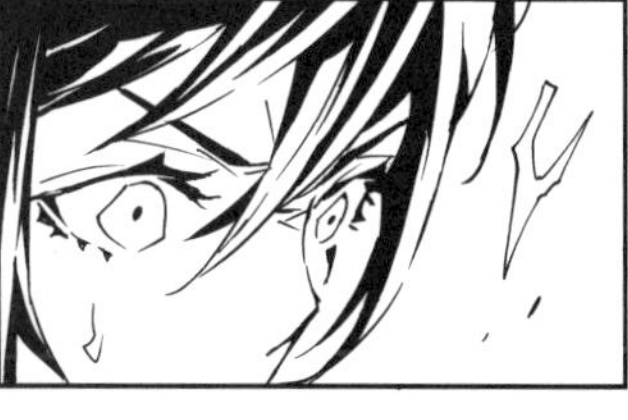

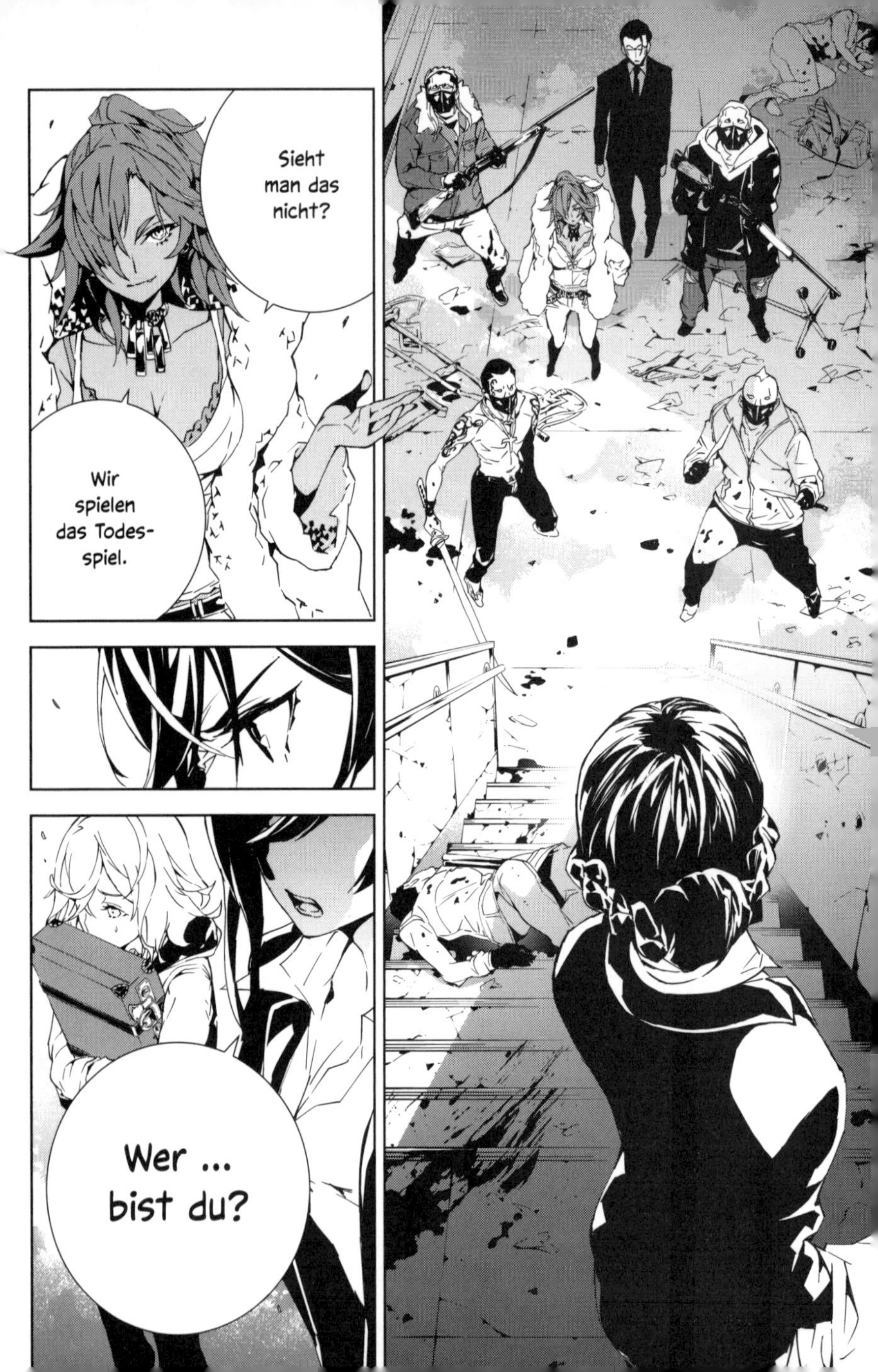

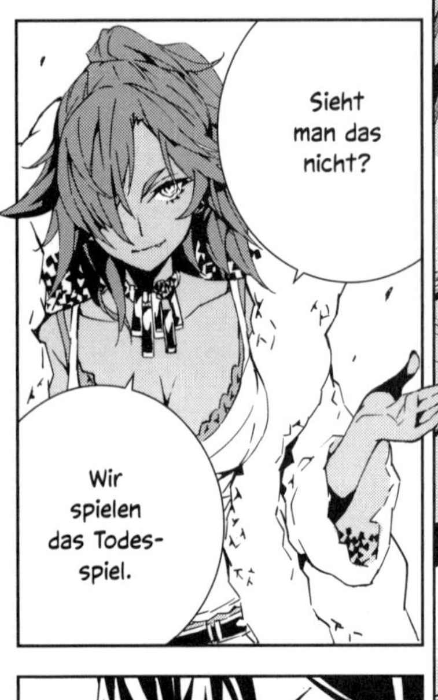
Sieht man das nicht?
Wir spielen das Todes-spiel.

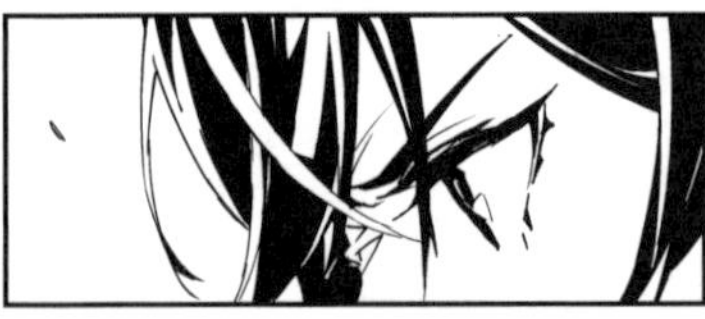

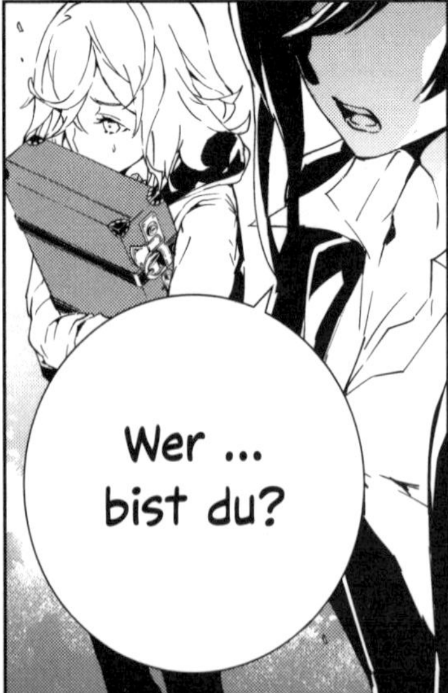
Wer ... bist du?

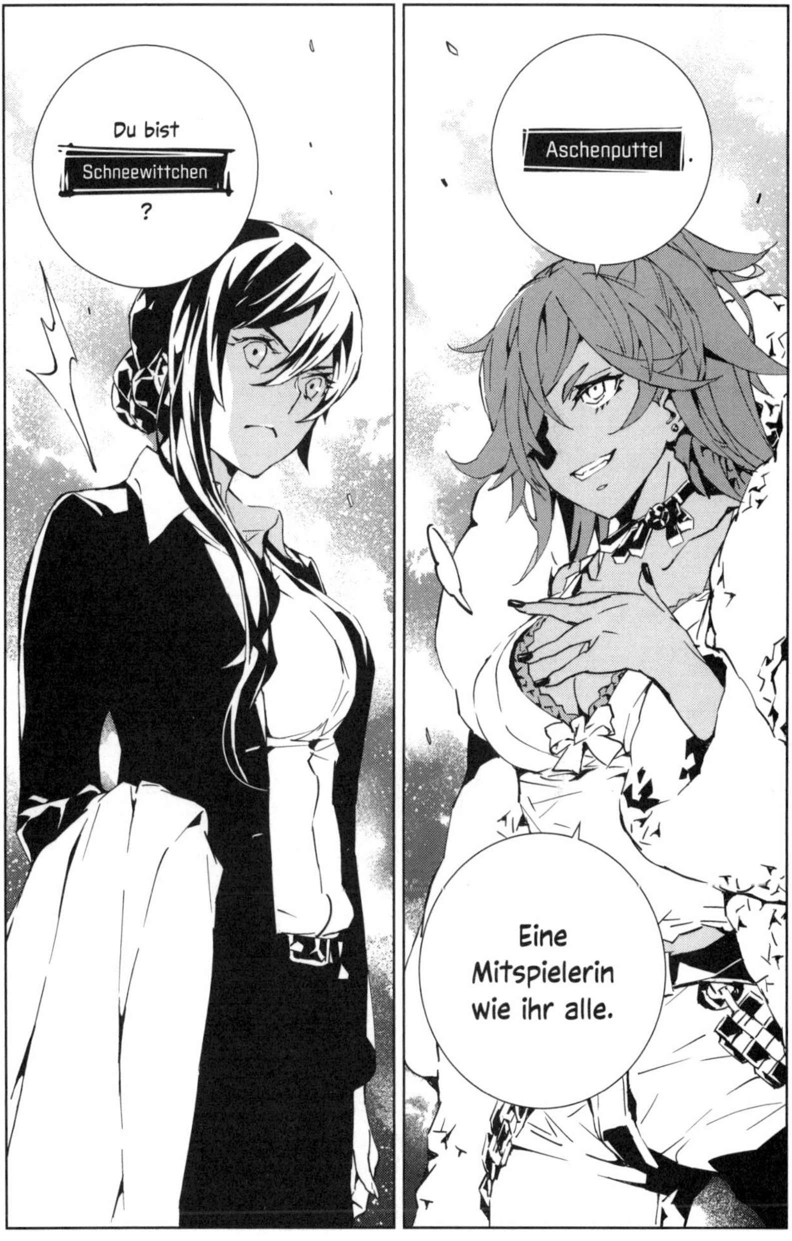

Du bist
Schneewittchen
?

Aschenputtel.

Eine Mitspielerin wie ihr alle.

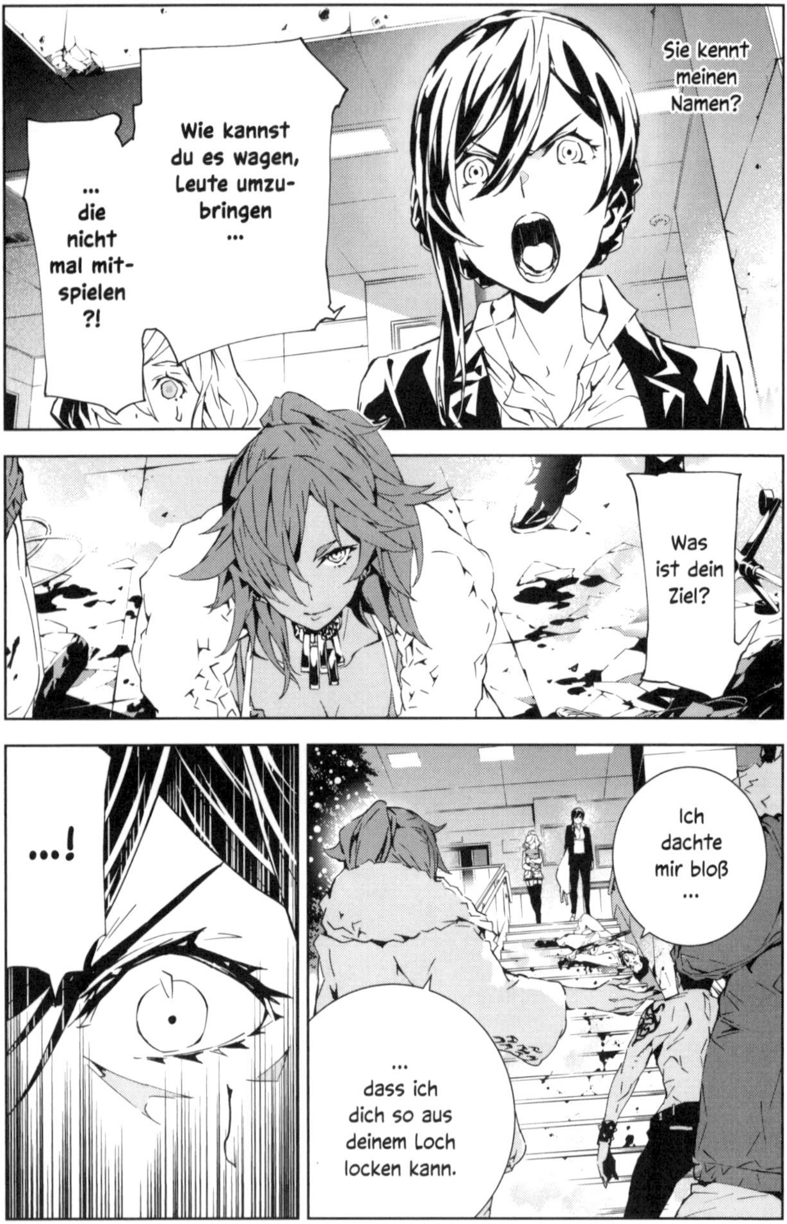

Sie kennt meinen Namen?

Wie kannst du es wagen, Leute umzubringen ...

... die nicht mal mitspielen ?!

Was ist dein Ziel?

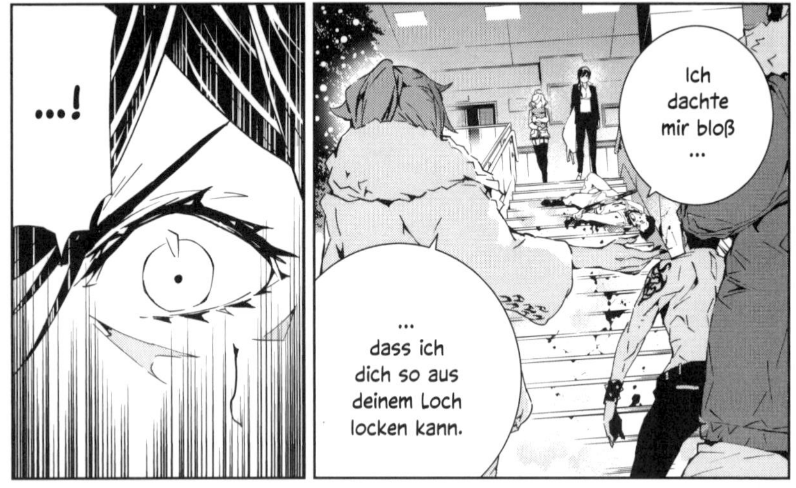

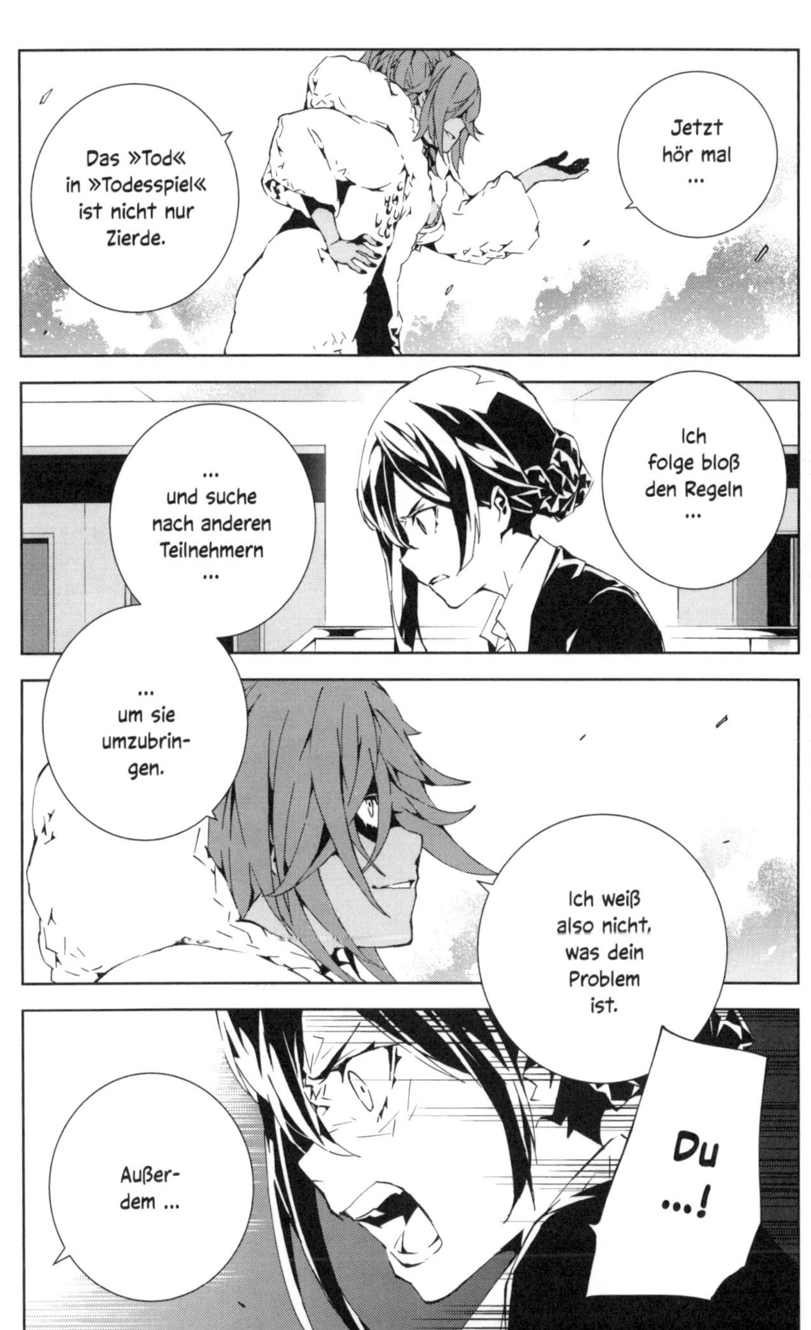
Jetzt hör mal ...
Das »Tod« in »Todesspiel« ist nicht nur Zierde.
Ich folge bloß den Regeln ...
... und suche nach anderen Teilnehmern ...
... um sie umzubrin-gen.
Ich weiß also nicht, was dein Problem ist.
Du ...!
Außer-dem ...

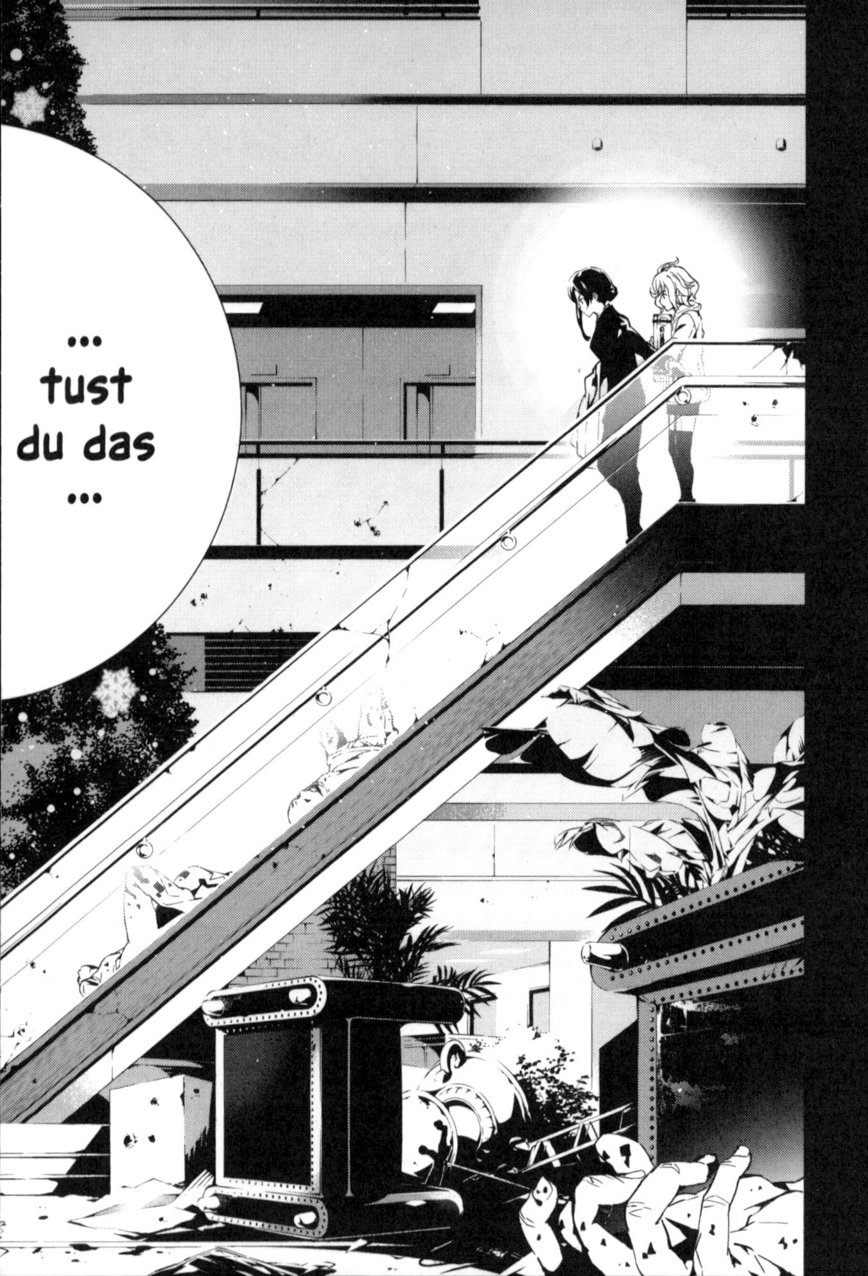
... tust du das ...

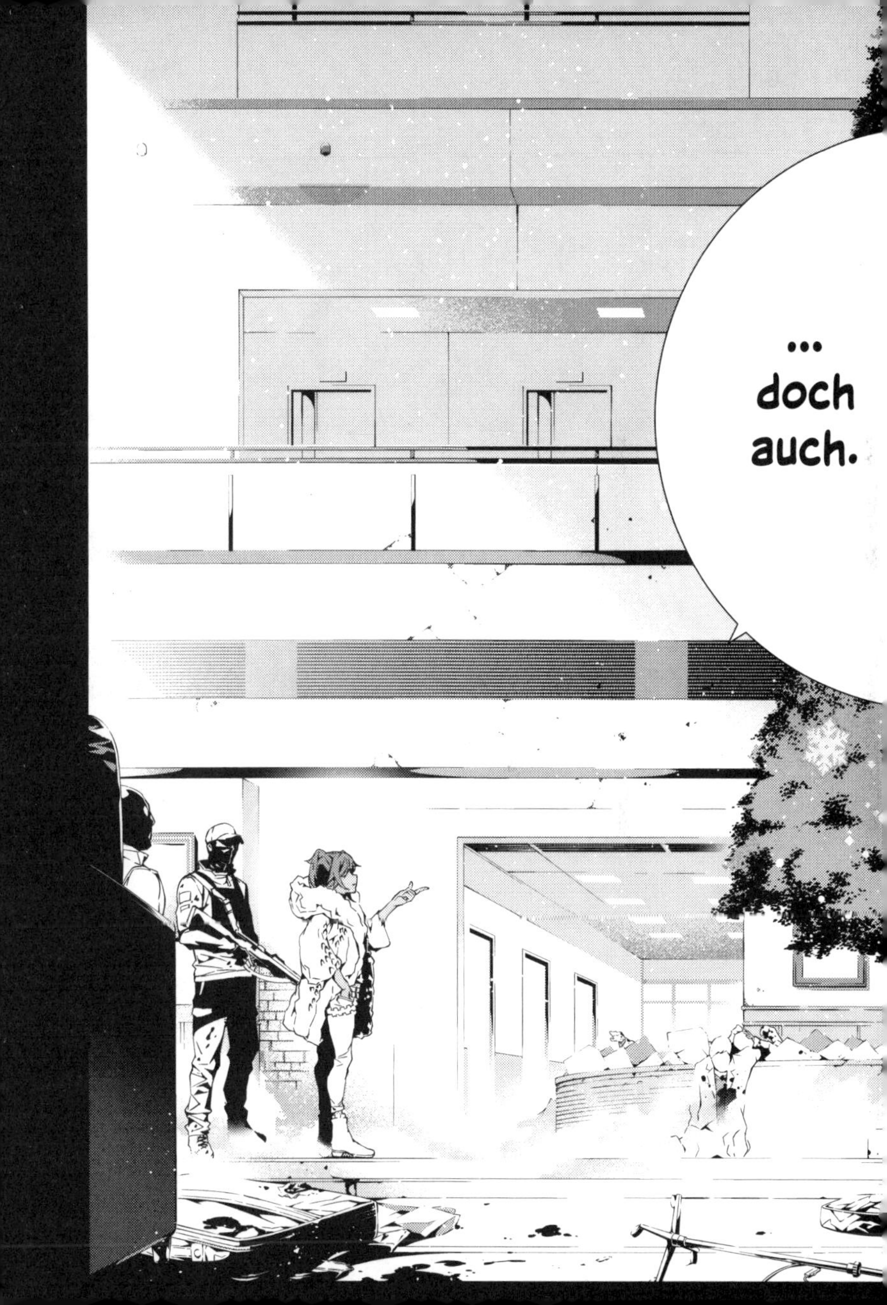
...
doch
auch.

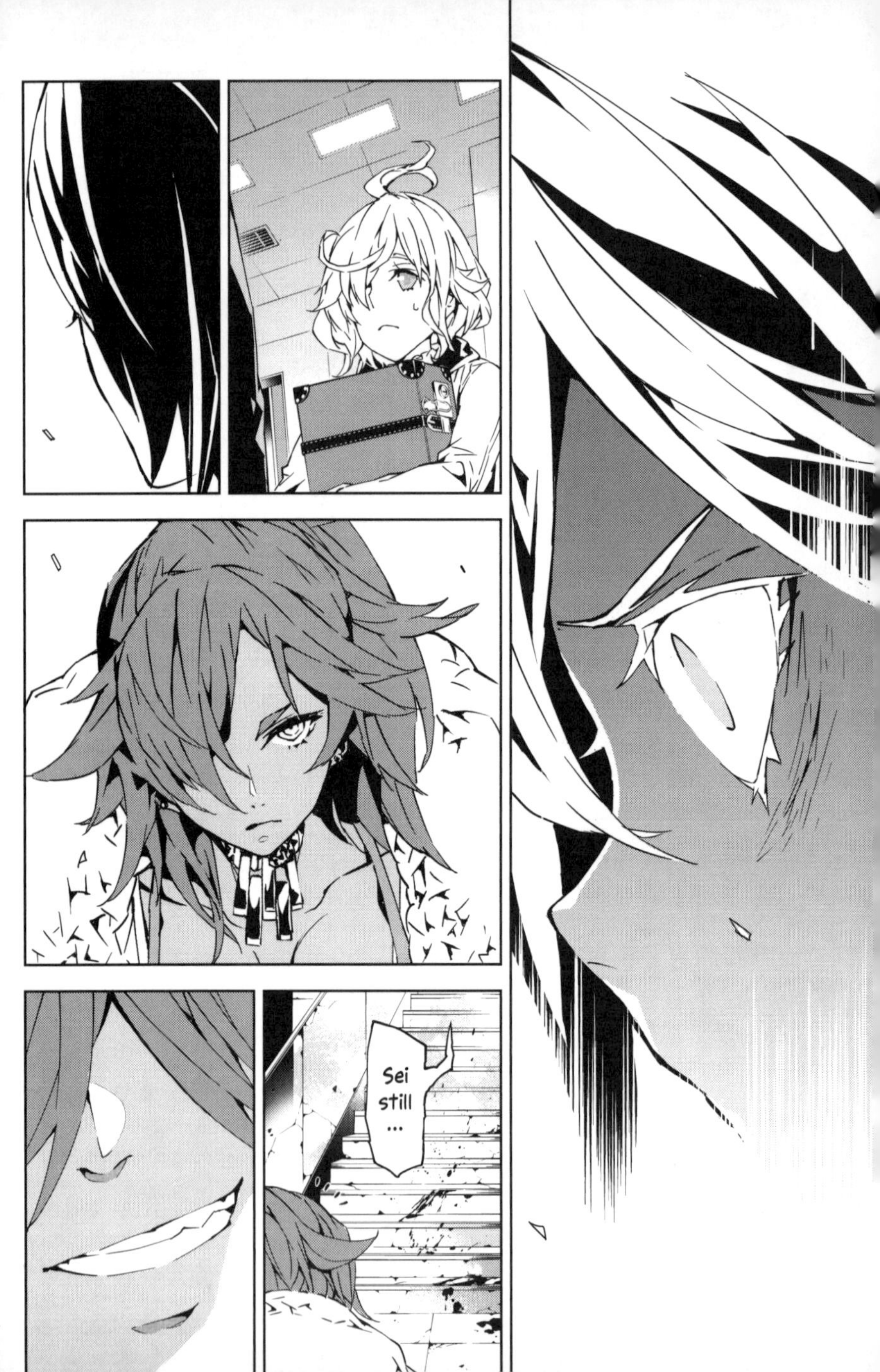
Sei
still
...

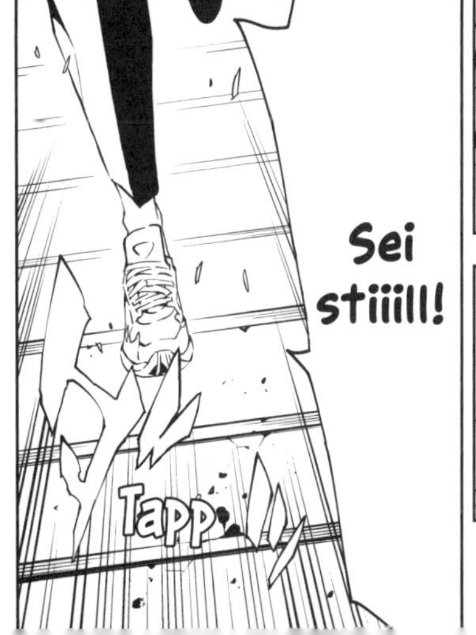
Sei
stiiiill!
Tapp

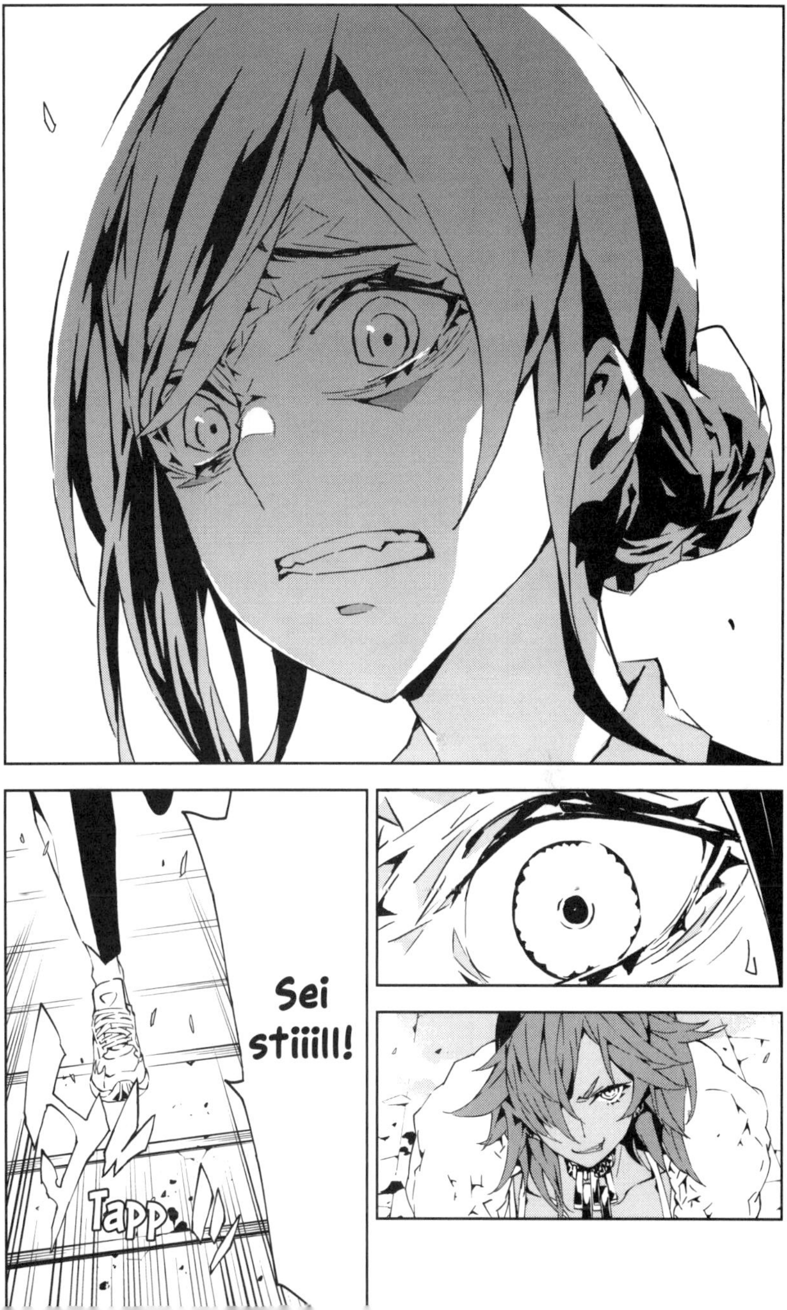

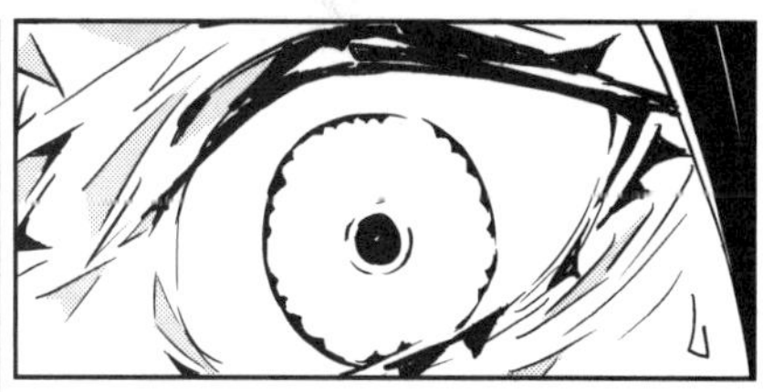

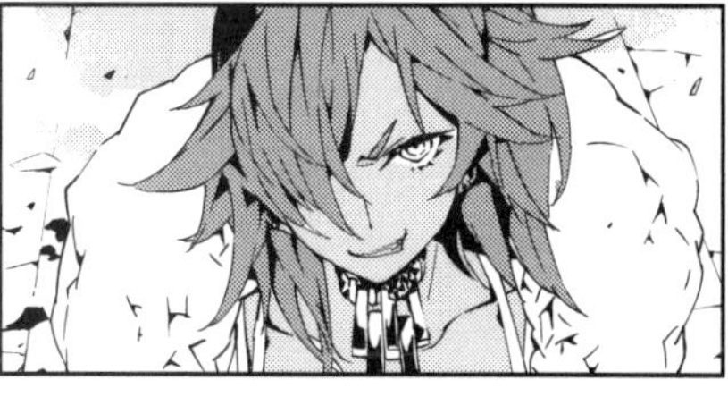

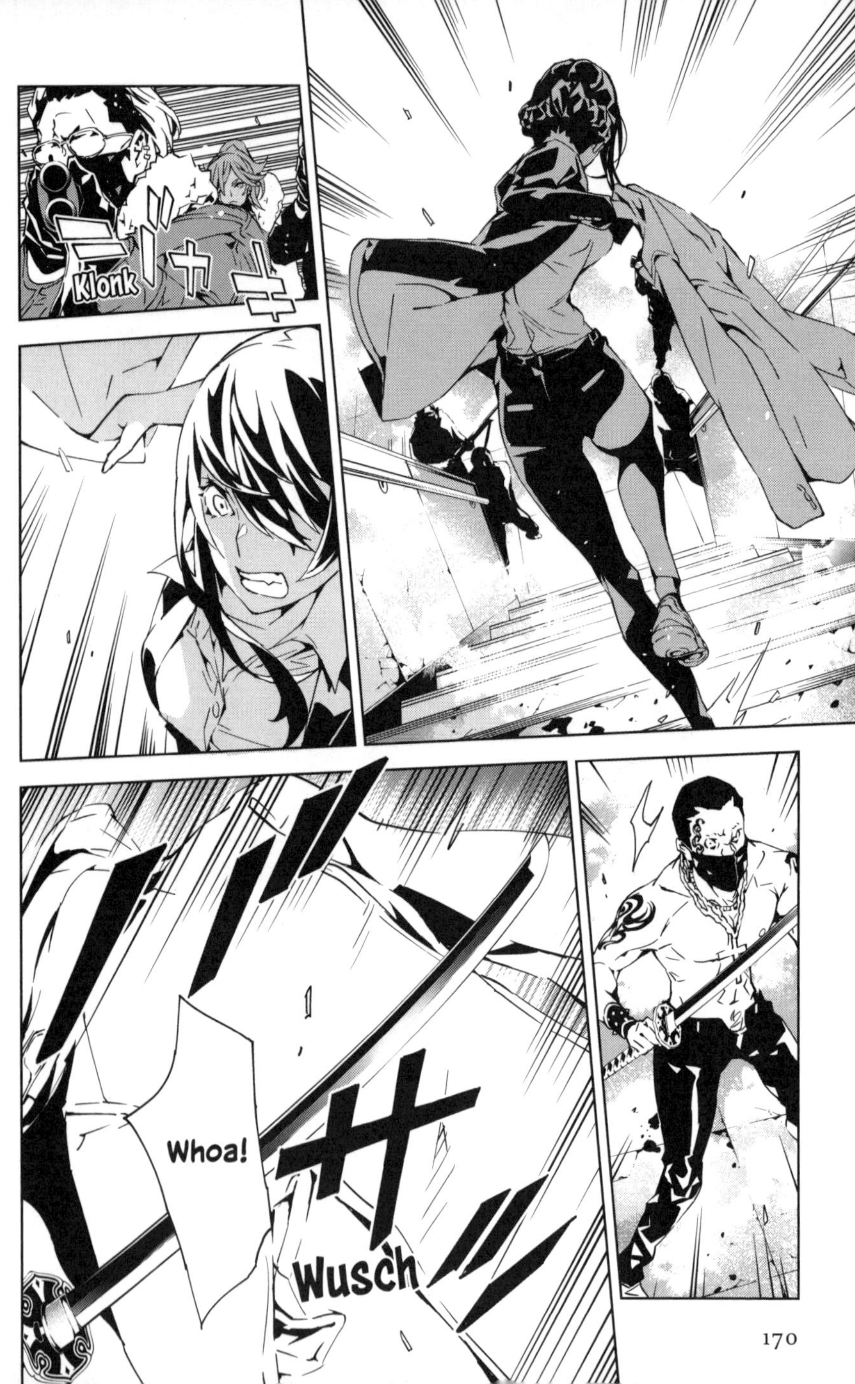
Klonk
Whoa!
Wusch

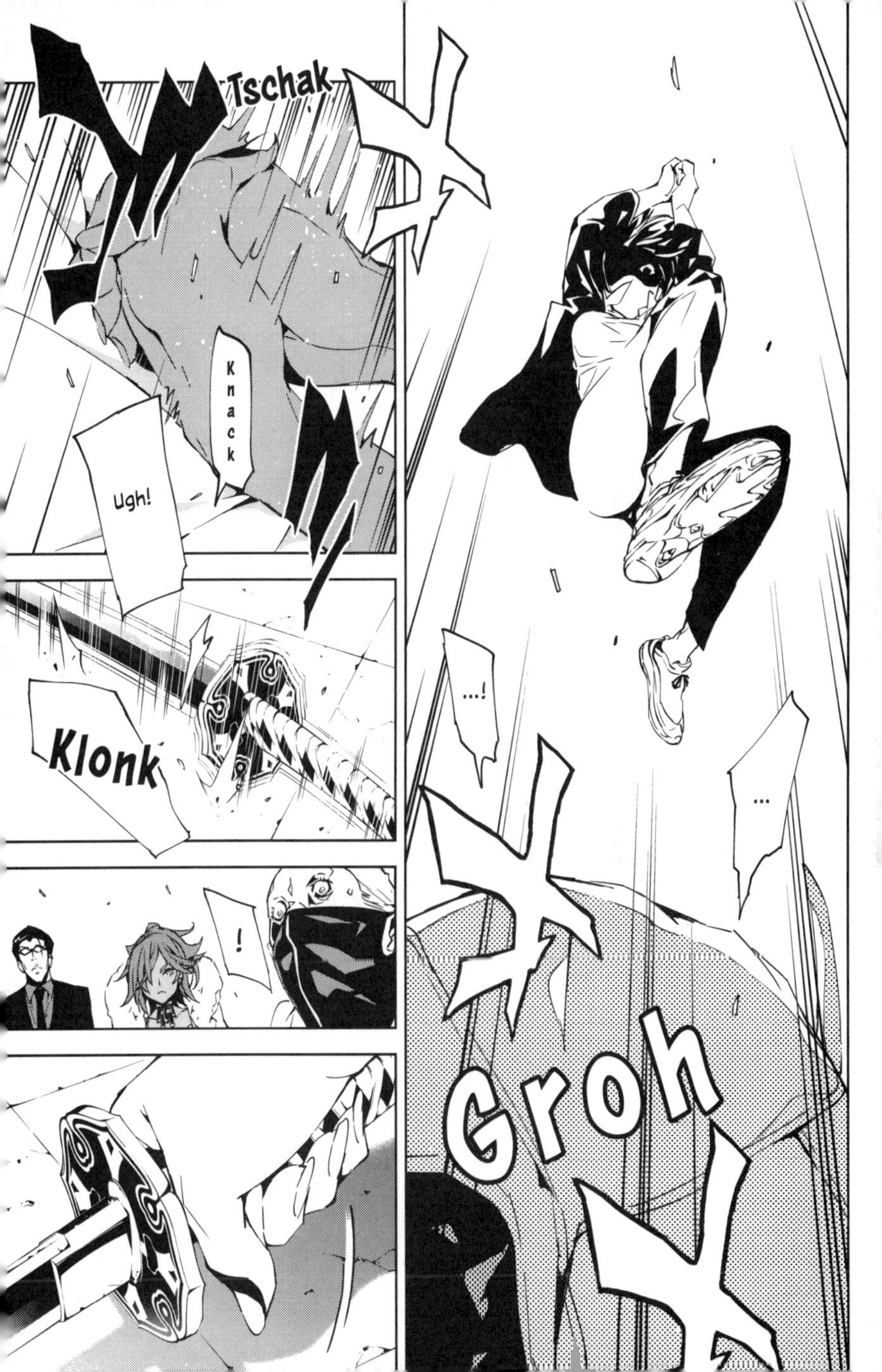
...!
...
Groh
Tschak
Knack
Ugh!
Klonk
!

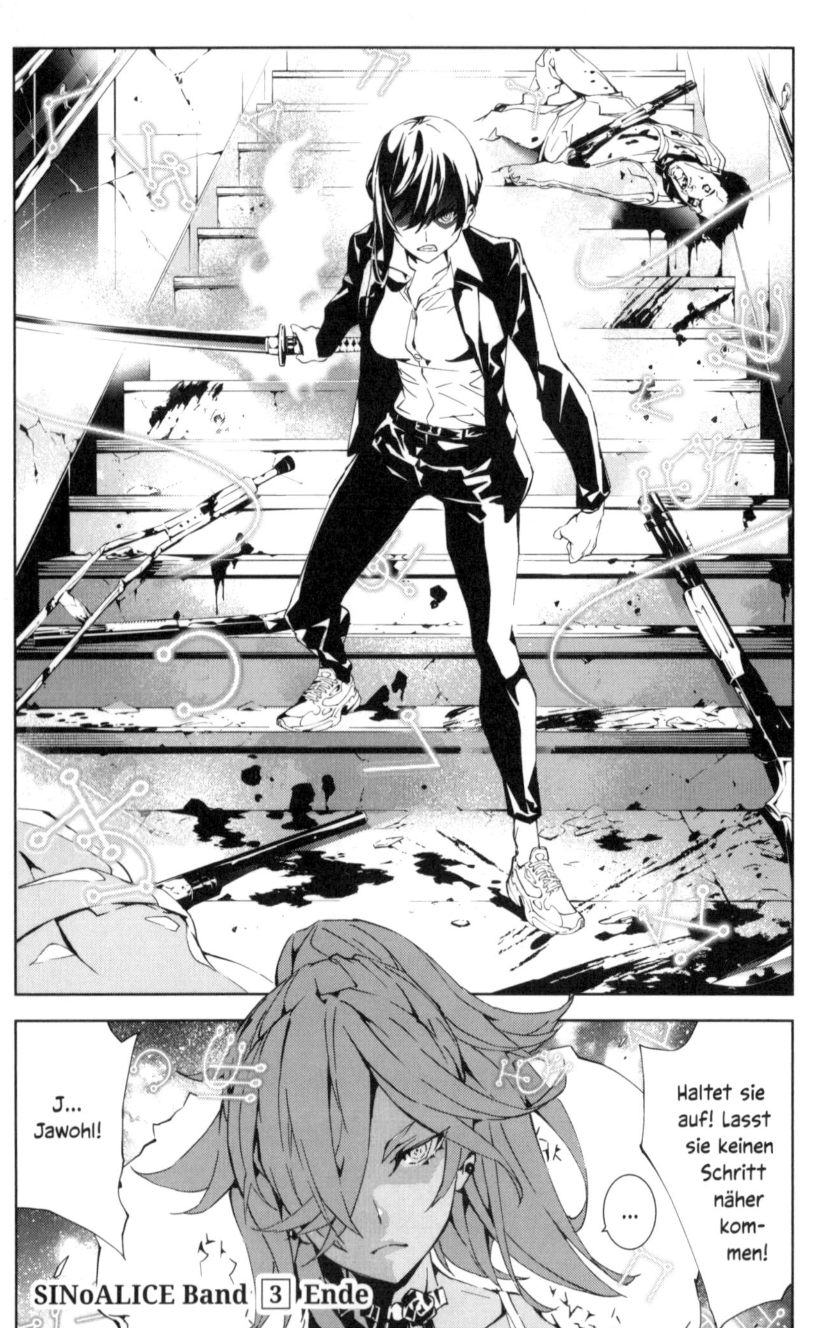
Haltet sie auf! Lasst sie keinen Schritt näher kom-men!
...
J... Jawohl!
SINoALICE Band 3 Ende

SINoALICE®

Bonus-Novel

»Huch? Prinzessin Kaguya?«, fragte meine Begleiterin besorgt, als sie sah, wie ich völlig entkräftet im Auto lag. Doch ich war zu schwach, um auch nur einen Ton herauszubringen. Also antwortete Aschenputtel, in deren Schoß mein Kopf gebettet war, für mich.

»Sie meint, sie hätte sich zu sehr verausgabt.«

Hach, so unverblümt. Ich habe das doch für dich getan. Kannst du das nicht etwas sensibler ausdrücken? Doch als sie mir mit den Fingerspitzen durch die Haare fuhr, überkam mich eine solch wohlige Wärme, dass ich ihr einfach nicht böse sein konnte.

»Irgendwie wie in alten Zeiten, was?«

»Inwiefern?«

»Auch damals durfte ich immer meinen Kopf in deinen Schoß legen.«

»Wann soll das gewesen sein?«

»Du weißt schon.«

»Tue ich das wirklich?«

Wie immer sprach Aschenputtel ihre Gedanken unverhohlen aus. Doch bevor ich mich aufregen konnte, spürte ich, wie mir mein Bewusstsein nach und nach entglitt. Meine Augenlider wurden schwer wie Blei und eine Müdigkeit, der ich mich nur schwer widersetzen konnte, ergriff Besitz von mir.

»Du musst dich nicht zwingen, wach zu bleiben. Schlaf ruhig.«

Mit diesen Worten übermannte mich der Schlaf dann ganz und ich träumte von vergangenen Tagen.

Vertrag: Prinzessin Kaguya

– Noch 92 Tage bis zum Vertrag –

Es fing alles damit an, dass eine Kollegin mit einem Vorschlag auf mich zukam, nebenher etwas Geld zu verdienen. Dabei konnte bei mir von Geldsorgen keine Rede sein.

Endlich hatte ich mich an meinen Job als Lehrerin gewöhnt, doch ständig lagen mir meine Eltern damit in den Ohren, dass ich doch langsam mal heiraten solle. Dass ich auf den Vorschlag meiner Kollegin einging, war eher ein Akt des Widerstands gegen die beiden. Außerdem wollte ich vor meiner Hochzeit zumindest wissen, was die Männer wirklich von uns Frauen begehrten.

Doch die meisten Männer stellten sich als überaus simple Zeitgenossen heraus. Kurz gesagt, sie wollten bloß mit mir schlafen. Das war alles. All die luxuriösen Restaurants, in die sie mich ausführten, und all die teuren Geschenke, die sie mir überreichten, waren nichts weiter als eine Art stupides Vorspiel vor dem eigentlichen Akt.

Als mir klar wurde, was in Wirklichkeit in all den Männern vorging, wollte ich meinen kleinen Nebenjob alsbald an den Nagel hängen. Doch dann traf ich meinen »Meister«.

– Noch 42 Tage bis zum Vertrag –

Mein Meister machte stets einen durch und durch selbstbewussten, willensstarken, intellektuellen und zugleich sanftmütigen Eindruck. Er sprach über Kunst und Literatur, gelegentlich ließ er sich aber auch zu dem ein oder anderen anzüglichen Witz herab Ich genoss all die Dinge, die er mir in der Ecke einer kleinen Bar erzählte, sehr.

Doch egal wie viel Zeit verging, die wir miteinander verbrachten, unser Zusammenspiel wechselte niemals auf die körperliche Ebene. Vielleicht war ich einfach nicht attraktiv genug. Dieser Gedanke plagte mich sehr. Als ich mich ihm eines Abends in Tränen offenbarte, nahm er mich endlich auf ein Hotelzimmer mit.

Mit seiner tiefen, sanften Stimme sprach er zu mir, während ich – vollkommen entblößt und mit zusammengebundenen Armen und Beinen – zitternd vor ihm lag.

»Prinzessin Kaguya, willst du deine wahre Natur kennenlernen?«

An jenem Abend machte ich eine völlig neue Erfahrung, die Worte allein nicht auszudrücken vermochten. In seiner Güte erweckte mein Meister mein wahres Ich, das bis dahin tief in mir geschlummert haben musste.

An diesem Tag wurde ich zu seiner »Sklavin«.

– Tag des Vertrags –

Heute war etwas Wundervolles geschehen – schöner als alles, was ich mir jemals erträumt hatte!

– 21 Tage seit dem Vertrag –

Tagsüber arbeitete ich weiter als Lehrerin, abends als Callgirl für reiche Kunden. Sämtliche Einnahmen überwieß ich unverzüglich auf das Konto meines Meisters. Denn das war, wie er mir selbst beigebracht hatte, die größte Freude im Leben einer Sklavin.

Mein Körper und meine Seele waren längst nicht mehr mein, sondern Eigentum meines Meisters. Ich genoss es sehr, von seiner überwältigenden Stärke und Wildheit dominiert zu werden. Ich hätte nie gedacht, dass eine solche Glückseligkeit überhaupt existierte, geschweige denn, dass ich jemals so etwas begehren würde. Ich konnte mich wirklich glücklich schätzen.

– 85 Tage seit dem Vertrag –

Es war nun schon eine Weile vergangen, seit ich sämtlichen Heiratsgesprächen den Riegel vorgeschoben und den Kontakt zu meiner Familie abgebrochen hatte. Mein Meister und seine Methoden, mich abzurichten, nahmen mich tagein, tagaus gänzlich in Beschlag.

In letzter Zeit bekam ich immer weniger Anfragen für meinen Nachtjob. Viele meiner Kunden fanden die unverheilten Wunden, die meinen Körper übersäten, offenbar abstoßend.

Auch in der Schule kursierten mittlerweile allerlei Gerüchte über mich – die meisten davon allerdings wahr – und ich entschied mich, bald zu kündigen.

Mein Meister kümmerte sich zwar immer liebevoll um mich, doch wenn ich ehrlich war, machte ich mir weit größere Sorgen um seine Gesundheit. Zwar begehrte er mich noch immer jeden Abend, doch in letzter Zeit war er merklich dürrer geworden.

– 128 Tage seit dem Vertrag –

Ich kündigte als Lehrerin und wegen all der Wunden konnte ich auch meinem nächtlichen Job nicht mehr nachgehen. Stattdessen fand ich in einem Laden Arbeit, wo ich Männern Alkohol einschenkte.

Dort traf ich die Frau, die angeblich eine Bekannte meines Meisters war. Sie sah die Wunden, die durch den Saum meines Kleides hervorblitzten, und sprach:

»Der Alte ist nicht der, für den du ihn hältst. Du solltest dich schleunigst von ihm lossagen.«

Normalerweise lag es überhaupt nicht in meiner Natur, meine Stimme zu erheben und Widerworte zu geben, doch ich konnte es einfach nicht hinnehmen, wie sie über meinen Meister sprach. Doch diese Frau hörte mir nicht einmal zu – ihre Aufmerksamkeit galt ganz dem Anhänger an meiner Handtasche.

»Sag mal, von wem hast du diese Püppchen?«

»Die da? Die hat mir der Meister geschenkt. Er meinte, Glücksbringer mit diesen Zwillingen seien total im Trend.«

»Verstehe …«

»Wieso fragen Sie?«

Im Anschluss erzählte sie mir von vielen weiteren Dingen und verließ den Laden erst in den Morgenstunden. In dieser Nacht hatte ich wirklich viel Neues erfahren.

– 152 Tage seit dem Vertrag –

»Ich kann nicht mehr. Bitte lass uns zusammen sterben.«

Auf der Flucht vor Schuldeneintreibern suchte mein Meister in meiner Behausung Zuflucht. Mittlerweile war er vollkommen ausgemergelt, sein Haar von grauen Strähnen durchzogen und er zitterte wie Espenlaub.

»Ich hatte kein Glück mit der Arbeit und habe alles verloren. Jetzt habe ich nur noch dich, Prinzessin Kaguya.«

Ich hätte niemals gedacht, ihn in einem derart geschwächten Zustand zu sehen. Fürsorglich zog ich ihn an meine Brust, umarmte ihn und tätschelte ihm sanft den Kopf wie eine Mutter ihrem Kind.

»Ich bin ja so glücklich. Von allen Sklaven haben Sie letzten Endes mich auserwählt.«

»Was …?«

Augenblicklich hörte er auf zu zittern. Ich legte meine Lippen direkt an sein Ohr und fuhr fort.

»Ich weiß alles. Ich bin nur eine Sklavin von vielen, nicht wahr?«

»Woher …?«

»Sie haben mich nie geliebt. Ich war nur ein bequemes Mittel für Sie, um an Geld zu kommen.«

»D… Das ist doch Unsinn.«

»Schon gut, es macht mir nichts aus.«

Mein Meister blickte betreten zu Boden. Ich stand auf und kramte ein Arzneifläschchen aus dem Kleiderschrank hervor.

»Mir ist schon lange bewusst, dass dieses Leben nicht ewig so weitergehen würde. Deshalb habe ich in weiser Voraussicht das hier besorgt.«

Er schluckte und blickte abwechselnd vom Fläschchen in meiner Hand zu mir. Ich öffnete es, nahm einige Kapseln heraus und legte sie mir auf die Zunge. Auf dem Tisch stand eine Flasche Wein, von der ich einen großen Schluck nahm, um alles hinunterzuspülen.

»Damit ist uns ein sanfter, schmerzloser Tod vergönnt. Nun Sie …«

In der einen Hand das Fläschchen, zog ich ihn mit der anderen eng an mich. Mit ungläubigem Blick starrte er mich an, doch sein Körper war regungslos.

»Fürchten Sie den Tod?«

Statt zu antworten, begann er hemmungslos wie ein Kind zu schluchzen.

»I… Ich will nicht sterben!«

»Bitte seien Sie artig, ja?«

Ich nahm erneut einige Kapseln in den Mund, zerbiss sie und goss Wein nach. Dann näherte ich mich seinen Lippen.

»Nein! B… Bitte nicht! Ich habe Angst!«

Er war so dürr geworden, dass selbst eine Frau wie ich mühelos in der Lage war, ihn zu überwältigen. Während ich auf ihm lag, schloss ich seinen Kopf fest in meine Arme.

Ich presste meine Lippen auf die seinen und ließ den Wein in seinen Mund fließen. Anfangs spürte ich, wie er sich wehrte. Doch alsbald schien er sein Schicksal zu akzeptieren, gab jeglichen Widerstand auf und schluckte schluchzend alles hinunter.

Es war auch gar nichts Schlimmes – nur ein Schlückchen Wein, in dem ein Schlafmittel gelöst war.

– 153 Tage seit dem Vertrag –

»Morgen, alter Sack. Gut geschlafen?«

Als die Kälte des Bodens meinen Meister weckte, blickte er direkt in den Gewehrlauf, den Aschenputtel ihm entgegenstreckte. Noch schien er die Situation nicht zu begreifen und blickte verwirrt um sich.

»W… Wo bin ich hier?«

»Im Büro der kriminellen Organisation, der du erfolglos versucht hast, Geld abzuluchsen, ›Meister‹«.

Die Wirkung der Medizin war noch nicht abgeklungen und ich befand mich noch immer in einer Art Dämmerzustand. Sein Kopf war in meinem Schoß gebettet.

»D… D… Du?!«

Als er mein Gesicht erblickte, machte mein Meister Anstalten aufzustehen, doch es gelang ihm lediglich, ungelenk aus meinem Schoß zu rollen. Das war abzusehen, schließlich hatte ich ihn entkleidet und seine Arme und Beine gefesselt. Nun war er der Sklave.

»Bitte gehen Sie es ruhig an, Meister. Immerhin habe ich Sie sämtlicher Kraft beraubt.«

Er versuchte, seinen Oberkörper aufzurichten. Als Aschenputtel meinen besorgten Blick bemerkte, begann sie zu kichern.

»Du hast ganz von selbst all seine Energie aus ihm herausgepresst. Alle Achtung.«

»Jetzt sei doch nicht so fies! Ich habe nur getan, was du mir aufgetragen hast. Na gut, vielleicht bin ich etwas zu weit gegangen …«

Aschenputtel legte ihre Hand ganz beiläufig an meine Brust und begann, meine Brustwarzen zu befingern.

»Sich dich bloß vor, Alter. Du denkst wohl, du hättest sie an der Nase herumgeführt. Aber da täuscht du dich, es ist genau andersrum.«

»W… Wie bitte?«

Während mein Meister mich anstarrte, wanderten Aschenputtels Finger unbefangen immer tiefer.

»Bitte verzeihen Sie mir. Ich bin ein ungezogenes Mädchen.«

Denn ich konnte mich der Verlockung der Kraft, die mir diese beiden unheimlichen Püppchen verliehen hatten, einfach nicht entziehen. Mit dieser Kraft hatte ich meinen Meister seines Willens beraubt und ihn mir all diese Dinge antun lassen.

»Aber wieso, Prinzessin Kaguya? Du hattest doch nur mich …«

»Sie sind einfach … zu schwach geworden, Meister …«

Je mehr ich meine Kraft einsetzte, umso schwächer wurde er. Der einst so starke Meister von damals existierte schon lange nicht mehr. Dann war diese Frau aufgetaucht, die so stark war, dass ich meine Kräfte nicht einmal verwenden musste. Mir war egal, dass sie kein Mann war – ich konnte mich ihrem Willen einfach nicht widersetzen. Und so hatte ich ihren Anweisungen entsprechend dafür gesorgt, dass mein Meister immer schwächer wurde.

»So, und nun sei so gut und versetze ihm den Gnadenstoß. Bestimmt würde der Alte sein Ende lieber durch seine einstige Liebhaberin finden.«

Aschenputtels Finger ließen von mir ab und sie überreichte mir ihre Pistole.

»D… Das kann ich nicht.«

»Wie oft muss ich es dir noch sagen? Du verlässt dich einfach zu sehr auf deine Kräfte.«

Damit ich meine Kräfte nutzen konnte, musste ich anderen das Leben nehmen. Das hatten mir die kleinen Puppen verraten. Aber … Aber …

»Das ist ein Befehl, Prinzessin Kaguya.«

Aschenputtels tiefe, durchdringende Stimme duldete keine Widerworte und augenblicklich war klar, wer von uns das Sagen hatte. Wann immer sie mir auf diese Weise Befehle erteilte, begann mein ganzer Körper zu kribbeln – ein Gefühl, das das ihrer Finger auf meiner Haut weit übertraf.

Ich richtete ihre Pistole auf meinen Meister – meinen ehemaligen Meister, der nun ein dürrer, alter Mann geworden war und verzweifelt zitternd seinen Kopf schüttelte.

»Es tut mir so leid! Es tut mir so leid!«

Ich feuerte eine Kugel nach der anderen in seinen Leib, der sich vor Schmerz krümmte. Rauch und der Geruch von Blut und Schießpulver erfüllten den Raum.

Ich musste meinen alten Meister auf Befehl meiner neuen Meisterin töten. Einen freien Willen besaß ich nicht. Ich war auf Gedeih und Verderb dazu verdammt, ihren Befehlen Folge zu leisten. Dieses überwältigende Gefühl der absoluten Unterdrückung … erregte mich zutiefst.

»Es tut mir so leid! Es tut mir so leid! Aaah, aaaah!«

Wie im Blutrausch schoss ich weiter, bis keine Kugeln mehr übrig waren. In diesem ekstatischen Zustand alles verschlingender Glückseligkeit verlor ich schließlich das Bewusstsein.

»Hey, wach auf. Geht es dir besser?«

Mit diesen Worten weckte Aschenputtel mich. Offenbar war ich in Gedanken an damals plötzlich weggenickt.

»Übernimm dich nicht, okay? Ich brauche deine Kraft noch.«

»Wie gemein. Es geht dir also nur um meine Kraft, nicht um mich selbst?«

Ich richtete mich aus Aschenputtels Schoß auf und starrte sie böse an. Daraufhin nahm sie ihre Finger vom Handy, wandte sich mir zu und grinste mich an.

»Als ob du besser wärst. Sobald ein Stärkerer als ich auftaucht, würdest du dich ihm hingeben und mich, ohne mit der Wimper zu zucken, umbringen, oder etwa nicht?«

Da hatte sie recht. Ich war immerzu auf der Suche nach einem starken Beherrscher, der willens war, mich mit seiner überwältigenden Präsenz zu unterdrücken. Ob Mann oder Frau, alt oder jung, war mir dabei völlig egal. Aschenputtel war diejenige, durch die mir dies bewusst geworden war.

»I… Irgendwie fühle ich mich noch nicht ganz fit.«

»Verstehe.«

Ich schloss meine Augen und legte meinen Kopf an Aschenputtels Schulter, um mich diesem Gespräch zu entziehen.

Ob eines Tages wirklich ein Stärkerer als sie in meinem Leben auftauchen würde?

Ich merkte, wie ich mir insgeheim wünschte, dass dieser Tag niemals kommen würde. Das machte mich aus irgendeinem Grund unheimlich verlegen. Um das zu überspielen, tat ich weiter so, als würde ich schlafen.

SINoALICE®

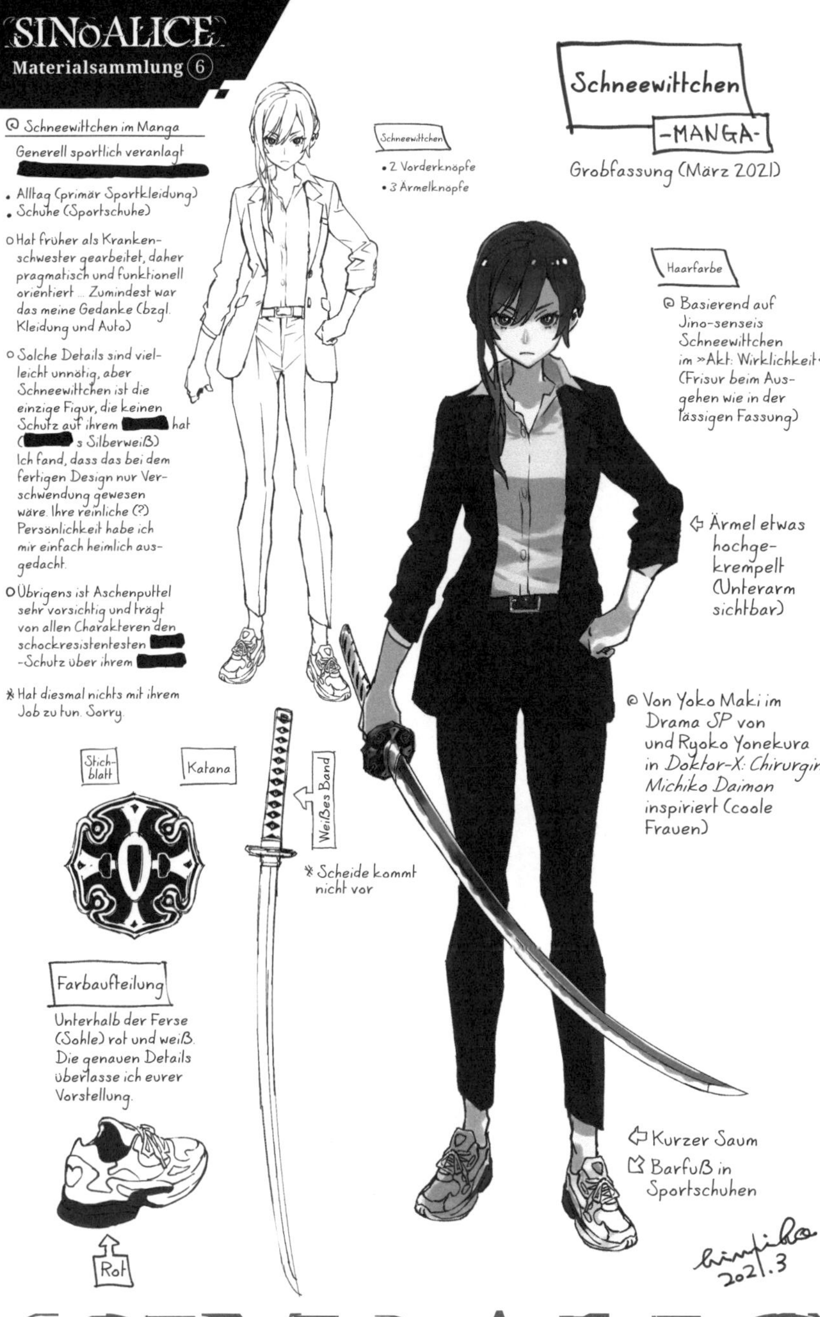
SINoALICE
Materialsammlung 6
Schneewittchen
-MANGA-
Grobfassung (März 2021)
@ Schneewittchen im Manga
Generell sportlich veranlagt
• Alltag (primär Sportkleidung)
• Schuhe (Sportschuhe)
o Hat früher als Krankenschwester gearbeitet, daher pragmatisch und funktionell orientiert ... Zumindest war das meine Gedanke (bzgl. Kleidung und Auto)
o Solche Details sind vielleicht unnötig, aber Schneewittchen ist die einzige Figur, die keinen Schutz auf ihrem hat (s Silberweiß) Ich fand, dass das bei dem fertigen Design nur Verschwendung gewesen wäre. Ihre reinliche (?) Persönlichkeit habe ich mir einfach heimlich ausgedacht.
o Übrigens ist Aschenputtel sehr vorsichtig und trägt von allen Charakteren den schockresistentesten -Schutz über ihrem
* Hat diesmal nichts mit ihrem Job zu tun. Sorry.
Schneewittchen
• 2 Vorderknöpfe
• 3 Ärmelknöpfe
Haarfarbe
@ Basierend auf Jino-senseis Schneewittchen im »Akt: Wirklichkeit« (Frisur beim Ausgehen wie in der lässigen Fassung)
⇦ Ärmel etwas hochgekrempelt (Unterarm sichtbar)
@ Von Yoko Maki im Drama SP von und Ryoko Yonekura in Doktor-X: Chirurgin Michiko Daimon inspiriert (coole Frauen)
Stichblatt
Katana
Weißes Band
* Scheide kommt nicht vor
Farbaufteilung
Unterhalb der Ferse (Sohle) rot und weiß. Die genauen Details überlasse ich eurer Vorstellung.
Rot
⇦ Kurzer Saum
⇦ Barfuß in Sportschuhen
2021.3
SINoALICE

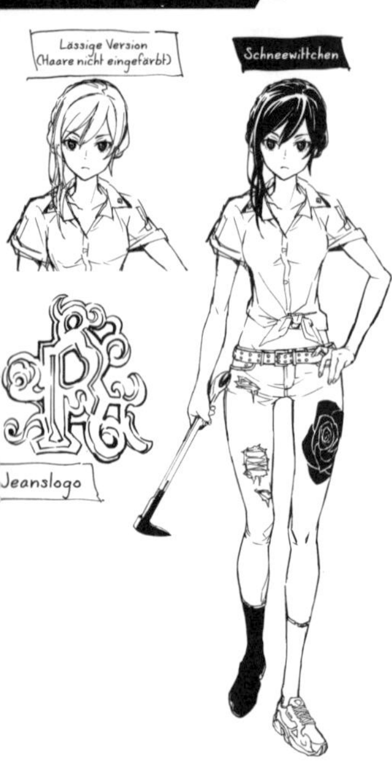
Lässige Version (Haare nicht eingefärbt)
Schneewittchen
Jeanslogo

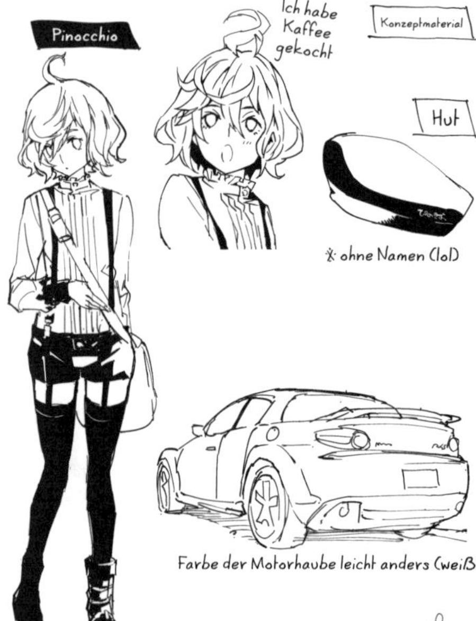
Pinocchio
Ich habe Kaffee gekocht
Konzeptmaterial
Hut
※ ohne Namen (lol)
Farbe der Motorhaube leicht anders (weiß)

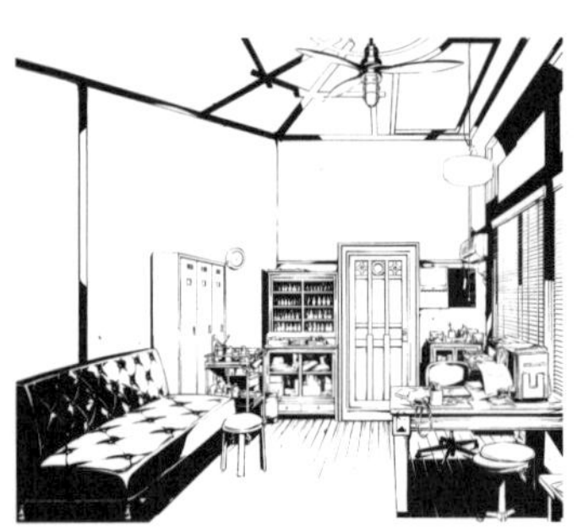

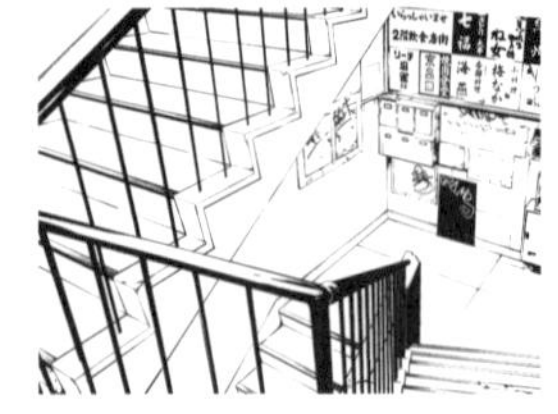

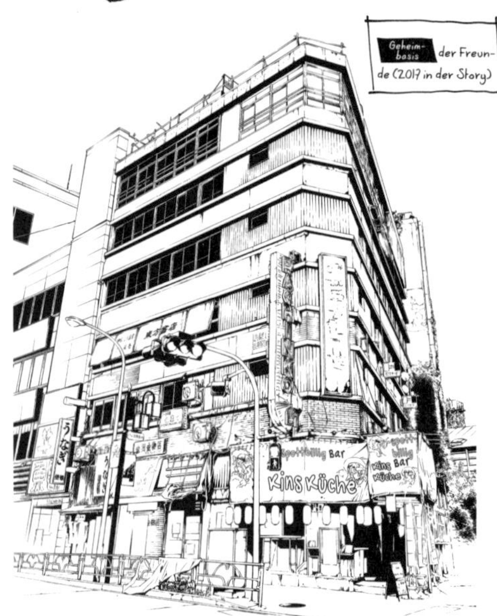
Geheimbasis der Freunde (2017 in der Story)
Spottbillig Bar
Kins Küche
Spottbillig Kins Bar Küche

SINoALICE®

SINoALICE®

himiko

Schneewittchen, Die kleine Meerjungfrau, Aschenputtel, Dornröschen und so weiter – schon in meiner Kindheit konnte ich die Prinzen, die in den Märchen vorkommen, nicht ausstehen. Jetzt bin ich erwachsen und kann sie noch viel weniger ausstehen. *SINoALICE* hingegen kommt ohne einen Prinzen aus und ist ein fantastisches Märchen, wie ich finde.

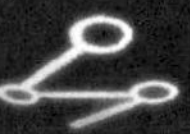

Takuto Aoki

Im letzten Band habe ich für die Story eines Kapitels etwa 10.000 Zeichen geschrieben, doch in diesem Kommentar stehen mir nur 140 Zeichen zur Verfügung. Es ist erstaunlich schwierig, in 140 Zeichen etwas zu fabrizieren, das kurz, bündig und dennoch interessant ist. Deshalb werde ich hier ebenfalls 10.000 Zeichen schreiben. Liebes Lektorat, bitte kürzt nach eigenem Ermessen. Los geht's!
Ich habe in *SINoA*...

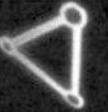

Yoko Taro

Charles Perrault, der Autor von *Aschenputtel,* wurde in eine adelige Familie geboren, war ein hervorragender Schüler und ging einer Karriere als Anwalt nach. Auch schreiben konnte er und war Teil des königlichen Hofes. In anderen Worten, er verkörperte alle verabscheuenswürdigen Eigenschaften der Oberschicht. Im Alter von 44 soll er sogar ein 19-jähriges Fräulein geheiratet haben! Ihr müsst Perrault nicht mögen, aber ich würde mich freuen, wenn euch zumindest *SINoALICE* gefällt.

Sci Fi 16 +

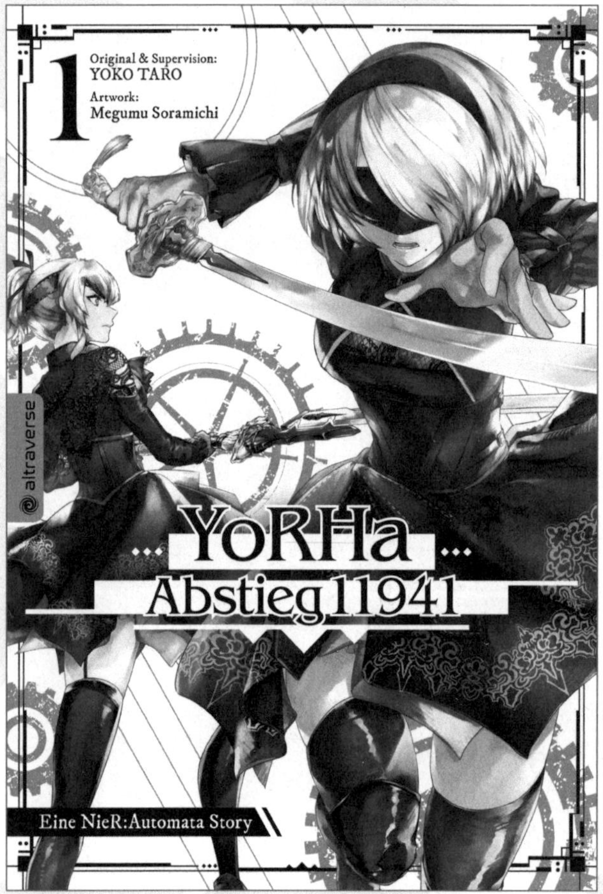

YoRHa Abstieg 11941 - Eine NieR:Automata Story

Yoko Taro | Megumu Soramichi

Es ist das Jahr 11941 – ein Überfall fremder Wesen und ihrer mechanischen Armee hat die Menschheit dazu gezwungen, auf dem Mond Zuflucht zu suchen. Um sich den feindlichen Horden entgegenzustellen, wird eine Schwadron aus Android-Soldatinnen entsandt.

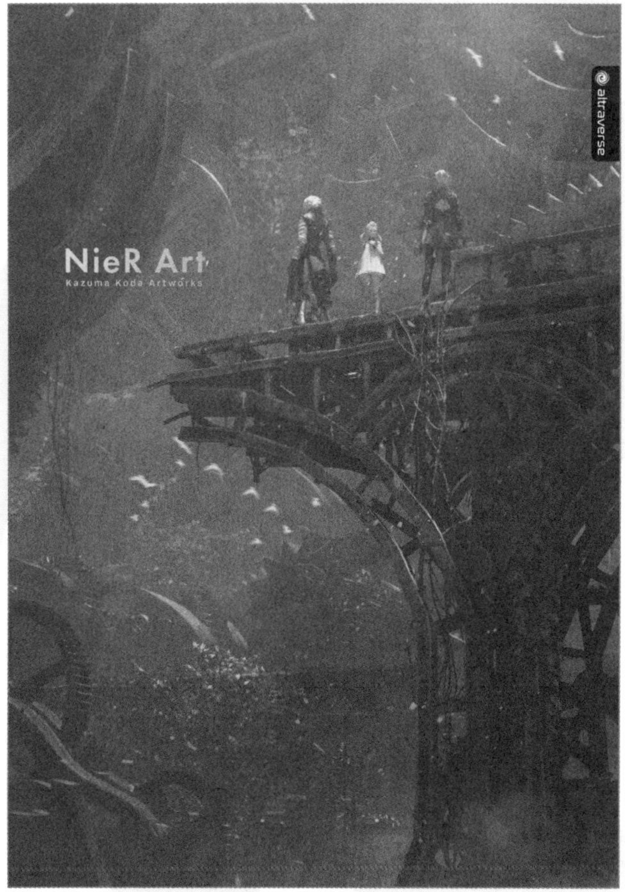

NieR Art - Kazuma Koda Artworks
Kazuma Koda

Das erste Artbook von Kazuma Koda, dem Concept Artist, der mit seiner Kunst die Welten von *NieR:Automata, NieR Re[in]carnation* und *NieR Replicant ver.1.22474487139*... maßgeblich mitgestaltete. Neben Artworks der Spiele enthält dieses Buch auch Illustrationen für Poster, CD-Cover und viele weitere Produkte aus dem NieR-Universum.

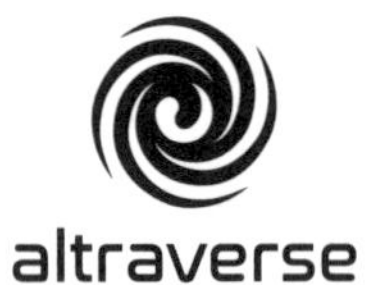

Deutsche Ausgabe / German Edition

Aus dem Japanischen von Ruben Grest

SINoALICE vol.3

Redaktion: Jörg Bauer
Herstellung: Carsten Bittner
Lettering: Vibrant Publishing Studio

Druck: CPI books GmbH, Leck
Printed in Germany

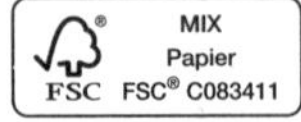

ISBN 978-3-7539-0928-8
1. Auflage 2022

www.altraverse.de